普通高等院校船舶与海洋工程“十三五”规划教材

U0820745

CFD 技术在船舶水动力性能预报上的应用

沈海龙 著

HEUP 哈爾濱工程大學出版社

内容简介

本书主要介绍舵翼、水下机器人、螺旋桨、船体、节能附体的设计和水动力性能预报方法。全书共分为14章，由易到难依次介绍水翼、水下机器人载体、螺旋桨、船体伴流场、桨前节能附体、船体与螺旋桨及舵相互干扰的水动力性能数值预报方法，并对导流鳍、舵球、舵球与舵附推力鳍组合水动力性能的数值与试验研究做了详细介绍。

本书可作为船舶与海洋工程专业的研究生教材或本科生教材，也可供从事船舶与海洋工程等相关专业工作的科技人员参考使用。

图书在版编目(CIP)数据

CFD技术在船舶水动力性能预报上的应用/沈海龙著
.—哈尔滨:哈尔滨工程大学出版社，2018.1
ISBN 978-7-5661-1531-7

Ⅰ.①C… Ⅱ.①沈… Ⅲ.①计算流体力学—应用—船舶—水动力学—预报—研究 Ⅳ.①U661.3

中国版本图书馆CIP数据核字(2017)第099604号

策划编辑 史大伟
责任编辑 张玮琪
封面设计 刘长友

出版发行 哈尔滨工程大学出版社
社　　址 哈尔滨市南岗区东大直街124号
邮政编码 150001
发行电话 0451-82519328
传　　真 0451-82519699
经　　销 新华书店
印　　刷 哈尔滨市石桥印务有限公司
开　　本 787 mm×1 092 mm 1/16
印　　张 13.5
字　　数 360千字
版　　次 2018年1月第1版
印　　次 2018年1月第1次印刷
定　　价 45.00元
http://www.hrbeupress.com
E-mail:heupress@hrbeu.edu.cn

前　言

CFD 技术是一种重要的计算机模拟技术，它的产生可以追溯到20 世纪30 年代初，它是流体力学、数值计算方法以及计算机图形学三者相结合的产物。1974 年，丹麦的尼尔森(P. V. Nielsen)首次将 CFD 技术应用于空调工程，模拟室内空气流动情况，标志着 CFD 技术开始应用于分析工程中的流动问题。经过几十年的迅猛发展，这门学科已经相当成熟，各种 CFD 软件包陆续出现，并发展成为商品化软件，为工业界广泛接受，技术性能日趋完善，在流体力学和流体工程中的应用日臻成熟。而现代船舶对船体、螺旋桨、舵、翼、鳍及其他附体的要求不断提高，不仅要求其具有较好的水动力性能，而且要求其整个系统的阻力更低、效率更高、振动更小、噪声更低、节能更好。研究船舶水动力性能的传统措施主要是系列模型试验，具有周期长、费用高、风险大、人力物力投入大的特点，越来越难以适应现代船舶的设计需求，而将 CFD 技术与模型试验技术结合起来，先基于 CFD 技术开展船舶设计初期的大量选型和优化设计研究工作，待选型和优化设计工作完成并得到满意的优化设计结果后，再开展模型试验对 CFD 的研究结果进行验证，这种研究船舶水动力性能的方法是当前和今后船舶设计的趋势。本书选取船舶设计中常见的船体、螺旋桨、舵翼、潜器载体、桨前节能附体、桨后节能附体，逐步深入地介绍 CFD 技术在这些船舶结构物水动力性能数值预报上的应用。

本书共分为 14 章，第 1 章简要回顾了 CFD 技术的发展历程及其技术特点，介绍了基于 CFD 技术预报螺旋桨、船体黏性伴流场、船体与节能附体及螺旋桨的非定常干扰、船舶推进节能装置水动力性能的研究进展与现状，简要分析了船舶推进节能技术的发展动态；第 2 章以 GAMBIT 软件为例，介绍了几何模型的建模方法与网格的生成技术，讨论了几个影响计算结果的网格因素；第 3 章简要介绍了 CFD 数值计算的相关原理；第 4 章以二维翼和三维翼为例，介绍了水翼定常水动力性能和非定常水动力性能的数值预报方法，并讨论了影响计算结果的几个因素；第 5 章介绍了水下机器人载体和舵翼的设计与水动力性能的数值预报；第 6 章介绍了均匀伴流场和非均匀伴流场中螺旋桨水动力性能的数值预报方法；第 7 章介绍了肥大型船黏性伴流场的数值预报方法，并结合散货船、化学品运输船和集装箱船的试验数据对数值预报方法进行了验证；第 8 章介绍了桨前节能附体的设计及其对船体伴流场的影响，并结合伴流场流动细节分析了节能附体的节能机理；第 9 章介绍了采用 CFD 技术和面元法分别预报桨前节能附体节能效果的数值计算方法；第 10 章介绍了船体与螺旋桨及舵相互干扰的水动力性能整体求解；第 11 章、第 12 章分别介绍了基于 CFD 技术的导流鳍和舵球设计及其节能效果的预报；第 13 章介绍了舵球与舵附推力鳍组合设计及其节能效果的数值预报；第 14 章介绍了舵球与舵附推力鳍组合的节能效果模型试验。

由于著者水平有限，书中定有不当之处，敬请读者批评指正。

沈海龙

2017 年 1 月

目　　录

第1章　绪　　论

1.1　CFD 技术简介

CFD 技术是一种重要的计算机模拟技术，其产生可以追溯到20世纪30年代初，它是流体力学、数值计算方法以及计算机图形学三者相结合的产物。1974 年，丹麦的尼尔森(P. V. Nielsen)首次将 CFD 技术应用于空调工程，模拟室内空气流动情况，标志着 CFD 技术开始应用于分析工程中的流动问题。经过几十年的迅猛发展，这门学科已经相当成熟，各种 CFD 软件包陆续出现，并发展成为商品化软件，为工业界广泛接受，性能日趋完善，应用范围不断扩大。如今，CFD 技术的应用早已超越传统的流体力学和流体工程的范畴(如航空、航天、船舶、动力、水利等)而扩展到化工、核能、冶金、建筑、环境等许多相关领域中去。CFD 通用软件以其模拟复杂流动现象的强大功能、人机对话式的界面操作以及直观清晰的流场显示引起了人们的广泛关注，得到了西方国家工业界和政府部门的有力支持。

目前，各种 CFD 通用软件的数学模型的组成都是以 Navier – Stokes 方程组和各种湍流模型为主体，针对特定的问题再加上多相流模型、燃烧与化学反应流模型、非牛顿流体模型等附加求解模型，这些附加的模型多是在主体方程组上补充一些附加源项、附加输运方程与关系式。随着应用范围的不断扩大和新方法的出现，新的模型也在增加。离散方法采用有限体积法(Finite Volume Method，FVM)或有限元法(Finite Element Method，FEM)。由于有限体积法继承了有限差分法的丰富格式，具有良好的守恒性，能像有限元法那样采用各种形状的网格以适应复杂的边界几何形状，却比有限元法简便，因此现在大多数 CFD 软件都采用有限体积法。

网格生成对 CFD 至关重要，计算网格的好坏直接影响到数值计算的可行性、收敛性以及计算精度。1974 年，Thompson 等提出采用求解椭圆型方程方法生成贴体网格，在网格生成技术的发展中起到了开创作用。随后，Steger 等又提出采用求解双曲型方程方法生成贴体网格。自 20 世纪 90 年代以来，迅速发展的非结构网格和自适应笛卡尔网格等网格生成方法，使复杂外形的网格生成技术呈现出了更加繁荣的局面。现在网格生成技术已经发展成为 CFD 的一个重要分支，它也是计算流体动力学近二十年来取得较大进展的一个领域。也正是由于网格生成技术的迅速发展，使得 CFD 技术在工程上得到广泛应用。网格生成质量对计算精度与稳定性影响极大，然而在几何形状复杂的区域上要生成好网格也是相当困难的，所以网格生成能力的强弱也是衡量 CFD 通用软件性能的一个重要指标。除了 CFD 软件自带的网格生成模块，还可采用专门的网格生成软件生成网格。CFD 通用软件包的出现和商业化，对 CFD 技术在工程运用中的推广起到了巨大的促进作用。在此之前，航空、航天一直很重视 CFD 技术，并早已研制出应用于气动设计的专业性应用软件包。但是其他方面，主要还是在学术范围内开展研究工作，真正在工程设计中的应用并不是很多。显然，CFD 技术艰难的理论背景和流体力学问题的复杂多变阻碍了它向工业界的推广，而且一般工程技术人员很难深入地了解这门学科，由专家编写的程序用起来也不容易，因为总有很多条件参数要根据具体情况以及运算过程，随时做出修改和调整，若不熟悉方法和程序，往往会束手无策。此外，前后处理也显得十分的棘手。CFD 研究成果与实际应用的结合成了一个极大的难题，这使人们对 CFD 的工程应用前景产生了质疑。在这种情况下，通用软件包应运而生。通常认为是 Spalding 主持的英国 CHAM 公司跨出了第一步，Spalding 和 Patanker 提出的 SIMPLE 算法（半隐式压力校正解法）在 20 世纪 70 年代已被广泛应用于热流问题的求解，CHAM 公司在 20 世纪 80 年代初就以该方法为基础，推出计算流体力学和传热学的商业通用软件 PHOENICS 的早期版本，这是 CFD 通用软件包的雏形，具有一定的通用性。尽管 PHOENICS 功能还不是很完善，但问世后受到了普遍欢迎。于是，在其版本不断更新的同时，新的通用软件如 FLUENT，STAR – CD，STAR CCM + 和 CFX 等也不断问世，这些软件十分重视商业化的要求，致力于工程实际应用，并在前后处理、人机对话等方面狠下功夫，从而被工业界所认识和接受，为 CFD 技术打开了广阔的应用空间。进入 20 世纪 90 年代，更多的商业化 CFD 应用软件如雨后春笋般出现，涉及范围也越来越广。CFD 通用软件以其模拟复杂流动现象的强大功能、人机对话式的界面操作以及直观清晰的流场显示引起了人们的广泛关注，其发展在西方国家得到工业界和政府部门的大力支持。20 世纪 90 年代后期，在工程技术界还曾出现推广学习 CFD 技术的热潮，这标志着 CFD 技术终于成功走出了学术研究的象牙塔，成为工程设计的重要手段。

CFD 技术的长处是适应性强、运用广范。首先，流动问题的控制方程一般是非线性的，自变量多，计算域几何形状和边界条件复杂，很难求得解析解，而用 CFD 技术则有可能找出满足工程需要的数值解；其次，可利用计算机进行各种数值计算，例如，选择不同流动参数进行物理方程中的各项有效性和敏感性试验，从而进行方案比较；再次，它不受物理模型和试验模型的限制，省钱省时，有较多的灵活性，能给出详细和完整的资料，很容易模拟特殊尺寸、高温、有毒、易燃等真实条件和试验中只能接近而无法达到的理想条件。

CFD 也存在一定的局限性。首先，数值解法是一种离散近似的计算方法，依赖于物理上合理、数学上适用、适合于在计算机上进行计算的离散的有限数学模型，且最终结果不能提供任何形式的解析表达式，只是有限个离散点上的数值解，并有一定的计算误差；其次，它不像物理模型试验一开始就能给出流动现象并定性地描述，往往需要由原体观测或物理模型试验提供某些参数，并需要对建立的数学模型进行验证；再次，程序的编制及资料的收集、整理与正确利用，在很大程度上依赖于经验与技巧。此外，CFD 涉及大量数值计算，因此，需要较高的计算机软硬件配置。

1.2　黏性流场中螺旋桨性能预报的研究进展与现状

传统的螺旋桨理论是基于势流理论建立起来的，如升力线理论、升力面理论、面元法等，目前这类方法已经发展到相当的水平，在螺旋桨设计和性能预报中有着广泛的应用。但这类方法有其自身无法克服的缺点：第一，势流方法忽略了流动的旋涡影响，因而这类方法不能正确预报螺旋桨的流动特征，如梢涡的形成，尾涡的结构和流动分离，更不能考虑由雷诺数相差悬殊而造成的模型和实桨之间的尺度效应关系；第二，势流方法须凭经验来假设尾涡面形状；第三，势流方法在复杂船型船桨非定常干扰的预报上存在很大的困难。因此,用 CFD 方法求解黏流场中螺旋桨的水动力性能是非常必要的。

国内外学者对黏性流场中螺旋桨的研究开始于20世纪90年代后。1987年,Mayumi Ito 在其论文中考虑了黏性对螺旋桨敞水性能的影响。Shotaro Uto 于1992年研究了螺旋桨的黏性绕流场,并于1993年分两篇论文讨论了在黏性流场中研究螺旋桨的湍流模式问题,在1994年发表了一篇探讨黏性流场中螺旋桨尺度效应的问题。1995年,KEON - JE OH 等人研究了绕螺旋桨桨轴的黏性流场。此后,得益于商业软件的推广和计算机性能的大幅提高,应用黏性流方法研究螺旋桨有了迅猛的发展,在第22届 ITTC 研讨会(1998年在法国召开)达到了高潮。与此同时,为验证黏性 CFD 方法计算螺旋桨性能的准确性和可靠性,展开了大量关于螺旋桨流场的可视化试验,以便和黏性 CFD 方法得到的流动细节相比较。在2002年之前,国内外学者基本上是采用定常的方法研究螺旋桨的水动力性能。用非定常方法研究螺旋桨的水动力性能始于2002年的 Sao Funeno。此后,Takayuki Watanabe 在2003年使用非定常方法研究了螺旋桨的敞水性能和空泡预报,2004年 Chen 使用基于重叠网格的动网格技术研究了螺旋桨的水动力性能,除此之外,很少有学者使用非定常方法研究黏性流场中的螺旋桨,其主要原因包括计算技术的问题和精确预报的代价问题,当然也包括所研究的问题需不需要采用这种预报精度高同时计算代价也高的方法。此后,在2005年,学者们在解决了黏性流场中螺旋桨的性能预报问题后,开始把目光转向桨和舵的定常干扰上来。当然,由于各种商业软件和湍流模式的差异,以及网格划分和处理螺旋桨旋转的技术各不相同,关于这方面的讨论也很多。

总结国内外学者研究黏性流场中的螺旋桨所采用的方法,可以分为定常模拟和非定常模拟两类。定常方法中根据处理螺旋桨旋转的技术又可分为单旋转坐标系模型和多运动参考坐标系模型两种。非定常方法中处理螺旋桨旋转的技术有滑移网格技术(FLUENT)和瞬态定子 - 转子界面技术(CFX)两种。

1.3 船体黏性伴流场预报的研究进展与现状

1978年,在瑞典哥德堡召开的第一届国际船舶黏性阻力会议,首次涉及到船舶黏性流场的数值预报问题。1980年,在同一地点又召开了 SSPA - ITTC 船舶边界层专题讨论会,这次会议上提供的研究成果反映了当时三维船舶边界层的研究水平。会议的主要结论是:对于占船长75%的前部薄边界层,简单的积分法和精细的微分法都能给出较好的结果。当时边界层的计算在航空界已经比较成熟,造船界主要是借用他们的经验。对船体而言,当时数值计算的主要特点是:

(1)船型复杂,要在数学上准确地表达它不太容易;

(2)在船体尾部(1/3的船长上)边界层变厚,Prandtl 的薄边界层近似和相应的积分法不再适用,需要修正(出现所谓厚边界层)或者回到原来微分形式的动量方程(一般是 RANS 方程);

(3)外流有兴波流场。通过船体边界层的计算,可以得到前部2/3船体上的摩擦阻力和傅劳德数的影响。

国内造船界,主要是沈奇心、王言英在这方面有文章发表。自1982年第14届国际船舶流体力学会议(ONR,Ann Arbor)开始,船体尾流场成为国际造船界的研究热点之一,开始是以重叠船模(不计自由面的影响)为计算对象,多数是直接求解 RANS(雷诺平均的 NS)方程。起初还有少数作者求解 RANS 方程的简单形式（如部分抛物化 NS 方程和薄层 NS 方程），后来很快就都统一到求解完整的 RANS 方程上来。经过 1984 年的第 15 届 ONR（Hanberg）会议、1985 年的第 2 届国际船舶黏性阻力会议（Goteborg）和同年在大阪召开的国际船舶黏性流动讨论会、1986 年的第 16 届 ONR（Berkeley）会议、1989 年的第 5 届国际数值船舶流体力学会议（Hiroshima），到了 1990 年，在哥德堡召开的 SSPA - CTH - IIHR 船舶黏性流动研讨会，基于黏性流方法研究船舶达到了高潮。在 1990 年的哥德堡会议上，选择了两条船模作为计算对象，一条是 HSVA 的肥大船，试验数据是公开的；一条是其修改船型，后来成为 Dyne 船型，参加计算的有 19 个组织和机构。从事后发表的结果来看，数据都能和试验结果符合良好，但是由于测试对象是两个实际船型，流入螺旋桨桨盘面的流动受到了由船底诱发的涡的强烈影响，导致了一个兔耳形（钩状）的速度等高线，对这一点没有很好地预报。2000 年的 Gothenburg 会议则集中在 RANS 求解器的验证上，计算中包括了更加复杂的外形和复杂的环境等。很多小组的研究工作包括了自由液面、推进的影响，而研究的对象也是如 KVLCC2 油轮、KCS 集装箱船和 DTMB5414 海军战舰这样的复杂船型。2002 年，在日本福冈召开的第 24 届 ONR 会议上，Burg 等人研究了带附体并考虑自由液面和推进的实际船型这样的复杂问题，Cordier 等人还进行了实船尺度下的水面船舶流场测量工作，为数值计算结果的检验和验证提供试验数据。2005 年的东京会议包含了 KCS，KVLCC2M，DTMB5415 的伴流计算，Lee 等人还进行了船模流场的测量工作，为数值计算结果的检验和验证提供试验数据。从与会者提供的结果来看，当时的 CFD 技术已经具备了模拟黏性尾流场的能力。在这次会议上，所有参与者均求解 RANS 方程，在标称伴流的预报上，有 9 家机构提供了关于 KCS 的 11 个结果，大多数的伴流图形和横向速度矢量与试验结果吻合较好，但桨盘面的横向中心线上，轴向速度的计算结果与试验结果偏差很大；DTMB5415 的计算情况与 KCS 类似；对于 KVLCC2M，有 9 家机构提供了 13 个计算结果，关注的焦点在于桨盘面上“钩状”再现，只有部分单位能够捕捉“钩状”，这一结果表明，对于肥大船，捕捉“钩状”仍然是难题。

国内在黏性尾流场的预报研究上相对晚一些，较早展开这方面研究的是周连第，此后，朱明、李廷秋、高秋新、蔡荣泉、沈奇心等人也开展了相关的研究工作。在 2000 年的 Gothenburg 会议之后，国内对船体黏性伴流场的研究逐渐多了起来。张怀新、刘应中等人基于 CFD 技术计算了考虑自由液面的系列 60 船模的黏性伴流场；高秋新等人模拟了 DTMB5415 驱逐舰的绕流问题，并和试验值做了定性的比较；张志荣等人使用不同湍流模型来计算船体尾流场，其数值结果与试验结果吻合很好；许辉、邹早建用 Fluent 计算了小水线面双体船的尾流场，得到了合理的结果；常煜等人则阐述了多块结构化网格在含附体水面船模黏性流场数值计算中的应用；孙小江等人则使用 Shipflow 软件研究了 2 500 车滚装船阻力性能，并与试验值做了比较。可见，国内基于 RANS 预报简单船型尾流场的计算方法已经比较成熟，但是计算的精度有待提高。

总体来看，当今基于黏性流理论的计算方法有三类：直接模拟、大涡模拟和雷诺平均（RANS）。直接模拟的控制方程就是原来的 NS 方程，要求它能模拟出高雷诺数黏性流动中所包含的各种尺度的流动（或称涡），因而网格尺度要很小；大涡模拟把网格尺度以下的流动模型化或参数化（称为亚格子模型）后，计入大尺度运动的方程中去，只求解大于网格尺度的流体运动，以期减轻对网格过小的要求，这两种模拟方法到目前为止，由于计算条件的限制，还不能用于解决实际的或复杂的工程问题。在实际应用上，绝大多数还是求解 RANS 方程。

1.4　船体与节能附体及螺旋桨非定常干扰的研究进展与现状

在第20届ITTC会议之前，推进委员会关于黏性流方法的评述主要还集中在螺旋桨黏性流的边界层近似上，在第20届ITTC会议上，关注的重点则主要是船桨干扰。此后，学者们在研究船桨干扰上主要采用下述方法处理：船体绕流按RANS方程计算，桨的流场和流体动力性能基本上是按升力面法或面元法计算，以鼓动盘（压力或速度跳跃）代替螺旋桨来计算桨对船体绕流的影响，或将盘面上的体积力引入船体的RANS方程，两者的相互作用由迭代法解决。而Abdel Maksoud等采用CFX－TASCflow把船体和转动中的螺旋桨一起处理，这在船桨干扰问题中当属首次，其计算网格节点数达260 000。

在黏性流场中，对船桨干扰展开研究的国内学者更少，研究方法基本上可以分为两类。第一类是用体积力模型代替螺旋桨与RANS方程耦合的方法，代表人物是周连第；第二类是周向平均的混合面方法，张志荣等人采用此方法研究了船桨定常干扰，取得了较好的结果。

在船舶节能附体的研究上，国内外的学者都根据实际需要设计了各式各样的节能装置，并做了大量模型试验研究，并且已经运用到实船上。考虑到节能效果和成本，目前国内学者在理论研究上主要集中在舵球、舵附推力鳍、补偿导管、桨前导流罩和整流鳍上。将节能装置和船桨结合起来使用CFD数值模拟方法研究其节能机理，目前国内还没有学者展开这方面的研究工作，国外在这方面的工作早已展开。

概括来说，目前国内外研究船体与节能附体及螺旋桨相互干扰的主要计算方法可分为以下四类。

（1）用体积力模型代替螺旋桨与RANS方程耦合的方法。船体与螺旋桨相互作用数值计算的原理，是将螺旋桨用体积力模型代替，即在RANS方程的右端，在螺旋桨占据的空间内附加一体积力项，此体积力可由螺旋桨性能计算程序算得，但它又取决于船后来流条件，这样需要在RANS方程计算和螺旋桨性能计算之间进行迭代。国内学者周连第等人最早采用这种方法。国外采用这种方法预报船桨干扰的学者中比较有代表性的包括：基于重叠网格的RANS方法，代表人物是Chen，Chen and Liu，Hamn Ching Chen，Sing Kwan Lee等人，他们采用求解基于重叠网格的RANS方程来计算边界层和尾流场，然后和一个计算螺旋桨的程序MPUF3A耦合来求解船桨干扰；激励盘模型（Actuator Disk Model），即通过体积力把螺旋桨诱导的加速度耦合到RANS方程中去求解船桨干扰。

（2）基于势流理论的螺旋桨模型和RANS方程的耦合求解。

（3）周向平均的混合面方法。

（4）基于商业软件的非定常方法。最早是Abdel－Maksoud等人采用CFX－TASCflow商业软件把船体和转动中的螺旋桨一起处理，然后是Lübke使用商业软件CFX5研究了KCS船模和桨模的非定常干扰问题，分别计算了网格数为27万和215万两种情况下的船桨非定常干扰问题。

1.5 船舶推进节能装置简介

按照与螺旋桨相对位置的不同,船舶推进节能装置可分为桨前节能装置和桨后节能装置。桨前节能装置主要包括前置导管、补偿导管、桨前整流鳍(导流鳍)、桨前固定叶轮、桨前自由旋转叶轮以及各种导流支架等与船尾伴流相匹配的节能装置。这些节能装置通过改善桨盘面的伴流分布,来提高推进系统的推进效率,并对桨叶表面空泡现象和船舶激振力也有改善。桨后节能装置主要包括桨后自由旋转叶轮、桨后固定导轮、毂帽鳍、舵球、舵附推力鳍、舵球鳍、襟翼舵、扭曲舵等,其通过回收利用螺旋桨尾流场中的旋转能量和涡动能来提高推进效率,实现节能。此外,近些年来还出现了多种不同节能装置的组合(包括桨前节能装置之间的组合、桨后节能装置之间的组合以及桨前节能装置与桨后节能装置的组合)构成的组合式节能装置,其充分利用不同节能装置的节能机理,使其节能效果相互叠加产生优于单个节能装置的节能效果。

无论是单个节能装置还是多个节能装置的组合,其外形特点、外形尺寸大小、产生节能效果的工作机理、设计侧重点以及在船体上的安装位置均不相同,限于篇幅,这里不一一介绍,仅选取和理论研究相关的几个节能装置加以简要介绍。

1.5.1 补偿导管

众所周知,方形系数大于0.6的船舶,艉部的水流分离不可避免,从而造成了艉部的能量损失。因此,造船工程师们在设计艉部型线时,采用了以下几种方法:

(1)采用球尾船体;

(2)增大螺旋桨叶梢与船底之间的距离;

(3)减小艉部水流去流角(改进螺旋桨的进流速度场)。

这种通过改变船尾型线来改善尾流场的方法,虽然具有一定的作用,但是效果却不是十分明显。

针对上述问题,德国亚琛(Aachen)工业大学博士 Schneekluth 教授在杜伊斯堡内河船舶研究所的支持下开发了伴流补偿导管(Wake Equalizing Duct)。经过海上试航和长期使用,综合装载情况、航速和海况等因素,船舶平均节能效果为8%。由于该项技术结构简单、加工方便、价格低廉、效果良好、对船舶无不利影响(还有利于船舶增加稳性),我国国内已经有相当数量的船舶都装上了伴流补偿导管,其节能效果也很明显,补偿导管的试验模型如图1.1所示,安装于实船上的补偿导管如图1.2所示。

补偿导管主要是通过改善螺旋桨盘面处的伴流场来实现节能的,因此对存在不均匀伴流场、方形系数大于0.6的中速单桨船和双桨船都是适用的,但是对于空泡现象较为突出的高速船并不适用。对于单桨船而言,补偿导管一般安装在船尾桨前纵中剖面两侧,偏置于桨轴上方,是具有机翼型切面的环形导流装置。双桨船的伴流补偿导管的安装位置不像单桨船那样装在船尾的两侧,它们分别装在左右两个支轴架上,通过调节其与支轴架的相对位置来改善船舶性能。

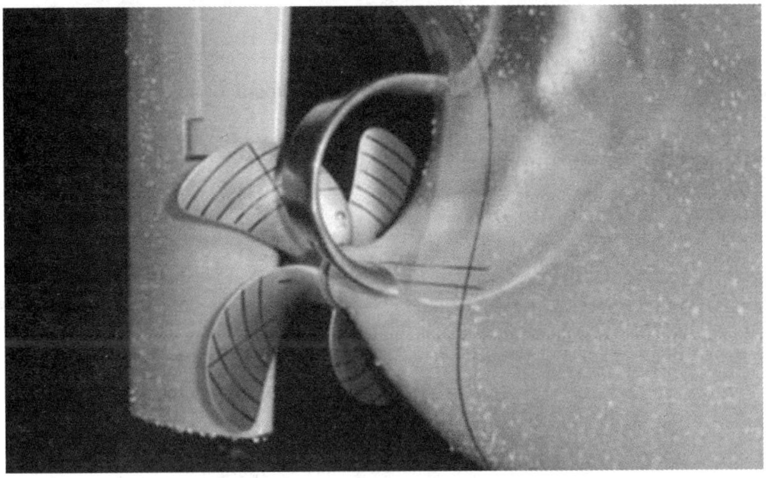

图 1.1　补偿导管模型

图 1.2　安装于实船上的补偿导管

实践表明,补偿导管具有以下作用:

(1)提高船后螺旋桨的效率;

(2)减少船尾水流分离;

(3)使桨盘面处的水流更为均匀,减小螺旋桨叶梢的负荷,有利于减小螺旋桨引起的振动;

(4)伴流补偿导管的整流作用使流向舵叶的水流比较平直,可提高舵叶的效率,改善船舶的操纵性能;

(5)伴流补偿导管在船尾两侧增加了面积,有利于航向稳定性;

(6)船模适航性比较试验表明,在规则波试验中,由于伴流补偿导管的存在,主机功率减小 3% ~4% ,纵摇频响亦有所改善;

(7)冰区航行的船舶,伴流补偿导管有保护螺旋桨免受冰块损伤的作用。

1.5.2 前置导管

当船舶运动时，由于船舶变化的尾部形状使得桨盘面处的伴流不均匀（特别是方形系数较大的船舶，桨盘面速度不均匀程度可达 50% 以上），这不仅影响螺旋桨的效率，而且还会使螺旋桨遭受不平衡水动力而产生振动。前置导管是为改善船舶尾流场和提高螺旋桨的工作效率而研制的节能装置，如图 1.3 所示。它的基本结构为一管状壳体，圆形截面，收缩管上部较长，下部较短，具有扁或圆的截面，左右对称或不对称，也可以只有轴线以上的一半（通常的非完整的前置导管称之为“补偿导管”），安装在螺旋桨前、纵中剖面附近两侧，且偏置于桨轴上方，导管中心线与水平成前倾角。具体尺度、角度、外形要根据不同的船型确定。

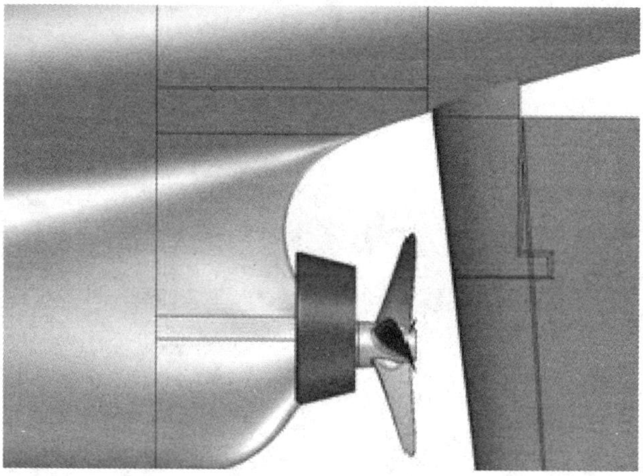

图 1.3 前置导管

前置导管最早设计于 1984 年，并由西德伯虏姆 – 福斯船厂安装在 7 万吨的“罗道尔夫 · 奥尔登道夫”船上。我国在 1985 年首次将前置导管节能装置成功地应用于 6.5 万吨散货船上，取得令人满意的效果。从第一只前置导管诞生至今，已有数以百计的实船安装了这种节能装置，一般节能效果可达 4% ~10%。

前置导管的节能作用主要来自以下几个方面：

（1）单桨船螺旋桨盘面上部属于高伴流场，进速很小，因而将导管偏置于桨轴上方，用以加速螺旋桨上部流速，并使周围的水流减缓，整个盘面流速趋于均匀，改善螺旋桨的工作条件，提高推进效率，减小激振力和船体振动；

（2）螺旋桨工作时，前置导管会促使进流产生预旋，前置导管采用左右不对称的半环组合，可改善预旋程度，进一步改善螺旋桨伴流场，提高推进效率；

（3）前置导管的切面形状为机翼型，如同常规导管一样，设计良好的前置导管在尾流作用下自身也产生正推力，对减少推力减额产生有利影响；

（4）改善艉部水流的分离现象，减少船舶的航行阻力；

（5）增加舵的进流，对舵效有一定的改善作用；

（6）不易产生叶梢空泡剥蚀。

1.5.3　桨前整流鳍

螺旋桨在水中高速旋转工作，在其周围将产生轴向、周向和径向扰动速度，这必将使螺旋桨消耗的能量分成三部分带入水流，其中由于周向和径向诱导速度带走的能量将损失掉，而且其中周向诱导速度能引起尾流的旋转，旋转不但不产生推力，反而强化水流的漩涡，进一步引起能量损失。为了减少部分能量损失，可以在桨前船体上安装导流鳍（整流鳍），通过对水流的"导引作用"，改变流向桨叶的水流方向，使其与桨叶自身的诱导速度相抵消，减少螺旋桨的周向诱导速度从而减少能量的消耗，进而提高推进效率。此外，由于导流鳍采用机翼型，周围存在水流环量，可改善附面层的分离，产生附加推力；导流鳍还可使尾流均匀化和稳定化，能减少船体阻力和螺旋桨激振力，从而减少船体振动。

由于螺旋桨工作在船体的尾流中，不可避免会受到尾流的不利影响，从而降低效率。为了改善桨前水流对螺旋桨的不利影响，德国、日本等相继研发了桨前整流鳍（导流鳍）来减少舭涡和斜流造成的螺旋桨推力与力矩的脉动。桨前整流鳍由与水流成一定攻角的鳍叶组成，通过改变水流方向来改善船舶伴流，提高螺旋桨的效率，减小震动，可提高航速或节省主机功率，节能 5% 左右，如图 1.4 所示。

图 1.4　整流鳍

1.5.4　舵球

20 世纪 80 年代初，日本川崎重工的科研人员在船模试验观察螺旋桨后水流流场时发现，螺旋桨后中心部位水流相当紊乱，出现了一些漩涡，为了减少部分能量损失，最简单的方法是加长螺旋桨毂帽，使桨毂长度超过螺旋桨直径的一半，便可达到十分理想的整流效果。但这一措施实际上行不通，因为这样一来，舵远离螺旋桨尾流，舵效大打折扣，给船舶操纵性带来不利影响。经过多次试验，川崎重工发现只要在舵叶的导边、螺旋桨轴线高度处、正对螺旋桨桨毂处安装一个直径约为螺旋桨轴直径 1.07 ~ 1.2 倍的流线型回转体（简称舵球），且靠近螺旋桨的头部接近半球体，向后延伸部分为锥体，并使球体与舵叶的流线型光顺过渡，且在两者相贯处焊接，就能取得较好的节能效果，舵球外形如图 1.5 所示。在船模试验成功的基础上，川崎重工率先在一艘 13 万吨散货船“瑞川丸”上加装舵球，实船试航结果表明确实具有节能效果。

图 1.5　舵球

20 世纪 80 年代中期以后，世界各国纷纷开始研究和使用舵球节能技术。

1985 年以来，上海船舶运输科学研究所和中国船舶工业集团公司第 708 研究所亦各自独立开展舵球节能技术研究。1988 年至 1989 年间，江南造船厂为美国 LASCO 公司建造两艘 64 000 吨级巴拿马型散货船——“中国光荣”号和“中国自豪”号，该船共进行了三种装载状态下的模型试验，即对应实船吃水分别为 12.5 m，13.1 m 及排水量为 32 000 t 的压载试航状态。每种状态下，均进行了不装舵球和安装舵球的阻力和自航试验。通过对比，在设计吃水及设计航速下功率节省达 4.45%，航速降至 12 ~ 15.5 kn 时，节能效益更好，可节能 4.82%。压载状态下舵球的节能效果稍差，12.5 kn 时为 3.88%，14.5 kn 时为 3.27%。随后，“中国光荣”号和“中国自豪”号先后试航交船，在设计吃水航速 14.6 kn 时实测得到的节能效益分别为8.10% 和 8.27%。交通部上海船舶研究所以一模型桨和 4 只几何相似的舵球进行组合试验，讨论了不同的桨 - 舵球组合间距和舵球尺度对螺旋桨效率的影响。试验表明，桨 - 舵球组合间距的变化对螺旋桨敞水效率的影响明显，在舵上安装舵球后一般可使螺旋桨的敞水效率提高 3% ~5%。

著名的船用设备制造商 Lips 于 2001 年将螺旋桨 - 舵 - 舵球整合在一起设计了一种桨 - 舵 - 舵球一体化推进装置，如图 1.6 所示。与常规船舶螺旋桨与舵各自独立不同，它在舵叶中间部位、沿螺旋桨轴线延伸方向，焊有一只呈流线型纺锤体状的舵球，此舵球使螺旋桨与舵成为一个整体，舵球最大直径要超过螺旋桨桨毂直径，看上去宛如一枚鱼雷。一艘营运于挪威沿海的快速客船 FinnmarKen 率先使用此节能装置，该船航速为 18 kn，营运于卑尔根—克凯奈斯旅游客运航线。FinnmarKen 为一艘双机双桨旅游客船，模型试验证实，与常规舵相比较，安装高效舵后，推进功率和燃油消耗可节省 5% ~6%，螺旋桨激振力降低 40%，螺旋桨诱导噪声级降低 5 dB。推进功率的节省是由于“伴流增益”效应所致。光顺的舵球消除了原先在螺旋桨桨毂后方发生的旋涡，使桨后尾流变得非常顺畅，尾流速度降低，螺旋桨盘面面积增加，从而提高了螺旋桨推进效率。高效舵叶单桨船尤其是船身丰满的船舶效果更好，在一艘航速 17 kn，主机功率为 6 300 kW 的运纸船上节能效益达 9% ~12%，在一艘航速为25 kn的快速集装箱船上也可收到5%～8%的节能效益。用在双桨船上节能效果稍差一些，最高为6%，最低仅2%，平均为4.1%，但对一些客船而言，更重要的是降低船舶的振动和噪声，船舶舒适性有明显改善，此外由于尾流顺畅，舵效改善，船舶操纵性也有所提高。

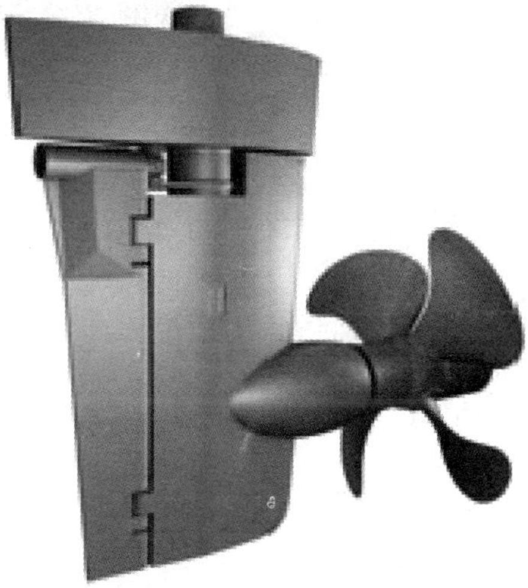
图1.6 Lips一体化推进装置

船模试验证明舵球作用如下：

(1)舵球填充了螺旋桨毂帽后的低压区空间，对桨后的水流有良好的整流作用，从而减少了漩涡流引起的能量损失。桨后的水流因受到螺旋桨作用而产生轴向、切向及径向诱导速度，其中切向诱导速度能引起尾流旋转，不但不产生推力，反而引起能量损失，而在近桨毂的内半径处径向诱导速度总是比较大，它所引起的尾流能量损失也较大。而在桨毂紧后方设置舵球，桨毂附近的水流将被强迫沿舵球表面流过，由于舵球表面水流的黏性作用使舵球附近的水流无法再作强烈旋转，从而达到整流的目的。

(2)几何参数经优化的舵球可以消除毂涡，即阻止毂涡形成，减少部分推力损失。

(3)舵球改善了螺旋桨后水流的流场分布，因而也可以减轻尾流对舵和船尾的激振作用。

1.5.5 舵附推力鳍

舵附推力鳍是一种回收螺旋桨尾流能量的节能装置。舵附推力鳍是由日本的IHI公司于1983年首先研制出来的，它安装在桨后舵的两侧，其作用原理是使水流经过具有一定攻角的固定鳍后改变原来的方向，转化为附加推力，起到助推节能的作用。该装置主要以回收螺旋桨周向流的旋转能量为目的，其结构及在船体上的安装位置如图1.7所示。在舵的左右两侧沿水平方向伸展两个翼型鳍，当桨后旋流以速度矢量 $\boldsymbol{V}$ 流向该鳍片时，鳍片的升力 L 在船舶前进方向上的投影即为获得的附加推力。为获得最佳效益，须确定鳍片的翼弦、翼展与安装角。理论计算，舵附推力鳍回收尾流场的部分旋转能量产生附加推力，其助推效率可达3%～4%，是一种较好的推进节能装置，实船应用测试中，节油率大多高于5%。影响推力鳍助推效率主要有以下几个因素。

(1)推力鳍展长，对于处于桨后的推力鳍来说，当其他参数不变时，展长越大，展弦比越大，升力越大，但其摩擦阻力亦越大。

(2)推力鳍安装角，推力鳍有一最佳安装角，原因在于鳍的阻力一般包括由有限翼展引起的诱导阻力和跟黏性有关的摩擦阻力。

(3)推力鳍垂向位置，垂向位置置于离桨轴线最近处，其助推效率最大。

(4)推力鳍叶数，日本石川岛播磨重工(IHI)对鳍的叶数(每侧1～6枚)，进行了计算，认为鳍的叶数由2增加到5时其能量回收率将显著提高，但此时根部应力很大，结构过于复杂。推力鳍安装简便、成本低，且易于对现有的旧船进行改造，因此深受人们的青睐。

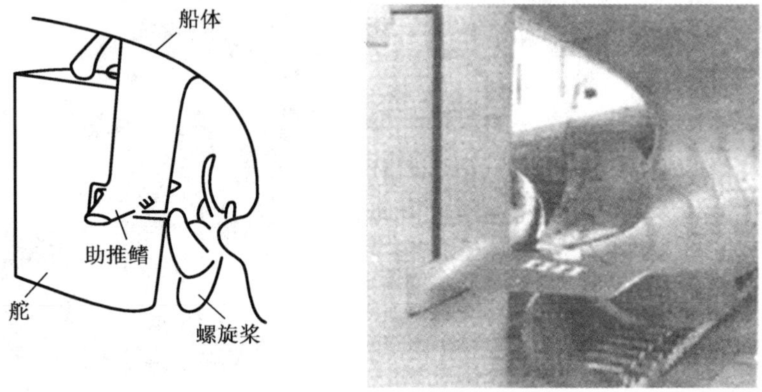

(a)　　　　(b)

图 1.7　舵附推力鳍

1.6　船舶推进节能装置的研究进展

1.6.1　船舶推进节能装置的试验研究进展

目前,国内外船舶水动力节能装置的试验研究基本采用与船模自航试验研究相同的方法,需要开展螺旋桨模型敞水试验,有节能装置和无节能装置两种情况下的船模阻力试验和自航试验,然后基于两者的模型试验数据预估实船的性能,通过比较有节能装置和无节能装置时实船的性能差异来确定节能装置的节能效果。国内研究主要集中在船舶系统内的研究所和开设船舶与海洋工程专业的大学等单位。国外的研究主要以韩国、日本、美国以及欧洲国家的一些研究中心、船级社和造船企业为主。研究的热点是补偿导管、整流鳍、舵球、舵附推力鳍以及多种节能装置的组合,比如前置导管与舵球组合、前置导管与左弦补偿导管组合、前置导管与左弦补偿导管与右舷整流鳍三者组合、补偿导管与舵球组合、整流鳍与舵球组合、舵球与舵附推力鳍组合、补偿导管与舵附推力鳍组合、补偿导管与舵球组合、右舷补偿导管与舵球组合。经统计各节能装置的节能效果情况如表 1.1 所示。

表 1.1　节能装置节能效果统计

节能装置名称	节能效果	节能装置名称	节能效果
补偿导管	2.6% ~11%	补偿导管 + 舵球	7% ~8%
整流鳍	4% ~9%	整流鳍与舵球	3%
舵球	2% ~12%	舵球与舵附推力鳍	2.5% ~15%
舵附推力鳍	3% ~5%	补偿导管与舵附推力鳍	4% ~5%
前置导管 + 舵球	8% ~9.5%	补偿导管与舵球	7%
前置导管与左弦补偿导管	8.2%	右舷补偿导管 + 舵球	6.3% ~7%
前置导管 + 左弦补偿导管 + 右舷整流鳍	11.3%	-	-

1.6.2 船舶推进节能装置的理论研究进展

目前,理论研究方法主要以基于势流理论的升力线、升力面、面元法以及基于黏性流理论的 CFD 方法为主。近几年国外的研究包括:2007 年,INUKAI Yasuhiko 等人通过优化前置导管的设计参数与外形,使其节能效果由原来的 3% 提高到 5%;2008 年,第 25 届 ITTC 国际会议对各国船舶推进节能技术做了较为全面的总结;2008 年,Y. B. Choi 在其研究报告中指出,在整流鳍与桨后固定叶轮组合、整流鳍与导管组合、毂帽鳍与导管组合等世界各国研发的组合式节能装置中,节能效果最高可达 7%;2007 年,FahriCelik 研究了基于黏性 CFD 方法设计桨后整流鳍的方法,2008 年采用 CFD 方法研究了补偿导管,取得 9.7% 的节能效果。

我国对船舶推进节能技术的理论研究也一直在进行中,代表性的研究包括:2004 年,何德明等人对船舶前置导管的流态进行了研究;2005 年,马骋等人基于升力面理论研究了螺旋桨 - 舵 - 舵球推进组合体的水动力性能;2006 年、2007 年,郭春雨等人对舵附推力鳍进行了理论研究;2012 年,黄少峰等人研究了伴流补偿导管节能增效的 CFD 评估方法;2012 年,何苗研究了舵球与节能舵的一体化优化设计与性能预报方法;自 2008 年开始到目前,沈海龙、苏玉民等人基于面元法及 CFD 方法针对船舶推进节能技术开展了大量的理论研究工作和模型试验研究工作,研究了前置导管、补偿导管、整(导)流鳍、舵球、舵附推力鳍、舵球鳍、桨前固定叶轮等节能装置以及部分节能装置组合构成的组合式节能装置。

1.7 船舶推进节能技术发展动态分析

从船舶推进节能技术的研究进展可知,国内外针对船舶推进节能装置做了大量模型试验研究工作,研发了许多具有显著节能效果的节能装置,取得了可喜的成绩。但是具体试验方法一直沿用 ITTC 推荐的用于无节能装置的船模试验方法,并没有针对节能装置自身特有的属性,研究适用于节能装置节能效果预报的模型试验方法。而现有节能装置节能效果的试验研究,因涉及较多试验测试仪器设备,在试验过程中需要反复拆卸节能装置与船模并调整船模试验状态,导致其试验结果的重复性差,需要进行试验方法的改进研究,研究适合节能装置自身特点的试验方法,提高节能效果预报的准确性和预报结果的可重复性。随着节能技术的发展和各国竞争的日益激烈,适用于船舶推进节能装置节能效果精确预报的全新模型试验方法将是未来若干年的研究热点。

由于节能装置相对于船体属于附体,尺寸较小,尺度效应对节能效果的影响十分显著。钱文豪曾在 1993 年和 1995 年撰文,同时给出了多种节能装置前期的模型试验预报的节能效果与后期实船试航试验得到的节能效果,节能效果对比数据显示,对于整流鳍两者最多相差 48%,对于补偿导管两者相差 25%;2011 年,瓦锡兰公司提出了要开发数值水池技术来评估尺度效应对船体伴流场和导管桨的影响;德国学者 Heinke 在 2011 年首次采用 CFD 技术分析了尺度效应对装有节能导管和预旋鳍的船体伴流场的影响;IHI 船舶联合公司在 2011 年采用 CFD 技术研究了模型尺寸和全尺寸半环形节能导管对船体伴流场的影响,并基于全尺寸船体伴流优化设计了全尺寸半环形节能导管,与基于模型尺寸船体伴流优化设计的模型尺寸半环形节能导管相比,两者外形有了显著的变化,如图 1.8 所示;2013 年,日本学者 Takafumi Kawamura 在其针对毂帽鳍模型尺寸和全尺寸节能效果的 CFD 分析论文中指出,对于毂帽鳍节能装置而言,大量模型试验预报的节能效果均在 1% ~2% 区间浮动,而实船试航试验的平均节能效果则为 5.4% ,两者相差甚远。显然,尺度效应对节能装置节能效果的影响已经引起国外相关学者和本行业相关企业的重视,相信在不久的将来,基于全尺寸模型和 CFD 技术开展节能装置的优化设计和节能效果数值预报必将成为船舶推进节能技术研究的热点和发展趋势。

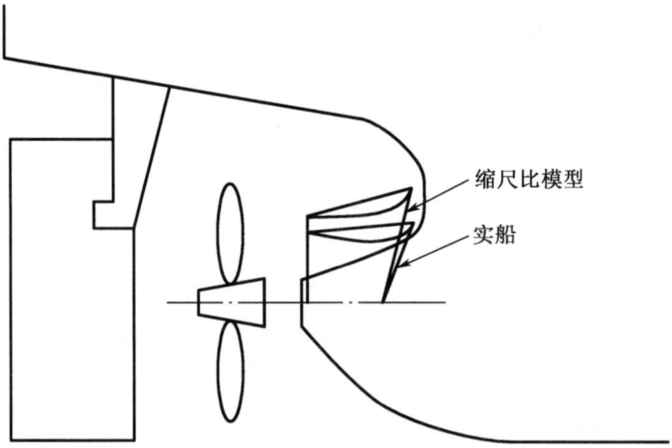

图 1.8　尺度效应对半环形节能导管优化设计的影响

第2章 几何模型的建立与网格的生成

几何模型是网格和边界的载体，而网格是CFD模型的几何表达形式，也是数值计算与分析的载体。几何模型和网格的质量对CFD计算精度和计算效率有着重要的影响。对复杂的CFD问题，模型的建立和网格的生成极为困难和耗时，且极易出错，需要进行大量的尝试才能取得成功。实践表明，这一工作是整个数值计算工作的主体，几乎占整个工作时间的70%甚至更多，因此，对模型的建立和网格的生成应给予足够的重视。本章以FLUENT前处理软件GAMBIT为例对网格划分的特点和操作步骤做简要介绍。

2.1 GAMBIT简介

GAMBIT是专用前处理软件包，用来为CFD模拟生成网格模型。GAMBIT是一个开放性的软件，它不仅体现在输入方面，还体现在输出方面。由它所生成的网格可供多种CFD软件使用，包括FLUENT，FIDAP，POLYFLOW等。使用GAMBIT可以大大节省用户在CFD运用过程中花费在建立几何模型和划分网格上的时间。

2.1.1 GAMBIT的特点

GAMBIT的主要功能包括三个方面：构造几何模型、划分网格和指定边界。其中，划分网格是其最主要的功能，它最终生成包含有边界信息的网格文件。

GAMBIT提供了多种网格单元，可根据用户的要求，自动完成划分网格这项繁杂的工作。它可以生成结构网格、非结构网格和混合网格等多种类型的网格。它有着良好的自适应功能，能对网格进行细分或粗化，或生成不连续网格、可变网格和滑移网格。在网格生成之后，用户可在GAMBIT中指定边界，指定边界的目的是为后续进行CFD模拟时输入边界条件作准备。

GAMBIT本身提供几何建模的功能，只要模型不太复杂，一般可以直接在GAMBIT中完成。但对于复杂的CFD问题，特别是三维CFD问题，GAMBIT并不十分有效，这时，需要借助专用CAD软件（如Pro/ENGINEER）来完成几何建模。GAMBIT可以导入CAD软件或其他前处理软件生成的几何模型，能够导入的几何模型文件的类型包括ACIS，Parasolid，IGES和STEP等格式。

2.1.2 GAMBIT的操作步骤

对于一个给定的CFD问题，可利用GAMBIT按如下三个步骤生成网格文件：

第一，构造几何模型。

这个环节既可利用GAMBIT提供的功能来完成，也可在其他CAD软件中生成几何模型后，导入GAMBIT之中。在生成几何模型后，可将该模型以默认dbs的格式或其他CAD格式（ACIS格式）保存到磁盘上。

第二,划分网格。

这个环节需要输入一系列参数,如单元类型、网格类型及有关选项等,这是生成网格过程中最关键的环节。对于简单的 CFD 问题,这个过程只是操作几次鼠标的问题,对于复杂的问题,特别是三维问题,这一过程需要精心策划、细心实施。这个环节结束后,一个与求解域完全对应的网格模型便制作出来,用户可以从多个视角观察这个网格模型。

第三,指定边界类型与区域类型。

因 CFD 求解器定义了多种不同的边界,如壁面边界、进口边界、对称边界等,所以在 GAMBIT 中需要先指定所使用的求解器名称(如 FLUENT5/6),然后,指定网格模型中各边界的类型。如果模型中包含多个区域,如同时有流体区域和固体区域,或者在动静联合计算中两个流体区域的运动不同,那么必须指定区域的类型和边界,将各区域划分开来。

2.2 几何模型的建立

当我们对一个实际的工程问题或者物理问题乃至自然界各类问题进行研究时,就需要对这个问题进行探究,寻求合理的研究方案,从而达到可以用几何模型去描绘它的特点和属性的目的。在建模前,我们需要做好充分的准备工作,在建模过程中,我们需要不断优化模型,使其既可以使研究工作得以进行下去,又能保证所建立的几何模型不过于简化,否则会使研究内容远离研究目标,从而失去研究意义。

2.2.1 建模前的准备工作

在建模过程中,通常会遇到以下两种情况:一是所要研究问题的几何外形过于复杂,如果我们不加简化地完全忠于原始几何外形进行建模,这样建立的模型尽管足够精确,但在模型建构完成后,我们会发现在目前计算机的计算能力下它是难于求解的。对此,我们需要根据实际问题的特点对几何模型进行分析简化,简化后的几何模型尽管是近似的,但它可以反映问题的主要方面。另一种情况是几何外形的尺寸比较庞大,而需要研究的部分却是相差数量级的小尺寸的部位,使得建模时顾此失彼,难以兼顾。在这种情况下,数值模拟的效果很大程度上取决于大模型的正确性和小部位的精确程度。因此,我们需要作必要的综合考虑与分析,方可建立满意的模型。

为了使建模和计算工作顺利进行,我们需要做好以下准备工作:

(1)系统全面地分析所要解决问题的特点,对问题的几何外形有一个数值描述;

(2)对一些复杂的问题进行必要的简化分析,抓住问题的主要方面;

(3)选择合适的计算域;

(4)分析计算载体的计算能力;

(5)根据计算能力,确定网格数量的多少;

(6)由求解问题的特点确定网格的类型,如非定常问题只能使用非结构网格,而定常问题中,结构网格和非结构网格都可以选用;

(7)确定解决问题所必需的边界条件,并对可能会影响计算结果的边界条件组合及计算参数做出必要的预测和分析;

(8)收集相关的试验资料,以便对数值计算结果做对比分析。

2.2.2　几何模型的建立

不同情况下所建立的几何模型差别很大,这里给出了一种常用翼的建模方式。

(1)首先根据 NACA 对称翼型的型值表在 AutoCAD 软件中生成翼剖面,如图 2.1 所示,并生成面域,以 acis 格式保存到磁盘中。

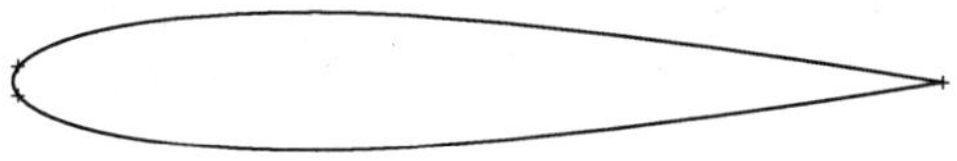

图 2.1　翼剖面

(2)GAMBIT 读入翼剖面。

(3)如果是二维问题,则建模相对比较简单,只需再生成一个控制区域,然后两者做布尔运算,即生成所需的几何模型,如图 2.2 所示。

(4)三维问题则需要在第(2)步的基础上生成三维翼,并选择合适的三维控制域,经布尔运算即可得到所需几何模型,如图 2.3 与图 2.4 所示。

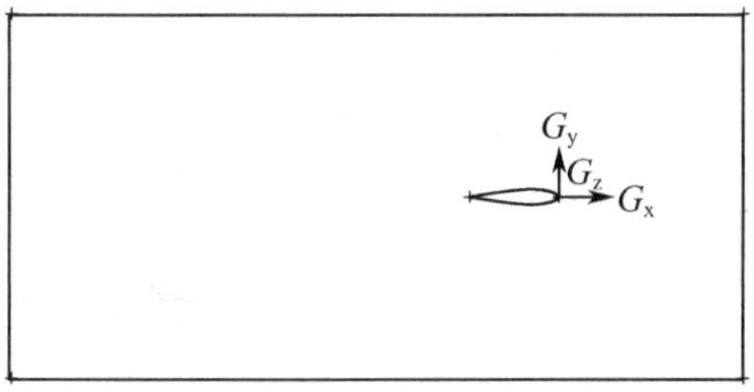

图 2.2　二维翼几何模型

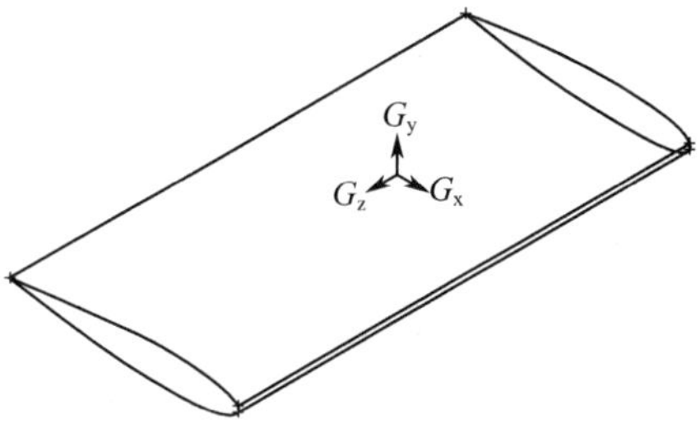

图 2.3　三维翼

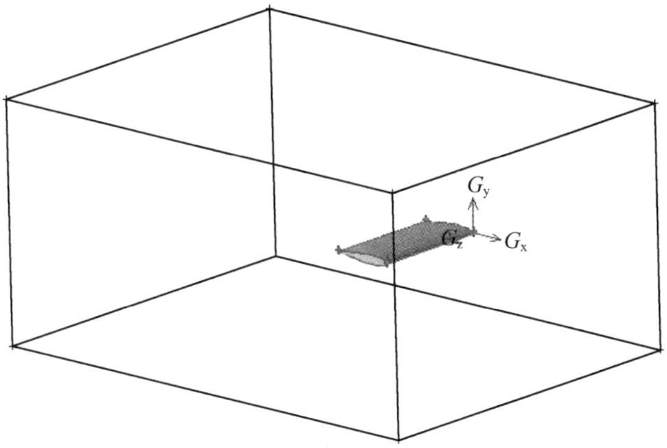

图 2.4　三维翼几何模型

2.3 网格的划分

在生成几何模型后，要进行网格划分。在网格的生成过程中，我们需要根据研究问题的特点和几何模型以及计算机的计算能力选择合适的网格单元、网格类型、网格数量和边界条件。

2.3.1 网格单元的分类

单元(cell)是构成网格的基本元素。在结构网格中，常用的2D网格单元是四边形单元，3D网格单元是六面体单元。而在非结构网格中，常用的2D网格单元还有三角形单元，3D网格单元还有四面体和五面体单元，其中五面体单元还可分为棱锥形(或楔形)和金字塔形单元等。图2.5、图2.6和图2.7分别表示常用的2D和3D网格单元。

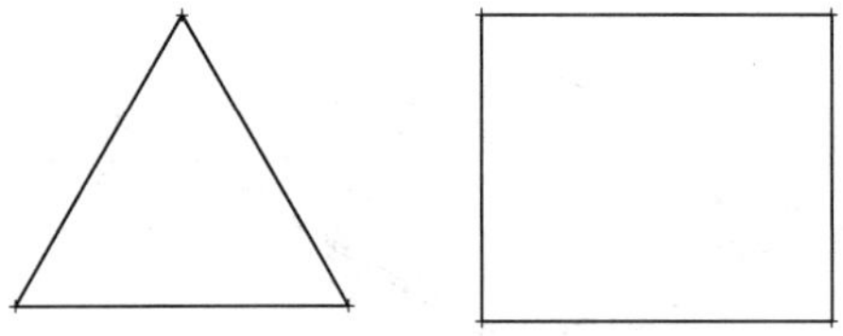
(a) (b)

图2.5 二维网格单元
(a)三角形网格单元；(b)四角表网格单元

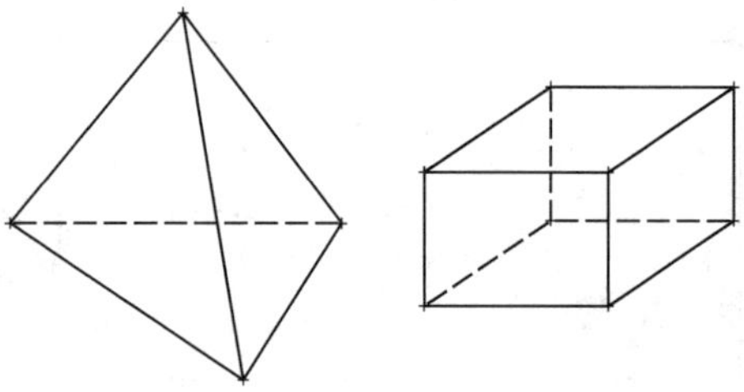
(a) (b)

图2.6 三维网格单元
(a)四面体网格单元；(b)六面体网格单元

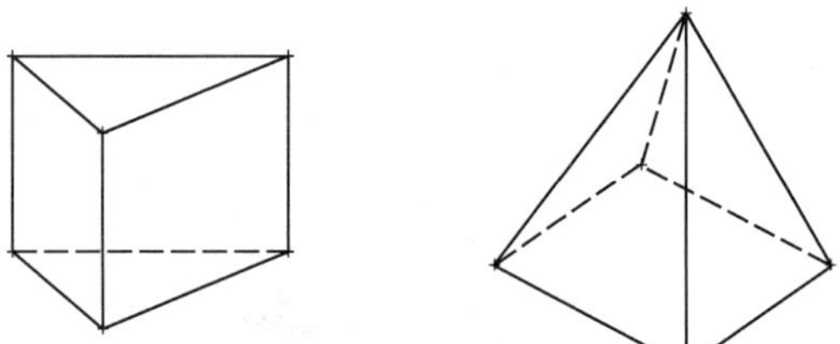
(a) (b)

图2.7 三维网格单元
(a)棱锥形(或楔形)网格单元；(b)金字塔形网格单元

2.3.2 网格的类型

网格分为结构网格和非结构网格。在结构网格中，网格的节点排列有序，各相邻点之间的关系明确，当给出一个节点的编号后，立即可以得出其相邻节点的编号。非结构网格的节点则是以一种不规则的方式布置在流场中。这种网格虽然生成过程比较复杂，但却有着极大的适应性，尤其对具有复杂边界的流场计算十分有效。按照求解变量是否定义在相同的计算节点并且是否拥有相同的控制体来区分，网格又可分为同位网格(Collocated Grid)和交错网格(Staggered Grid)。同位网格是应用于复杂计算区域的非正交网格和非结构网格(Unstructured Grid),具有交错网格无法比拟的优势。

FLUENT 可以输入各种类型和各种来源的网格。它可以接受结构网格和非结构网格、单块网格和多块网格以及二维混合网格和三维混合网格,另外还可以接受有悬挂节点的网格。图 2.8 至图 2.17 为 FLUENT 的有效网格形式。

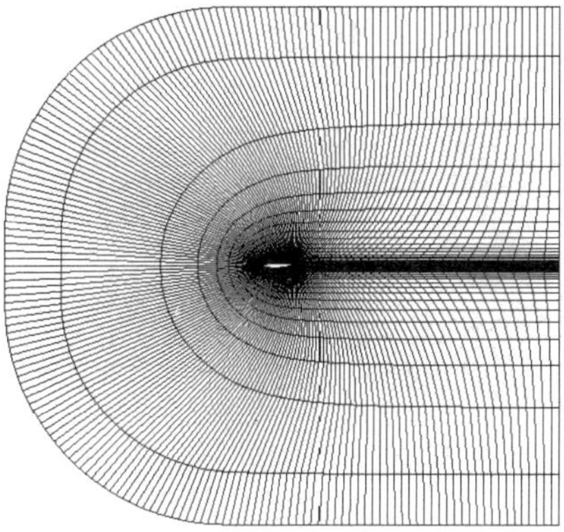

图 2.8　机翼的四边形结构网格

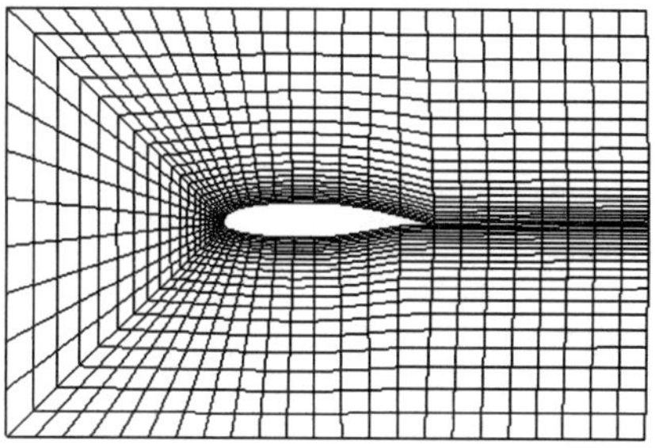

图 2.9　机翼的 C 型结构四边形网格

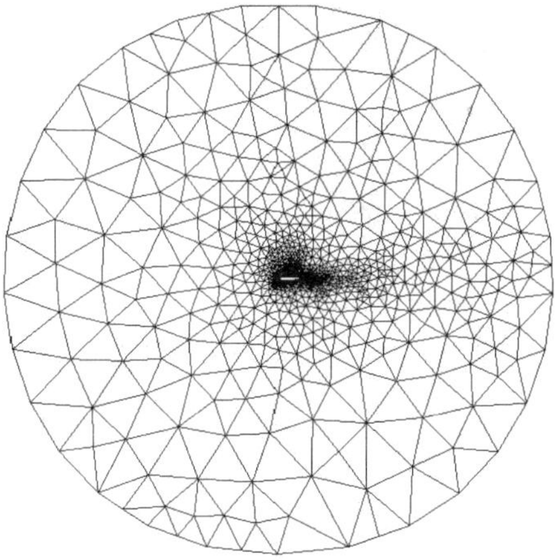

图 2.10　机翼的三角形非结构网格

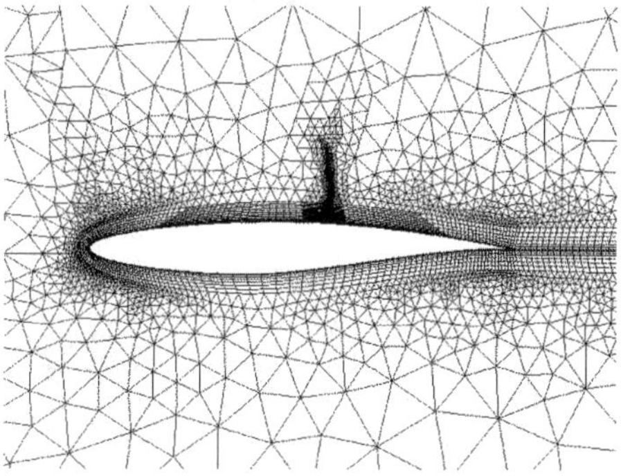

图 2.11　具有悬挂节点的混合型网格

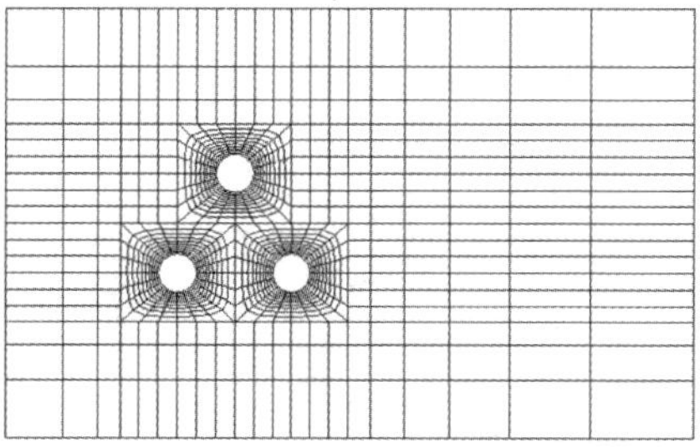

图 2.12　多块结构四边形网格

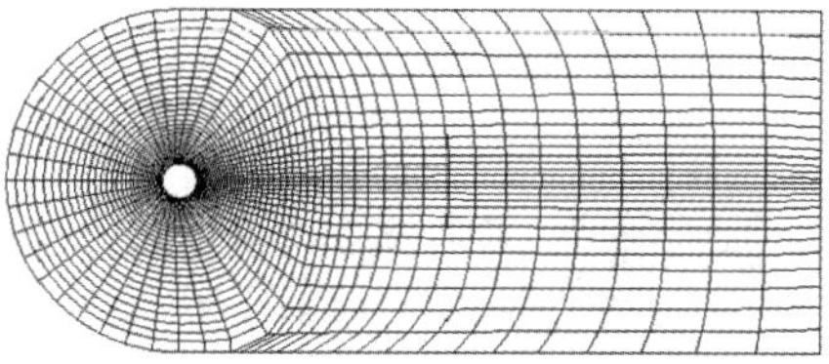

图 2.13　O 型结构四边形网格

图 2.14　非一致混合网格

图 2.15　降落伞的零厚度壁面模拟网格

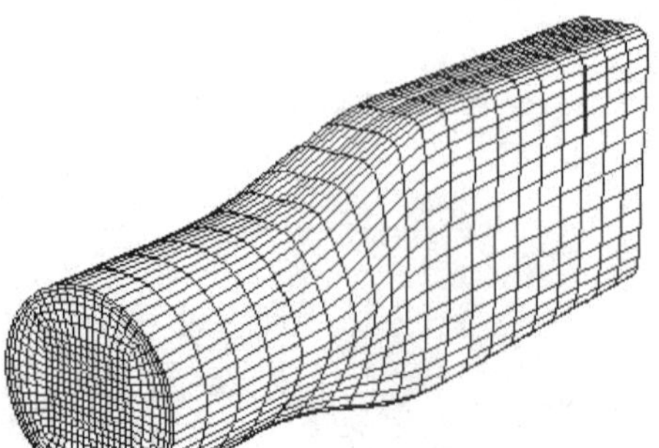

图 2.16　三维多块结构网格

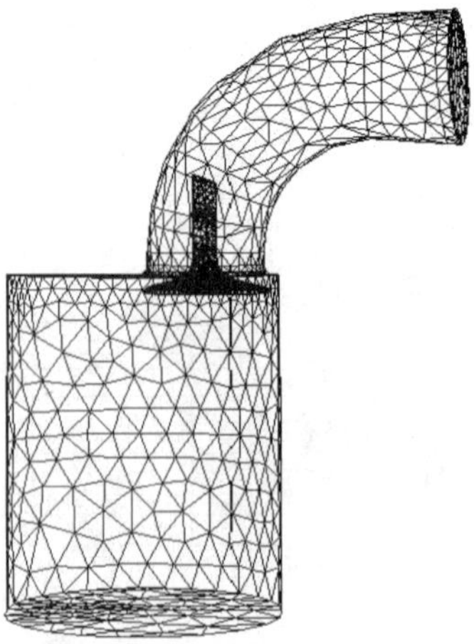

图 2.17　非结构四面体网格

2.3.3　边界条件的设定

所谓边界条件,是指在求解域边界上所求解的变量或其一阶导数随地点及时间变化的规律。只有给定了合理边界条件的问题,才有可能计算出流场的解。因此,边界条件是使CFD问题有定解的必要条件,任何一个CFD问题都不可能没有边界条件。

在CFD模拟时,基本边界条件包括:

(1)流动进口边界;

(2)流动出口边界;

(3)给定压力边界;

(4)壁面边界;

(5)对称边界;

(6)周期性(循环)边界。

不同的CFD文献,对边界条件的分类方式不完全相同。在复杂流动中,还经常见到内部表面边界,如风机的叶片等。

2.4　影响计算结果的几个关键因素的讨论

在利用CFD软件求解三维黏性绕流问题时,计算结果受到多种因素的影响。由于CFD商业软件本身经过多年的发展和完善,其技术的应用早已超越传统流体力学和流体工程的范畴,如航空、航天、船舶、动力、水利等,而扩展到化工、核能、冶金、建筑、环境等许多相关领域中去了,因此求解三维黏性绕流问题只是它众多功能的一部分,这就需要研究人员探索适合求解特定问题的特定求解条件。当然,CFD商业软件有许多基于试验结果的半经验公式和求解参数,对于一些简单问题,使用这些CFD软件默认的参数和模型也能得到理想的计算结果,但是对于复杂的三维黏性绕流问题,往往需要结合试验结果反复尝试,以寻求适合该问题求解的最佳网格、最适用的湍流模型、最合适的求解参数和离散格式以及速度压力的耦合方式等。在这些因素中,网格的划分需要研究者独自完成,而网格的生成作为整个计算分析过程中的首要部分,随着计算模型的复杂化正变得越来越困难,它所需的人力时间已达到一个计算任务全部人力时间的60%左右,并且研究者的经验会直接决定计算的成败甚至计算能否进行,在CFD计算中,探索合适的网格对于问题的解决是十分重要的,而初学者往往忽略这一点。当然,对于影响计算结果的其他因素来说,和网格因素相比,则显得有章可循,依据CFD软件的求解原理,可以较为容易地避免这些因素对计算结果造成的不利影响。

2.4.1　网格的形式和网格的质量

当今,计算船舶流体力学需要处理模型的几何外形越来越复杂,如何生成高品质的计算网格,也成了船舶CFD的一个重要课题。

1. 目前,在CFD计算中,主要有单块结构化网格、多块结构化网格、非结构化网格、混合网格、多面体网格和重叠网格,它们各有特点,可分别表述如下。

(1)单块结构化网格。这是最简单也最常用的一种计算网格,由代数函数或求解微分方程生成网格。由于网格的顺序编号,使得使用单块结构化网格编程简单,计算机内存需求少。但它也有很大的缺点,如很复杂的外形如船舶带有附体,就根本无法使用单块结构化网格。另外,使用单块结构化网格在某一区域(如船体附近)加密,将导致其他不必要的区域也加密网格,导致计算网格长宽比过大,影响计算精度;另外在外形突然变化的区域,网格也将严重变形。目前只有比较简单的船型,可以使用单块结构化网格计算。

(2)多块结构化网格。在许多情形下,船舶附体对流动有很大影响,很难甚至不可能构造单块结构化网格来满足一定的分辨率,多块结构化网格是单块结构化网格和非结构网格的一个折中方案,该方法将原始的物理区域按不同的空间拓扑结构分成若干区域块,每个单块网格的拓扑结构简单,易于生成贴体网格,然后合并这些单域贴体网格来形成复杂外形的空间网格,它简单又能处理较复杂的形状。在船舶CFD方面,越来越多的研究者使用这种网格。多块结构化网格在交界面上有网格匹配的,即传统的多块结构化网格,也有网格不匹配的,后一种情况适应性更强,可以在不同的网格块中使用不同的网格分辨率。对于前者,虽然网格块之间的关系和数据交换比较简单,但相连网格块之间必须共用网格线(二维)或网格面(三维),为了提高计算的精度,要求块与块之间的连接应尽量光滑,这给网格生成带来诸多限制和不便,而随着不匹配网格方法的引入,网格线(面)的公用限制被打破,网格生成的难度降低,但随之而来的是网格块之间数据交换变得复杂,对于三维复杂外形绕流,划分的子块可能有上百块,合理处理块与块之间的边界就变得非常烦琐,占用的内存和计算时间有所增加。不匹配的多块结构化网格在船体、附体相互干扰研究中有很强作用。

(3)非结构化网格。这是适应性最强的一种网格形式,可以适应任何形状的求解区域。它利用三角形(二维)或四面体(三维)在定义复杂外形时的灵活性,消除了结构化网格中节点的结构性限制,节点和单元的分布可控性好,因而能较好地处理边界,适用于模拟真实复杂外型。非结构化网格生成方法在其生成过程中采用一定的准则进行优化判断,因而能生成高质量的网格,很容易控制网格的大小和节点的密度,它采用的随机数据结构有利于进行网格自适应。一旦在边界上指定网格的分布,在边界之间可以自动生成网格,无须分块或用户的干预,而且不需要在子域之间传递信息。因此,近年来非结构化网格方法受到了高度重视,有了很大发展。非结构化网格方法的一个不利之处就是不能很好地处理黏性问题,在附面层内只采用三角形或四面体网格,其网格数量将极其大。现在比较好的方法就是采用混合网格技术,即先贴体生成能用于黏性计算的四边形或三棱柱网格,然后以此为物面边界,生成三角形非结构网格,但是生成复杂外型贴体的四边形或三棱柱网格难度很大。非结构化网格方法的另一个不利之处就是对于相同的物理空间,网格填充效率不高,在满足同样流场计算条件的情况下,它产生的网格数量要比结构网格的数量大得多(1个长方体要划分为5个四面体)。随机的数据结构也增加了流场参数交换的时间,因此该方法要求较大的计算机内存,计算时间长。在物面附近,非结构化网格方法对于复杂外形,如凹槽、细缝等处比较难以处理。非结构化网格常用在有限元法中,现在越来越多用在有限体积法中。在船舶领域,非结构化网格的利用非常有限,主要应用于船舶水动力导数的计算。

(4)混合网格、多面体网格和重叠网格。这些是近几年发展起来的网格技术,其中混合网格不是一种具体的网格形式,它是指在一个求解域中同时使用多种形式的网格来离散化流场。使用混合网格一般先根据求解问题的特点将流场分成多个子块,然后在较简单的几何模型上生成单块结构化网格和多块结构化网格,在复杂几何模型上生成非结构化网格,在结构化网格和非结构化网格之间使用金字塔形网格过渡,如果考虑湍流边界层,那么在边界层使用棱柱体网格。多面体网格多用在非结构网格和混合网格的非结构网格部分，它的网格面超过 6 个，能生成类似足球形式的单个体网格，其优点是可以大大减少网格总数以节省内存。严格来讲，重叠网格只是一种网格处理技术，它的基本网格形式依然是大家所熟知的那些，这种网格处理技术在我国还没有实现运用，它是一种基于特定求解器的网格处理技术，目前这种求解器只出现在美国本土。重叠网格的优点是可以根据模型的几何特点同时采用最合适的各不相同的网格形式而不需要考虑这些网格的连接和数据交换问题，这些不同的网格之间的关系就像梳头时梳子和头发那样互相重叠和交错，既可以实现定常计算也可以实现非定常计算和动网格计算，这对于生成高质量的湍流边界网格和在动网格中保持几何模型周围的高网格质量来说是其他网格处理技术所没有的技术优势。

2. 网格的质量由网格的四个基本因素共同决定：网格节点的聚集程度、网格的光顺程度、网格的扭曲程度和网格的长宽比。

简单地说，对网格节点的聚集程度的要求是为了让流场更真实地反映被研究问题的细节特征，过于稀疏的网格可能无法真实反映这些关键特征而产生较大的求解误差甚至得到错误的结果。网格的光顺程度对高质量的流场网格而言是十分重要的，它要求相邻的面网格或体网格之间的尺寸变化是渐进的或者说是光顺的，也就是说相邻的网格尺寸变化的递增因子不能过大，一般不超过 1.2。由于 CFD 软件的求解方程假定求解网格是近似等边的或近似等角度的，所以高扭曲的面网格或体网格对于数值求解来说是不可接受的。对于二维黏性绕流计算，网格的扭曲度应控制在 0.5 以内，对于三维黏性绕流计算，网格的扭曲度应控制在 0.75 以内，这样可以提高计算结果的精度且加速计算收敛。简单来说，网格的长宽比是指网格的最长边与最短边的比值，它可用来决定所生成的网格和理想网格之间的差距。对于等边的面网格或体网格而言，网格的长宽比等于 1，对于形状欠规则的网格而言，由于网格的各边不相等，故网格的长宽比大于 1。

对于三角形网格、四面体网格和金字塔体网格而言，可以通过改善网格的扭曲程度来提高网格质量，在改善网格扭曲程度的同时，网格的光顺程度和网格的长宽比也将随着网格扭曲程度的改善而改善。对于棱柱体网格而言，检查网格的长宽比十分重要，这是因为低扭曲程度的两相邻网格之间，其网格尺寸可能会存在较大的跳跃变化，从而使计算域中存在低扭曲高长宽比的计算网格，严重影响计算结果的精度和计算的收敛，进而产生较大的求解误差甚至得到错误的结果，更为严重的情况是导致计算出错而无法继续进行。

2.4.2　湍流边界层网格与壁面函数

实验研究表明，近壁区域的流动可以分为三层，最近壁面的地方被称为黏性底层，流动是层流状态，分子黏性对于动量、热量和质量输运起到决定作用。外区域称为完全湍流层，湍流起决定作用。完全湍流层与层流底层之间的区域为混合区域，该区域内分子黏性与湍流都起着相当的作用，如图 2.18 所示。

由图 2.18 的分析可知，近壁面区域内流体流动的雷诺数较低，湍流发展并不充分，湍流的脉动影响不如分子黏性的影响大，需要使用低雷诺数湍流模型来求解，而本书所研究的三维黏性绕流问题都是高雷诺数问题，所用到的湍流模型都是高雷诺数湍流模型，因而对近壁面区域的流体流动，必须采用特殊的处理方式才能合理地求解高雷诺数的三维黏性绕流问题。解决这一问题的途径有两个，一是采用低雷诺数湍流模型来求解湍流边界层的黏性底层，这要求在近壁面区划分比较细密的网格，越靠近壁面，网格越细，即所谓的湍流边

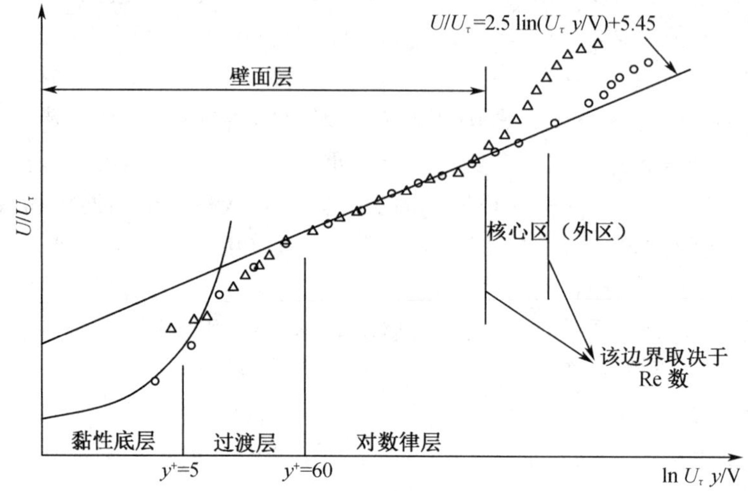

图 2.18　近壁区域的流动分层

界层网格。另一种是不对黏性影响比较明显的区域（黏性底层和过渡层）进行求解，而是用一组半经验公式（即壁面函数）将壁面上的物理量与湍流核心区内的相应物理量联系起来，这就是壁面函数法。

壁面函数法（Wall Functions）实际是一组半经验的公式，用于将壁面上的物理量与湍流核心区域内待求的未知量直接联系起来。其基本思想是：对于湍流核心区域的流动使用 $\kappa-\varepsilon$ 模型进行求解，而在壁面区不进行求解，直接使用半经验公式，将壁面上的物理量与湍流核心区内的求解变量联系起来。这样，不需要对壁面区内的流动进行求解，就可直接得到与壁面相邻控制体积的节点变量值。在划分网格时，不需要在壁面加密，只需要把一个内节点布置在对数律（对数法则）成立的区域内，即配置到湍流充分发展的区域。壁面函数就好像一个桥梁，将壁面值同相邻控制体积的节点变量值联系起来。

上述壁面函数法是 FLUENT 选用的默认方法，它对各种壁面流动都非常有效。相对于低雷诺数 $\kappa-\varepsilon$ 模型，壁面函数法计算效率高，工程实用性强。而采用低雷诺数 $\kappa-\varepsilon$ 模型时，因壁面区（黏性底层和过渡层）内的物理量变化非常大，所以必须使用细密的网格，从而导致计算成本的提高。但是有时壁面函数无法像低雷诺数 $\kappa-\varepsilon$ 模型那样得到黏性底层和过渡层内的“真实”速度分布。当然，壁面函数法也有一定局限性，当流动分离过大或近壁面流动处于高压之下时，该方法不是很理想。为此，FLUENT 还提供了非平衡的壁面函数法及增强的壁面函数法。

在使用壁面函数法处理湍流边界层时，合理的湍流边界层网格划分是成功求解的关键。判断湍流边界层区域网格质量的好坏有两个基本标准，一个是两个节点之间的最小距离，其中离壁面的第一个节点到壁面的距离最为关键；另一个是边界层内的最少节点数，即有几层这样的网格，实际经验表明，湍流边界层的节点数应多于 5 个。

确定离壁面的第一个节点到壁面的距离时，必须考虑壁面函数对数规律的有效范围。这个距离通常用 y^+ 值或 y^* 值来表示，并且，当第一层网格单元位于对数层时，y^+ 值和 y^* 值相等。对数规律的有效范围是 y^+ 值在 30 ~ 60 之间。虽然当 $y^+ < 11.225$ 时，FLUENT 采用的是线性（薄片状）规律处理，但是应该避免在壁面附近采用过密的网格，因为壁面函数在

黏性底层将不再有效。对数层的上边界依赖于压力梯度和雷诺数，当雷诺数增加时，对数层的上边界也随之增大。对数规则在 y^+ 的值接近下边界（$y^+ \approx 30$）时是最好的。在生成湍流边界层时，应当避免两个节点的递增因子过大。递增因子过大会使网格的长宽比急剧增加从而降低网格质量。

当然，不同的湍流模型在处理近壁区域内流体流动时，根据雷诺数的不同可选用不同的壁面函数法，其对湍流边界层网格离壁面的第一个节点到壁面距离的要求也不一样，需要根据具体问题做具体的分析。

2.5　模型的比较分析

如图 2.19 所示，为一个完整的三维 NACA0015 计算模型，其展弦比等于 2，整个控制域采用结构网格。它的面网格采用四边形网格单元，体网格采用六面体网格单元，最终整个模型共生成体网格（Hex）597 016 个。计算采用非耦合求解器，湍流模型采用标准 $\kappa-\varepsilon$ 模型，采用标准壁面函数法处理近壁湍流，计算残差取 10^{-5}，其他参数取求解器的推荐值。图 2.20 是翼的面网格分布图，图 2.21 是翼和控制域的一个剖面的网格分布图。

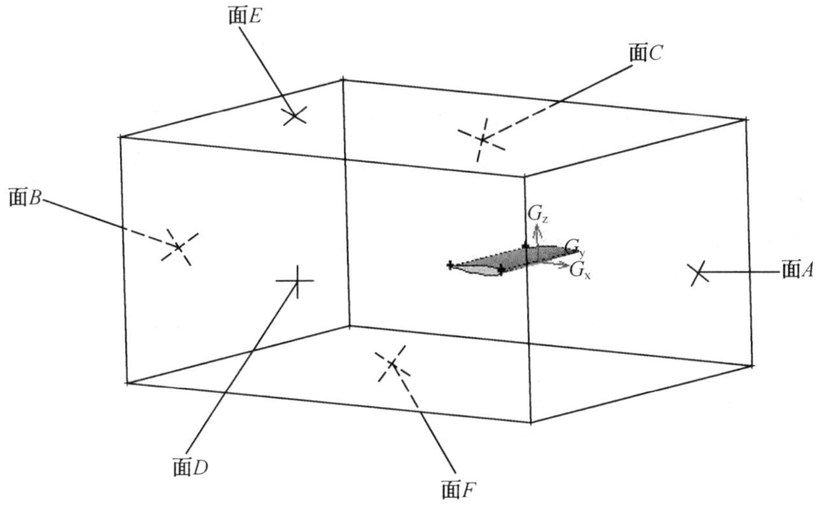

图 2.19　三维 NACA0015 计算模型

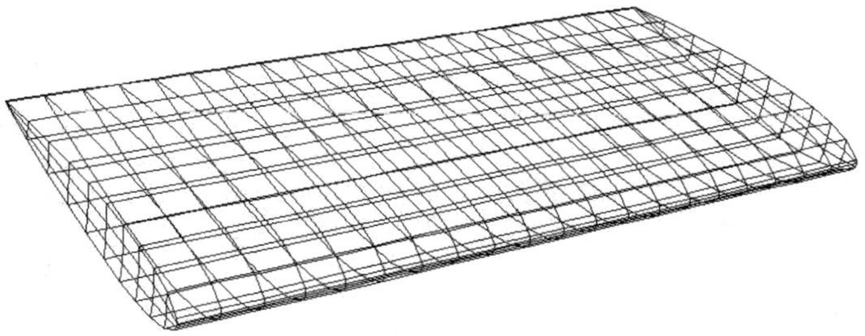

图 2.20　翼的面网格分布图

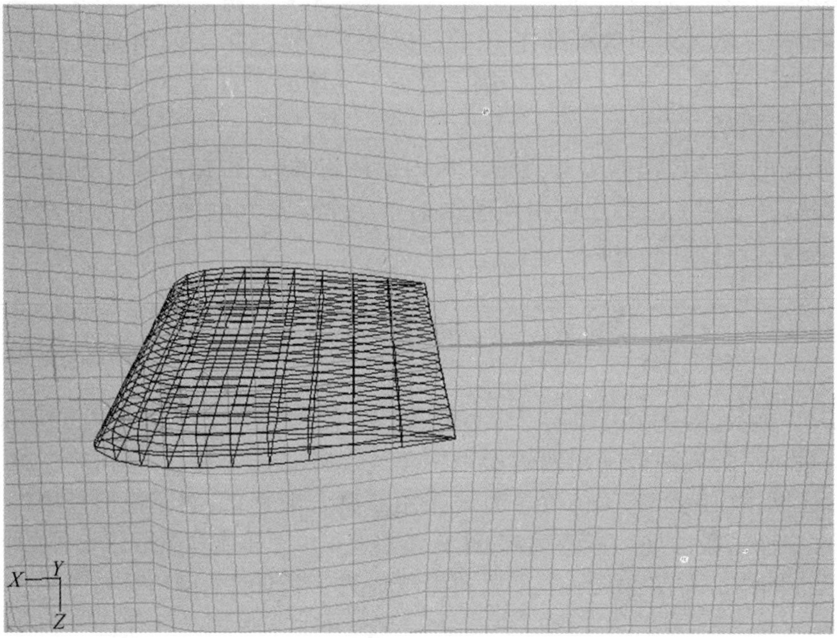

图 2.21 翼和控制域的网格分布图

一个完整的计算模型,既要有几何载体和理想划分的网格,还要有合理的边界条件。当我们完成一个计算模型后,首先就要分析和比较它是否符合所研究问题的实际情况。如图 2.19 所示,翼的外形轮廓设置为壁面,和实际情况相符,没有其他可能的情况,控制域外形为一个六面体,模拟翼水池试验所在水池的一部分。为了描述方便,把六个面依次命名,命名方式如下:面 A 为垂直 X 轴正半轴的平面;面 B 为垂直 X 轴负半轴的平面;面 C 为垂直 Y 轴正半轴的平面;面 D 为垂直 Y 轴负半轴的平面;面 E 为垂直 Z 轴正半轴的平面;面 F 为垂直 Z 轴负半轴的平面。由于控制域共有六个面,边界条件的设置比较困难,为了寻求最佳设置方式,这里共设计了六种边界条件的设置方式,以便对计算模型进行比较分析,如表 2.1 所示,计算结果如图 2.22 所示。

表 2.1 计算模型比较分析

计算模型	面 A	面 B	面 C	面 D	面 E	面 F
计算 1	速度入口	自由出口	壁面	壁面	速度入口	速度入口
计算 2	速度入口	自由出口	壁面	壁面	壁面	壁面
计算 3	速度入口	自由出口	壁面	壁面	自由出口	壁面
计算 4	速度入口	自由出口	壁面	壁面	自由出口	自由出口
计算 5	速度入口	自由出口	自由出口	自由出口	自由出口	自由出口
计算 6	速度入口	自由出口	壁面	壁面	自由出口	速度入口

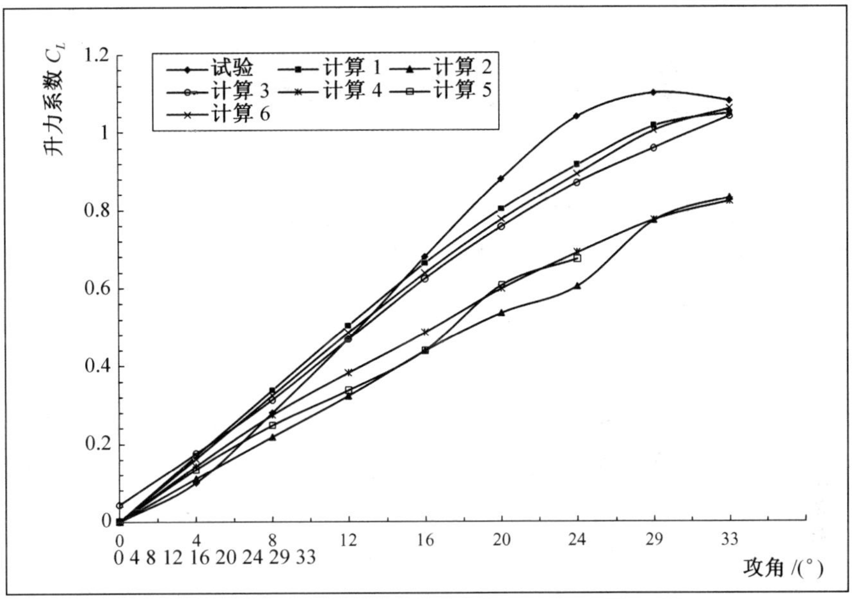

图 2.22　不同计算模型升力系数比较

图 2.22 表明：当模型采用计算 1、计算 3 和计算 6 的边界条件时，计算结果和实验结果吻合较好；在攻角小于 16°时，计算值和试验值偏差很小；当攻角大于 16°时，偏差较大。究其原因，这里认为主要是网格过于稀疏，导致模型不能很好地模拟实际流场，从而出现了较大误差。

第3章　数值计算的原理

本章简要介绍了 CFD 软件的数值计算原理，对这些求解原理的了解，对实际运用商业软件并从理论深度理解数值计算结果有着很大的帮助。

3.1　数值计算的原理

流体是 CFD 的研究对象，流体的性质和流动的状态以及我们所关心的基本物理量决定着 CFD 的计算模型及计算方法的选择。除基本的物理定律外，如果流动包含有不同成分（组元）的混合和相互作用，系统还要遵守组分守恒定律；如果流动处于湍流状态，系统还要遵守附加的湍流输运方程。在本书的数值计算中不考虑能量的影响，故只对质量守恒方程和动量守恒方程进行概述。

3.1.1　质量守恒方程

任何流动问题都必须满足质量守恒定律（连续性方程）。该定律可表述为：单位时间内流体微元体中质量的增加，等于同一时间间隔内流入该微元体的质量。按照这一定律，可得质量守恒方程，即

$$\frac{\partial \rho}{\partial t}+\frac{\partial(\rho u)}{\partial x}+\frac{\partial(\rho v)}{\partial y}+\frac{\partial(\rho w)}{\partial z}=0 \tag{3-1}$$

引入矢量符号 $\mathrm{div}(\boldsymbol{a})=\partial a_x/\partial x+\partial a_y/\partial y+\partial a_z/\partial z$，式(3-1)可写成

$$\frac{\partial \rho}{\partial t}+\mathrm{div}(\rho\boldsymbol{u})=0 \tag{3-2}$$

在式(3-1)和式(3-2)中，ρ 是密度，t 表示时间，$\boldsymbol{u}$ 是速度矢量，u，v 和 w 是速度矢量 $\boldsymbol{u}$ 在 x，y 和 z 上的分量。

上面给出的是瞬态三维可压缩流体的质量守恒方程。若流体不可压缩，密度 ρ 是常数，则式(3-1)变为

$$\frac{\partial u}{\partial x}+\frac{\partial v}{\partial y}+\frac{\partial w}{\partial z}=0 \tag{3-3}$$

若流动处于稳态，则密度 ρ 不随时间变化，式(3-1)可变为

$$\frac{\partial(\rho u)}{\partial x}+\frac{\partial(\rho v)}{\partial y}+\frac{\partial(\rho w)}{\partial z}=0 \tag{3-4}$$

3.1.2　动量守恒方程

动量守恒定律（欧拉/N-S 方程）也是任何流动系统都必须满足的基本定律。该定律表述为：微元体中流动的动量对时间的变化率等于外界作用在该微元体上的各种力之和。该定律实际上是牛顿第二定律。按照这一定律，可导出 x，y 和 z 三个方向的动量守恒方程，即

$$\frac{\partial(\rho u)}{\partial t}+\operatorname{div}(\rho u\boldsymbol{u})=-\frac{\partial p}{\partial x}+\frac{\partial\tau_{xx}}{\partial x}+\frac{\partial\tau_{yx}}{\partial y}+\frac{\partial\tau_{zx}}{\partial z}+F_x \tag{3-5}$$

$$\frac{\partial(\rho v)}{\partial t}+\operatorname{div}(\rho v\boldsymbol{u})=-\frac{\partial p}{\partial y}+\frac{\partial\tau_{xy}}{\partial x}+\frac{\partial\tau_{yy}}{\partial y}+\frac{\partial\tau_{zy}}{\partial z}+F_y \tag{3-6}$$

$$\frac{\partial(\rho w)}{\partial t}+\operatorname{div}(\rho w\boldsymbol{u})=-\frac{\partial p}{\partial z}+\frac{\partial\tau_{xz}}{\partial x}+\frac{\partial\tau_{yz}}{\partial y}+\frac{\partial\tau_{zz}}{\partial z}+F_z \tag{3-7}$$

式中,p 是流体微元体上的压力;τ_{xx},τ_{xy},τ_{xz}等是因分子黏性作用而产生的作用在微元体表面上的黏性应力 τ 的分量;F_x,F_y,F_z 是微元体上的体力,若体力只有重力,且 z 轴竖直向上,则$F_x=0$,$F_y=0$,$F_z=-\rho g$。

3.2　数值计算的实现

数值计算是以网格为基础对计算区域进行离散化,并建立离散方程组,通过求解离散方程组而实现的。但是由于所引入的应变量在节点之间的分布假设及推导离散化方程的不同,就形成了有限差分法、有限元法和有限体积法等不同类型的离散化方法。而 FLUENT 所用的是目前 CFD 领域广泛使用的离散化方法——有限体积法(Finite Volume Method)。有限体积法又称为控制体积法(Control Volume Method,简称 CVM),其基本思想是:将计算区域划分为网格,并使每个网格点周围有一个互不重复的控制体积;将待解微分方程(控制方程)对每一个控制体积分,从而得出一组离散方程。其中,未知数是网格点上的因变量 φ。为了求出控制体的积分,必须假定 φ 值在网格点之间的变化规律。从积分区域的选取方法来看,有限体积法属于加权余量法中的子域法,从未知解的近似方法来看,有限体积法属于采用局部近似的离散方法。简言之,子域法加离散法,就是有限体积法的基本方法。

3.2.1　控制方程的离散(Navier - Stokes 方程离散化)

在使用有限体积法建立离散方程时,很重要的一步是将控制体界面上的物理量及其导数通过节点物理量插值求出。引入插值方式的目的就是建立离散方程,不同的插值方式对应不同的离散结果,因此,插值方式常称为离散格式(Discretization Scheme)。一旦离散方程建立起来,离散方程就完成了使命而不再具有任何意义。因而在选择离散格式时主要考虑的是实施方便及所形成的离散方程具有满意的数值特性,而不必追求一致性。

离散格式对离散方程的求解方法及结果有很大影响。在有限体积法中,常用的空间离散格式主要包括中心差分格式、一阶迎风格式、二阶迎风格式和 QUICK 格式等。但需要注意的是,这些离散格式往往是针对对流项格式而言的,扩散项总是使用中心差分格式进行离散。对非定常问题在时间域上离散时,根据所假定的物理量在时间域上的分布不同,对应有显式、Crank - Nicolson 格式和隐式三种典型的时间积分方案。

3.2.2　基于 SIMPLE 算法的流场数值计算

SIMPLE 是英文 Semi - implicit Method for Pressure - Linked Equations 的缩写,意为“求解压力耦合方程组的半隐式方法”。它的核心是采用“猜测 - 修正”的过程,在所划分网格的基础上来计算压力场,从而达到求解动量方程(Navier - Stokes 方程)的目的。SIMPLE 算法的计算步骤简述如下:

(1)由假定的速度场 v^0 计算动量离散方程的系数和源项;
(2)假定一个压力场 p^0;
(3)求解动量方程得到 v^*;
(4)计算压力修正方程的系数 a_j^p,a_0^p 以及源项 b^p;
(5)求解压力修正方程,得到压力修正值 p';
(6)用得到的 p' 修正压力和速度,获得此次迭代中满足质量守恒的 v_j 及 p_{p0},v_{p0};
(7)用上述结果作为初场值,重复以上六步计算过程,直到达到收敛标准为止。

3.3 数值计算的湍流模型

湍流流动是自然界常见的流动现象,在多数工程问题中流体的流动往往处于湍流状态,湍流特性在工程中占有重要地位,因此,湍流研究一直被研究者高度重视。遗憾的是,至今还没有一个湍流模型对所有的问题都适用,因此寻求适合特定问题的湍流模式对数值模拟来说是至关重要的。

3.3.1 湍流数值模拟方法的分类

总体而言,目前的湍流数值模拟方法可以分为直接数值模拟方法和非直接数值模拟方法。所谓直接数值模拟方法是指直接求解瞬时湍流控制方程,而非直接数值模拟方法就是不直接计算湍流的脉动特征,而是设法对湍流作某种程度的近似和简化处理。依据所采用的近似和简化方法的不同,非直接数值模拟方法分为大涡模拟、统计平均法和 Reynolds 平均法。图 3.1 是湍流数值模拟方法及相应的湍流模型。

FLUENT 提供的湍流模型包括:单方程(Spalart - Allmaras)模型、双方程模型(标准 $\kappa-\varepsilon$ 模型、重整化群 $\kappa-\varepsilon$ 模型、可实现 <Realizable> $\kappa-\varepsilon$ 模型)及雷诺应力模型和大涡模型。大量文献及实际计算表明,每个模型都有自己的适用范围以及局限性。实际求解中,选用什么模型要根据具体问题的特点来决定,选择的一般原则是精度要高,应用简单,节省计算时间,同时也具有通用性。表 3.1 给出了雷诺平均模型的优点和缺点。

表 3.1 雷诺平均模型优点和缺点的比较

模型名字	优点	缺点
单方程模型(Spalart - Allmaras)	计算量小,对一定复杂程度的边界层问题有较好效果	计算结果没有被广泛测试,缺少子模型,比如没有考虑燃烧和浮力问题
标准 $\kappa-\varepsilon$ 模型	应用多,计算量合适,有较多数据积累和相当精度	对于流向有曲率变化、较强压力梯度、有旋问题等复杂流动模拟效果欠缺
重整化群(RNG) $\kappa-\varepsilon$ 模型	能模拟射流撞击,分离流,二次流,旋流等中等复杂流动	受到涡旋黏性各向同性假设的限制
可实现 $\kappa-\varepsilon$ 模型	和 RNG 模型差不多,还可以模拟圆口射流问题	受到涡旋黏性各向同性假设的限制
雷诺应力模型	考虑的物理机理更仔细,包括了湍流各向异性影响	CPU 时间长(2 ~ 3 倍),动量和湍流量高度耦合。

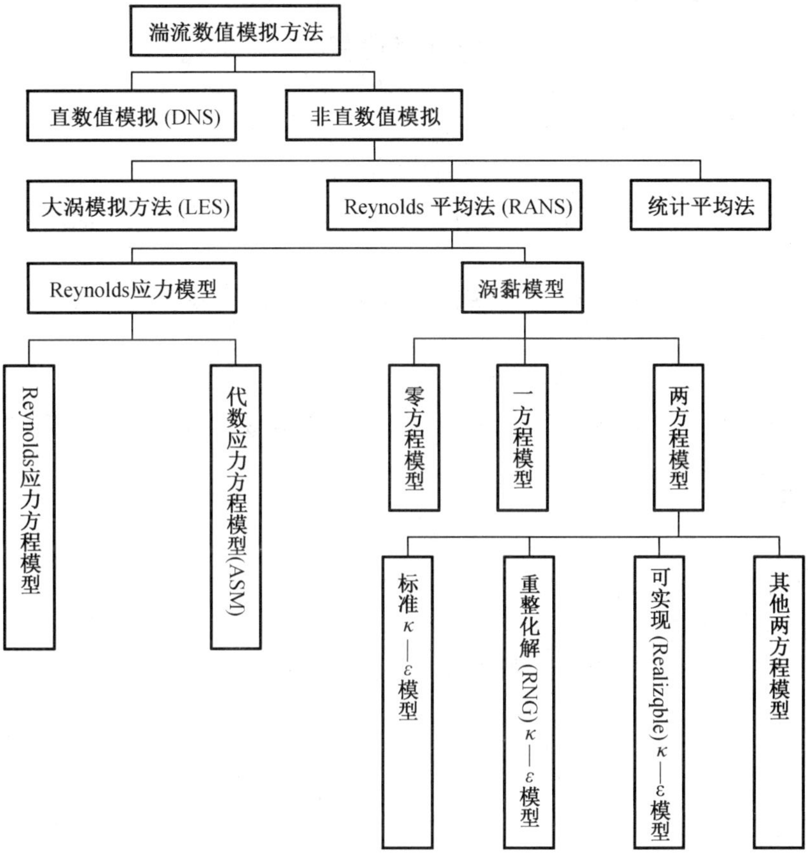

图 3.1　湍流数值模拟方法及相应的湍流模型

3.3.2　壁面函数法

壁面函数法(Wall Functions)实际上是一组半经验的公式,用于将壁面上的物理量与湍流核心区域内待求的未知量直接联系起来。其基本思想是:对于湍流核心区域的流动使用 $\kappa-\varepsilon$ 模型进行求解,直接使用半经验公式,将壁面上的物理量与湍流核心区内的求解变量联系起来。这样,不需要对壁面区的流动进行求解,就可直接得到与壁面相邻控制体积的节点变量值。

在划分网格时,不需要在壁面加密,只需要把一个内节点布置在对数律成立的区域内,即配置到湍流充分发展的区域。壁面函数就好像一个桥梁,将壁面值同相邻控制体积的节点变量值联系起来即可。

壁面函数法针对各种输运公式,分别给出联系壁面值与内节点值的公式:

(1)动量方程中变量 u 的计算式

当与壁面相邻的控制体积的节点满足 $y^+>11.63$ 时,流动处于对数律层,此时的速度 u_P 可借助下式得到,即

$$u^+=\frac{1}{k}\ln(Ey^+) \tag{3-8}$$

在文献中，推荐按下式计算：

$$y^{+}=\frac{\Delta y_{p}(C_{\mu}^{\frac{1}{4}}k_{p}^{\frac{1}{2}})}{\mu} \tag{3-9}$$

而此时的壁面切应力满足如下关系：

$$\tau_{w}=\rho C_{\mu}^{\frac{1}{4}}k_{p}^{\frac{1}{2}}u_{p}/u^{+} \tag{3-10}$$

式中，u_p 是选定内节点的时均速度，k_p 是节点的湍动能，Δy_p 是节点到壁面的距离，μ 是流体的动力黏度。

当与壁面相邻的控制体积的节点满足 $y^{+}<11.63$ 时，控制体积内的流动处于黏性底层，其速度 u_p 由层流应力应变关系 $u^{+}=y^{+}$ 确定。

(2)湍动能方程与耗散率方程中 k 和 ε 的计算式

在 $\kappa-\varepsilon$ 模型中，k 方程是在包括与壁面相邻的控制体积内的所有计算域上进行求解的，在壁面上湍动能 k 的边界条件是

$$\frac{\partial k}{\partial n}=0$$

其中，n 是与壁面垂直的局部坐标。

在与壁面相邻的控制体积内，构成 k 方程源项的湍动能产生项 G_k 及耗散率 ε，按局部平衡假定来计算，即在与壁面相邻的控制体积内 G_k 和 ε 都是相等的。从而，G_k 按下式计算：

$$G_{k}\approx\tau_{k}\frac{\partial u}{\partial y}=\tau_{w}\frac{\tau_{w}}{\kappa\rho C_{\mu}^{\frac{1}{4}}k_{p}^{\frac{1}{2}}\Delta y_{p}} \tag{3-11}$$

ε 按下式计算：

$$\varepsilon=\frac{C_{\mu}^{\frac{3}{4}}k_{p}^{\frac{3}{2}}}{\kappa\Delta y_{p}} \tag{3-12}$$

注意，在与壁面相邻的控制体积上是不对 ε 方程进行求解的，直接按上式求解节点处的 ε。

根据以上分析发现，针对各求解变量(包括平均流速、温度)所给出的壁面边界条件均已被壁面函数考虑到，所以不用担心壁面函数处的边界条件。

第4章　二维翼与三维翼的数值计算

本章首先模拟了无界流场中二维翼的升力特性，比较了定常情况下不同雷诺数、不同的网格形式、流体流动的湍流模式以及求解参数对最终计算结果的作用与影响，研究了非定常状态下，摆动幅值和频率对二维翼升力系数的影响。然后对三维翼的数值计算方法做了详细的研究，对影响数值计算结果的各种因素都一一加以分析。

4.1　翼的水动力特性

翼的水动力特性包括：升力特性、阻力特性、俯仰力矩特性和压力分布特点等，为检验计算模型、数值计算方法和湍流模型的正确性，二维翼将主要讨论其升力特性。

4.1.1　升力特性

计算翼升力的公式为

$$L = C_L \cdot \frac{1}{2}\rho V_\infty^2 \cdot S \tag{4-1}$$

式中　ρ——流体密度；

V_∞——来流速度；

S——翼平面面积；

C_L——升力系数。

升力特性也可以说是升力系数的特性，影响升力系数的因素很多，主要有来流攻角 α、来流雷诺数 Re、翼弦长傅劳德数 Fr 等。其中攻角对升力系数影响最大，典型的升力特性常用升力系数 C_L 对攻角 α 的关系曲线（升力曲线）表示。升力曲线有三个重要的特征：

（1）零攻角 α_0 的大小，即升力为零时的攻角大小，它表示升力产生起始角，由于这里采用 NACA00 系列对称翼，故零攻角大小为零；

（2）升力曲线斜率 $\mathrm{d}C_L/\mathrm{d}\alpha$，它表示升力随攻角变化速率；对二维翼和大展弦比翼的 C_L 与 α 关系，在失速角前近于呈现线性变化关系；

（3）最大升力系数 $C_{L\max}$ 对应的攻角为失速角，表示升力最大可能获得值。

4.1.2　阻力特性

计算翼阻力的公式为

$$D = C_D \cdot \frac{1}{2}\rho V_\infty^2 \cdot S \tag{4-2}$$

式中　C_D——阻力系数；

ρ——流体密度；

V_∞——来流速度；

S——翼平面面积。

不包括兴波阻力时,典型的阻力特性也用阻力系数 C_D 与攻角 α 关系曲线表示。其中 C_D 包括黏性阻力系数 C_{d0} 和诱导阻力系数 C_{di}。可将 C_D 分开写出来:

$$C_D = C_{d0} + \frac{C_L^2}{\pi\lambda e} \tag{4-3}$$

式中,$\frac{C_L^2}{\pi\lambda e}$为升力线理论导出的最小诱导阻力系数,$e$ 为实际修正参数。对于 C_{d0},可认为是翼剖面的翼型阻力,它与边界层特性密切相关,还与翼型厚度比、拱度以及物面粗糙度有关系。

为提高翼性能,应特别注意在一定升力系数条件下使翼型阻力最小,因为用拱度来提供升力系数所引起的阻力增加,较用增大攻角来获得相同升力系数所引起的阻力增加要小,故在设计中为了一定的升力系数,同时阻力较小,应考虑使用有拱度的翼剖面。

4.1.3 俯仰力矩特性

对具有尖削比和后掠角的翼,常将俯仰力矩的参考轴取在离翼前缘 1/4 平均弦长处,相应的俯仰力矩系数定义为

$$C_{m,1/4} = \frac{M_{1/4}}{\frac{1}{2}\rho V_\infty{}^2 \cdot C} \tag{4-4}$$

式中 C——平均弦长;

ρ——流体密度;

V_∞——来流速度。

典型的俯仰力矩特性也用俯仰力矩系数 $C_{m,1/4}$ 与攻角 α 关系曲线表示。

4.2 二维翼数值计算过程

对二维翼定常流动的流体动力性能做数值计算,采用结构网格要比非结构网格效果好,并且网格的数量要比非结构网格少,网格质量也相对好。一般来说,控制域越大越好,但考虑到计算机的计算能力,一般以控制域的边界不影响翼的流体动力性能为佳。本节将采用结构化网格和求解压力耦合方程的半隐式法(SIMPLE 算法),对无界流场中的二维翼 NACA0012 的黏性流场进行数值模拟,其计算模型及网格形式如图 4.1 和图 4.2 所示。

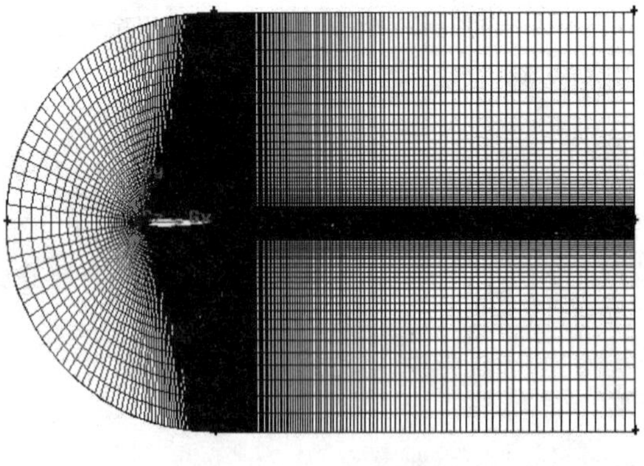

图 4.1 二维翼计算模型

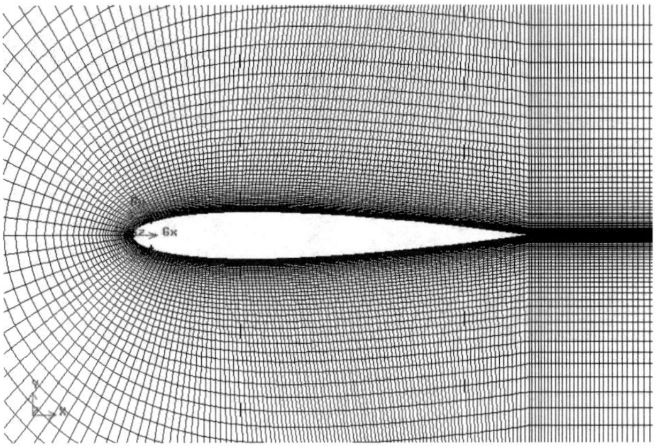

图 4.2　二维翼网格形式

4.2.1　二维流场的网格生成

二维翼的绕流网格区域属于多连域,即求解区域边界线内包含有非求解区域的情形,多连域内的任何封闭曲线都不能连续地收缩至一点而不越过其边界。对于绕流问题的多连域内的结构网格,有 O 型和 C 型两种。然而对二维翼来说,采用 C 型网格比 O 型网格合理,C 型网格就像一个变形的 C 字,围在机翼的外面,如图 4.3 及图 4.4 所示。而非结构网格由于采用三角形网格单元,因而具有极好的适应性,可以不受模型几何外形的影响生成网格,如图 4.5 及图 4.6 所示。

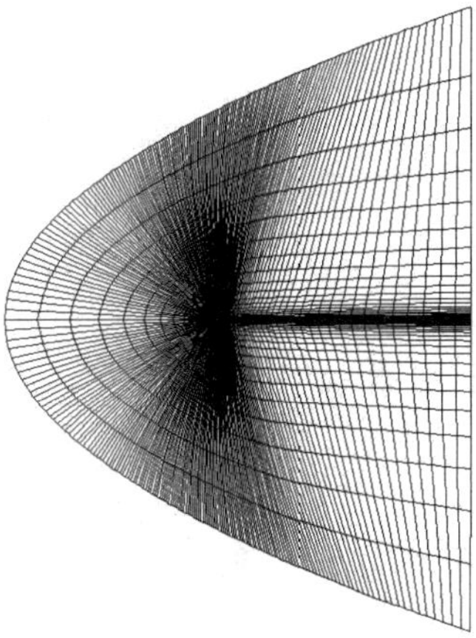

图 4.3　二维翼的 C 型网格

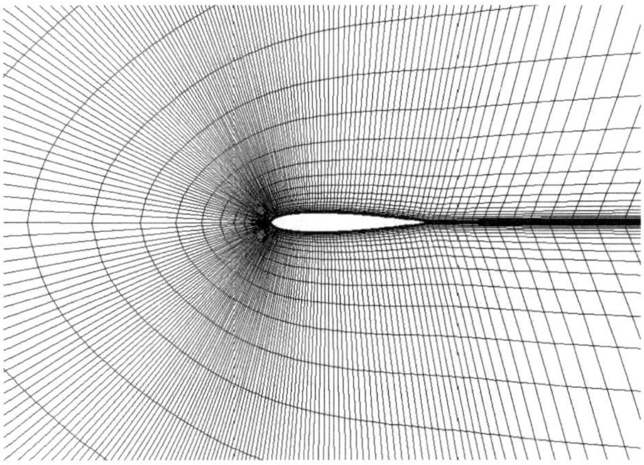

图 4.4　二维翼的 C 型网格

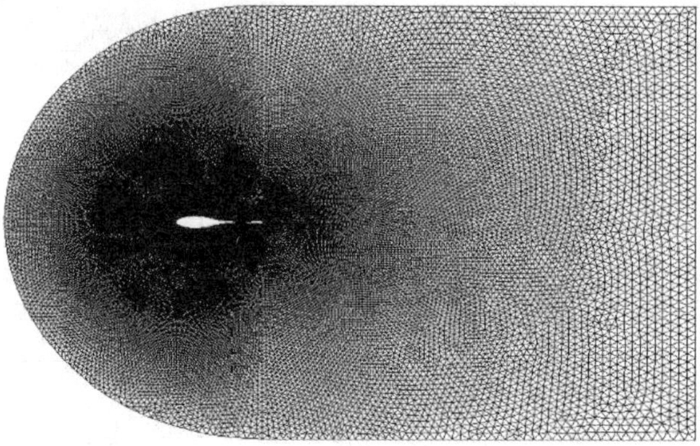

图4.5 二维翼非结构网格计算模型

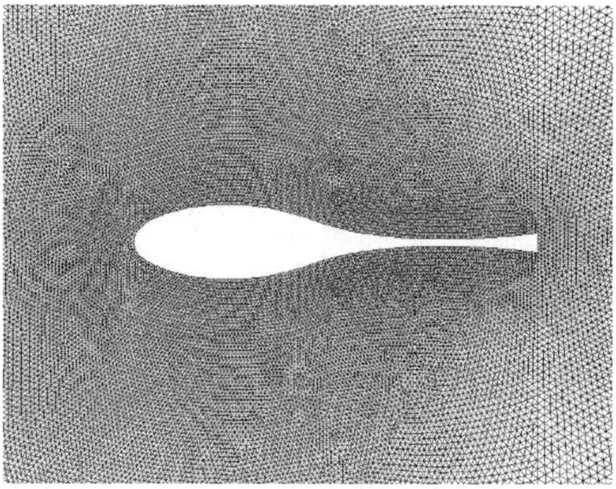

图4.6 二维翼非结构网格单元

4.2.2 边界条件的设定

不同的CFD问题需要不同的边界条件,对这里所研究的问题而言,只需设置三个边界条件即可满足求解的需要:

(1)控制域的入口处采用速度入口条件,即给定速度的大小和方向;

(2)控制域的出口处采用自由出流条件,即对于速度与压力未知的出口边界,该边界处的流动是完全发展的,出流面上的流动情况由区域内部外推得到,且对上游流动没有影响;

(3)机翼表面采用壁面条件。

4.2.3 FLUENT计算的基本过程

运用FLUENT进行数值计算,其基本的过程包括以下步骤。

(1)启动FLUENT求解器;

(2)导入网格模型;

(3)检查网格模型是否存在问题；
(4)选择求解器及运行环境；
(5)决定计算的物理模型，如：是否考虑热交换、是否考虑热黏性、是否存在多相流等；
(6)设置材料属性；
(7)设置边界条件；
(8)调整用于控制求解的有关参数；
(9)初始化流场；
(10)开始迭代求解；
(11)显示求解结果并保存结果；
(12)如果必要，修改网格或计算模型，然后重复上述的操作过程。

4.3　二维翼定常数值计算

4.3.1　湍流模式及修正方法对计算结果的影响

不同的湍流模式，在靠近壁面处对其不同的修正方法以及不同的湍流特性，对数值计算结果都会产生影响(这里主要考虑升力曲线特性)。现选取标准 $\kappa-\varepsilon$ 模型和 RNG $\kappa-\varepsilon$ 模型作为计算湍流模式；并在这两种模式下，对壁面附近分别采用标准壁面函数法、非平衡壁面函数法；同时对每一种计算条件在充分发展的湍流区将湍流强度和湍流黏性比 μ_t/μ 设置为 10%，10 和 20%，20。这样共产生八种不同的计算结果，如图 4.7 和图 4.8 所示。

将这些计算值与美国国家航空咨询委员会公布的实验值进行比较，由图 4.7 和图 4.8 可以看出，在小攻角下几种湍流模式的计算结果与实验值均比较一致；但是采用标准 $\kappa-\varepsilon$ 模式，并对壁面处使用标准壁面函数，湍流强度与湍流黏性比 μ_t/μ 设置为 10%，10 的效果较好(与实验值最为接近)。在这里，雷诺数为 8.0×10^5，来流攻角从 0°开始增加，每次递增 2°，一直增大到 24°。

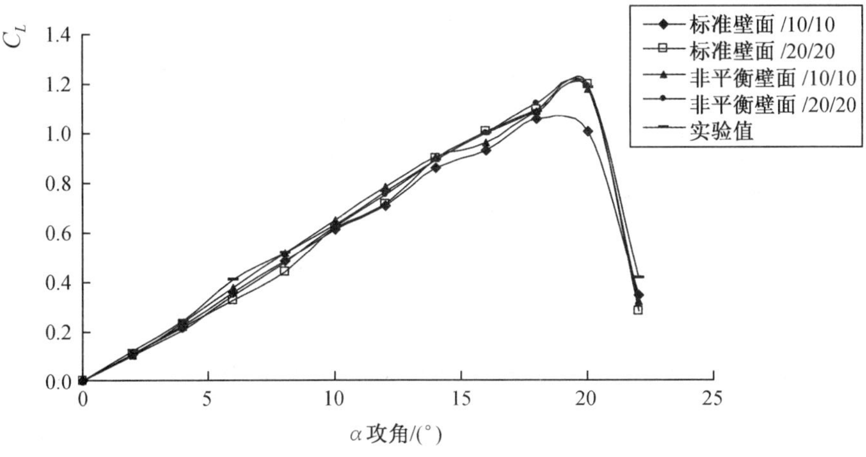

图 4.7　标准 $\kappa-\varepsilon$ 模式下 NACA0012 翼的升力曲线

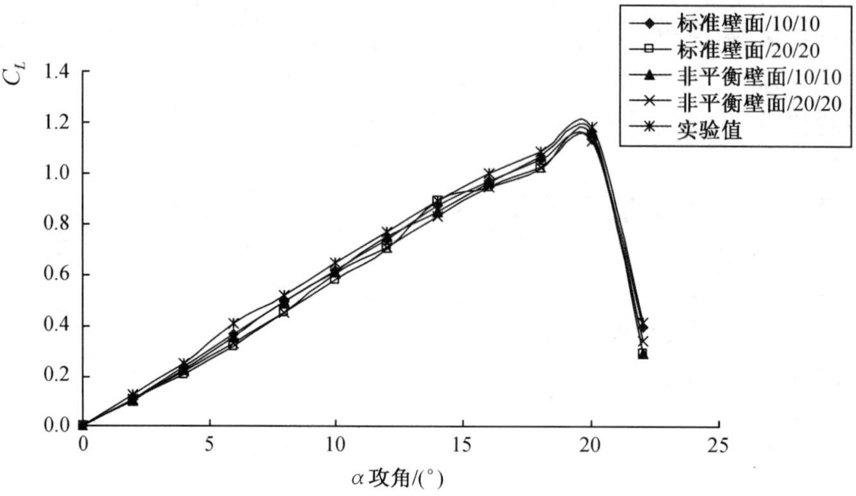

图 4.8 RNG $\kappa-\varepsilon$ 模式下 NACA0012 翼的升力曲线

由上面的比较可知，运用 FLUENT 软件对黏性流场中的翼的水动力性能进行数值模拟是切实可行的。鉴于以上采用的 $\kappa-\varepsilon$ 模式、标准壁面函数、湍流强度与湍流黏性比与实验值吻合的要好，下面同样采用这样的湍流模式和修正系数讨论雷诺数对机翼升力特性的影响。

4.3.2 雷诺数对翼升力特性的影响

最大升力系数 $C_{L\max}$ 相应的攻角为失速角，表示升力可能获得的最大值。它与 *Re* 数的主要关系表示为：增加 *Re* 数可推迟边界层分离，使最大升力系数增大。图 4.9 给出了不同雷诺数下翼的升力曲线。

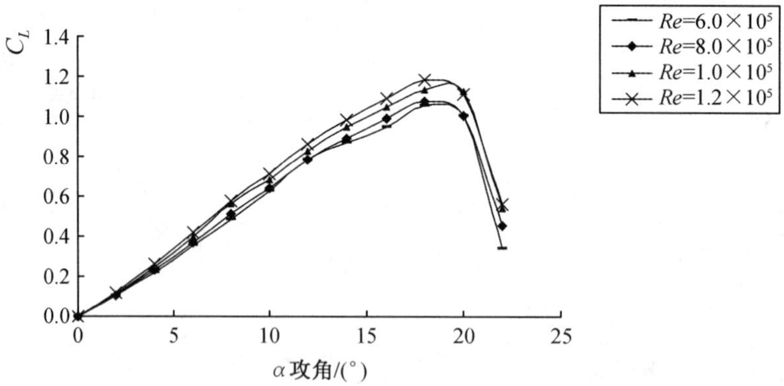

图 4.9 不同雷诺数下 NACA0012 翼的升力曲线

4.3.3　翼边界层分离与压力分布流动特性

翼尾涡的形状、翼上下表面的压力分布和翼表面压力等值线云图是翼的重要水动力特性,表 4.1 自上而下依次显示了攻角为 18°,*Re* 数为 0.60×10^6,0.8×10^6,1.0×10^6,1.2×10^6时翼尾涡的形状、翼上下表面压力分布和翼表面压力等值线云图。

表 4.1　不同 *Re* 数下 NACA0012 翼的流动特性

翼流场流线图	翼上下表面压力分布	翼表面压力等值线云图
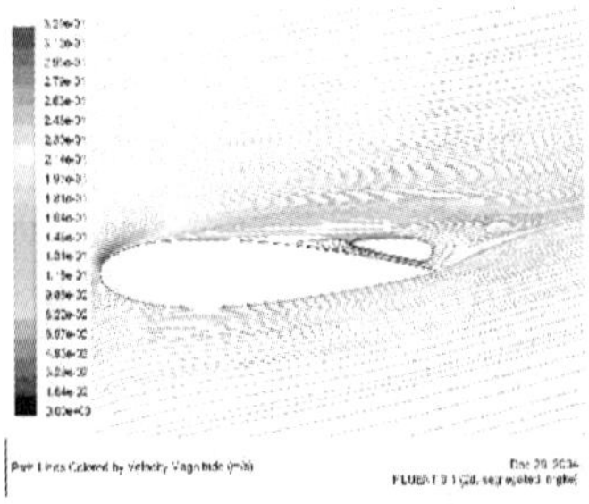	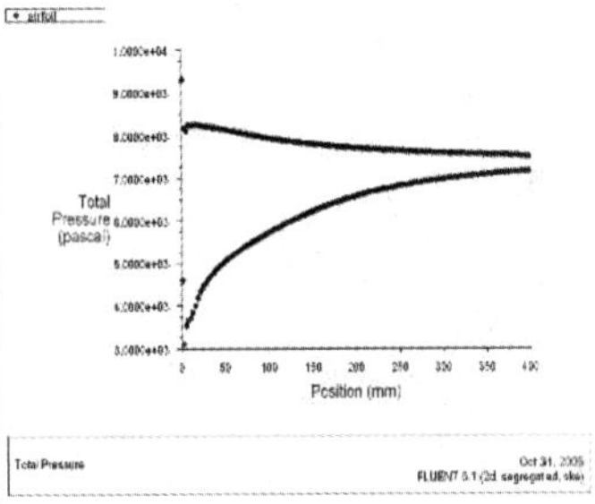	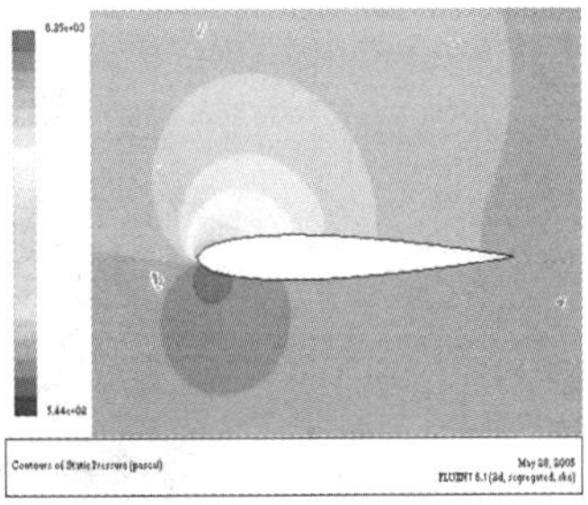
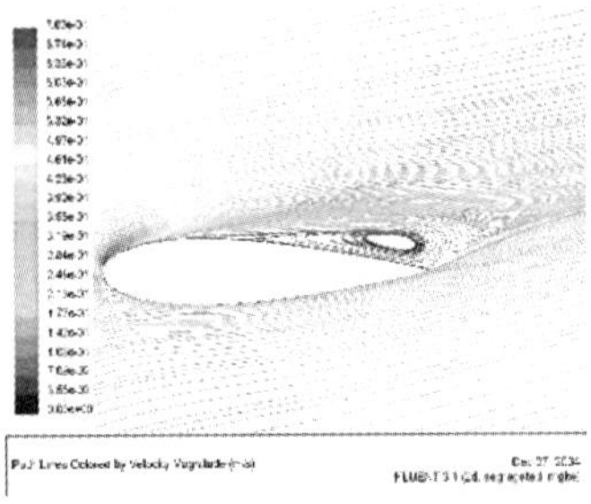	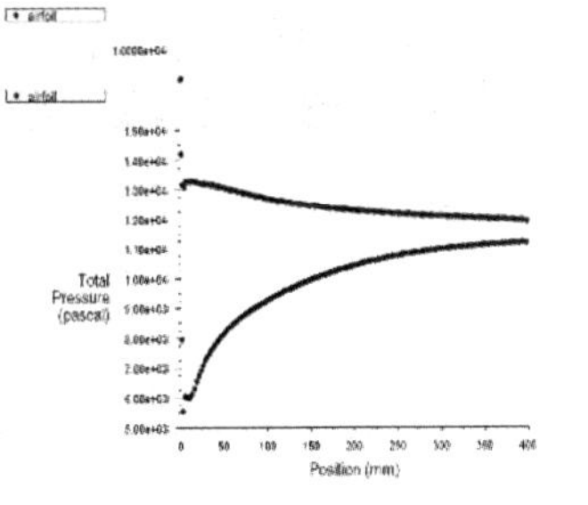	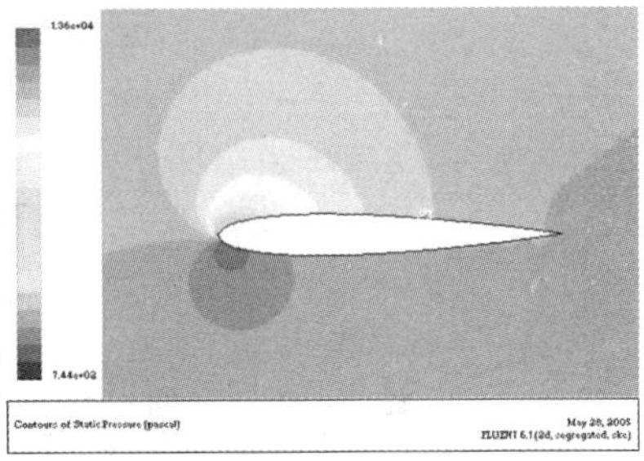
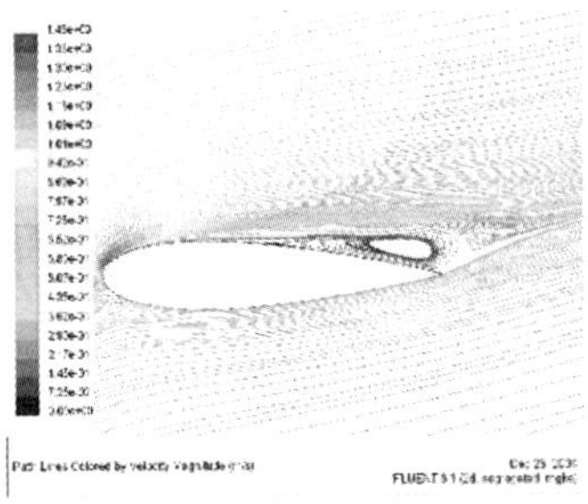	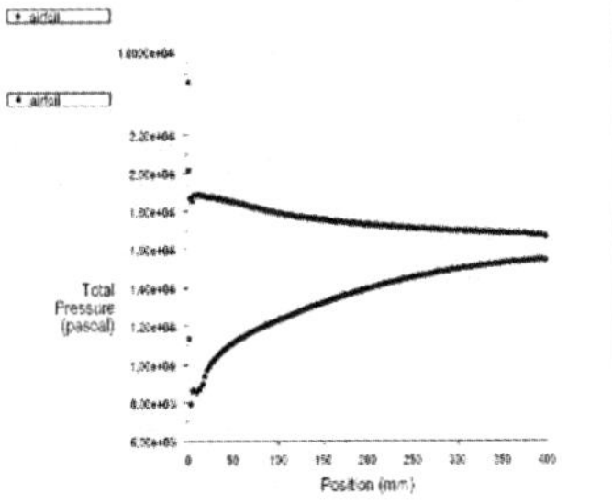	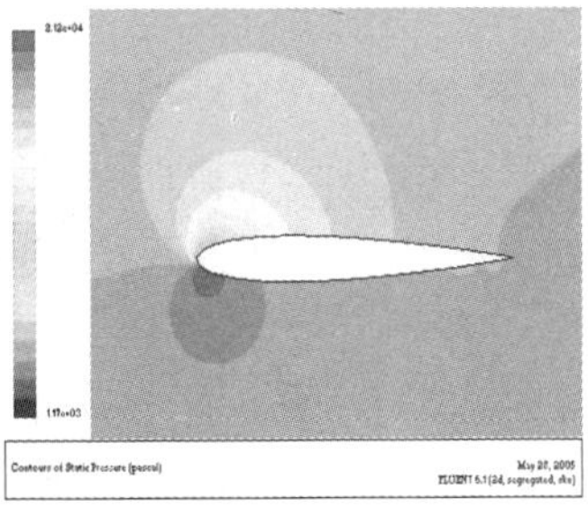
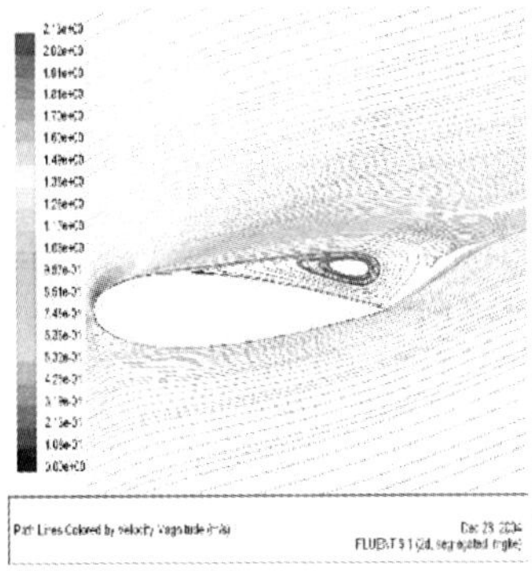	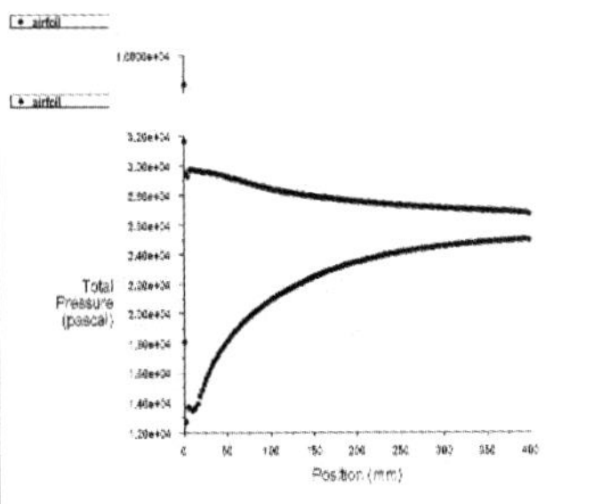	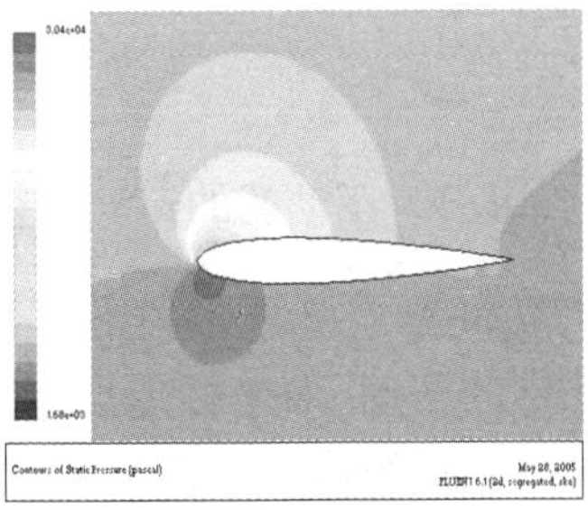

4.4 二维翼的非定常数值计算

4.4.1 二维翼的非定常数值计算模型

二维翼非定常数值计算的模型是 NACA0012,几何模型及网格划分如图 4.10 及图 4.11 所示。实际计算表明,目前,非定常计算只能采用非结构网格。

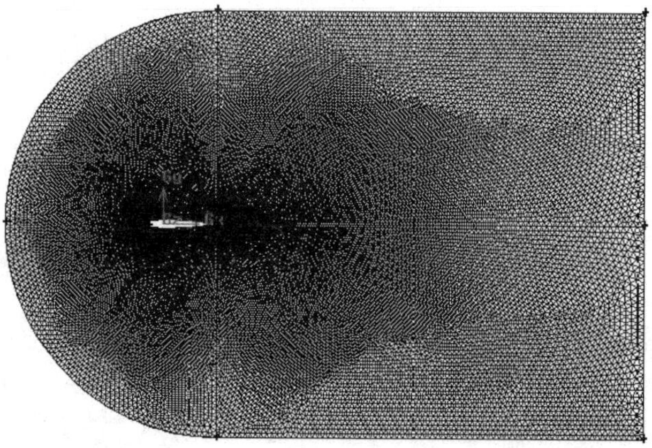

图 4.10 二维翼非结构网格计算模型

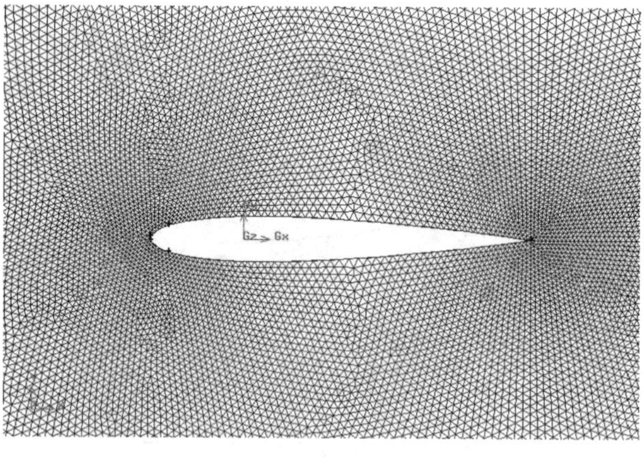

图 4.11 二维翼非结构网格单元

4.4.2 摆动翼的运动规律

取如图 4.12 所示的坐标系,则翼的摇摆运动就是绕坐标原点的摆动,而坐标原点取在四分之一弦长处。令摇摆的幅度和频率均为常量,其运动规律可表示为

$$\theta(t) = \theta_0 \sin(2\pi f t) \qquad (4-5)$$

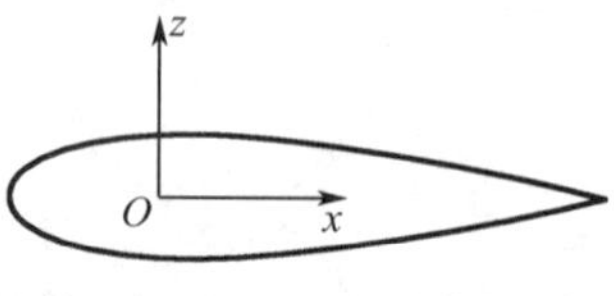

图 4.12 翼坐标系

式中　θ_0——翼的摇摆幅度；

f——摇摆的频率（即周期的倒数）；

t——当前时间。

那么摇摆速度可以表示为

$$\omega(t) = 2\pi f\theta_0\cos(2\pi ft) \tag{4-6}$$

4.4.3　数值求解的条件设定

求解器选用非定常求解器，湍流模式采用标准 $\kappa-\varepsilon$ 模式，并对壁面处使用标准壁面函数，湍流强度及湍流黏性比 μ_t/μ 设置为 5%，5，采用一阶隐式格式方法离散时间项。

4.4.4　动网格技术在非结构网格中的实现

FLUENT 用弹簧近似原理实现三维非结构网格的变形移动，以网格变形为基础，根据翼边界运动的限制条件、位移大小，并适当加入光滑操作，就一般非结构网格而言，动网格的实现是比较容易的。该方法是将非结构网格的整个区域或部分区域看作一张具有弹性的网，每条边都看作是一根独立的具有倔强系数的弹簧，于是节点 i,j 间的弹簧张力为

$$F_{ij} = \boldsymbol{K}_{ij}(x_j - x_i) \tag{4-7}$$

其中，$\boldsymbol{K}_{ij}$为连结节点 i,j 的位置矢量。认为移动后网格点的位置满足各点在初始状态的受力情况，即

$$\sum_j F_{ij} = S_i \tag{4-8}$$

式中，S_i 为初始状态时点 i 所受的合力，求和是对所有与节点 i 相连的节点进行的。在求解过程中，需要注意参数选择对网格质量的影响：

1. 倔强系数 K 的选择

为了使网格在变形以后仍能保持合理的疏密分布，弹簧倔强系数 K_{ij}有多种选择。大量数值实验表明 K_{ij}在 0 ~ 0.5 之间能够得到比较满意的结果。

2. 光滑操作对网格质量的影响

上述弹簧近似原理并不能保证在较大位移时网格线不相交，位移较大时，即使网格仍然有效，由于严重拉伸，局部网格已不能满足 Delaunay 准则，会影响流场计算的精度。为改善变形后网格质量，并保证位移继续增大时网格仍然有效，增加光滑操作是非常必要的。FLUENT 的光滑操作包括基于 Delaunay 准则的对角线交换和节点松弛操作。

3. 时间步长对网格质量的影响

大量的数值计算表明，时间步长的设置是否合理，对计算能否顺利进行及计算效率有着极大的影响。步长过大，会导致负网格出现，使计算无法进行；步长过小，则完成一个计算周期所花费的时间让人无法接受。一般而言，时间步长的设置有一个基本原则：时间步长与运动速度的乘积要小于动态边界附近网格的高度。此外，为了保证在一个周期结束时，翼正好回到初始位置，时间步长可按如下方法计算：

$$\text{时间步} = \frac{\text{周期时长（秒）}}{\text{时间步长（秒）}}$$

4.4.5 摆动幅值对升力系数的影响

在实际计算中发现，当取不同的摆动幅值时，翼的升力系数有较大的变化，而实际试验时却往往由于时间及经费的影响而没有展开充分的研究，这里对此做了必要的研究。分别考虑了幅值 θ_0 分别为 15°，20°，25°以及 30°时翼的升力系数变化规律，如表 4.2 及图 4.13 所示。这里，摆动频率取固定值 $f=0.25$。

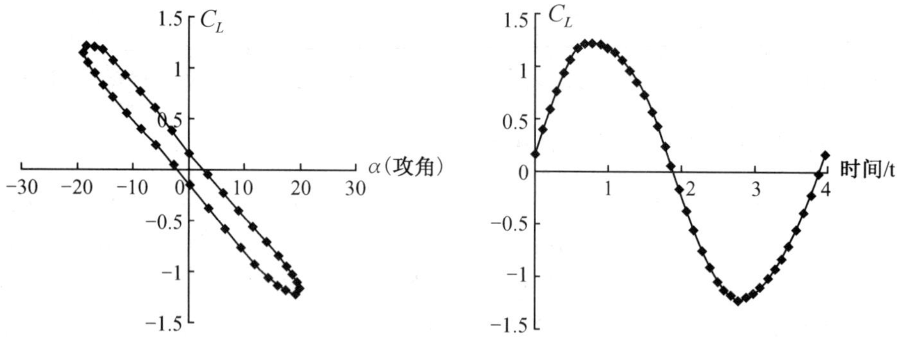

(a)

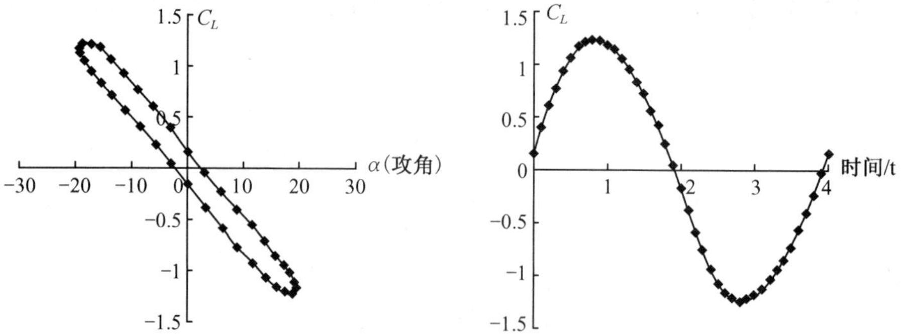

(b)

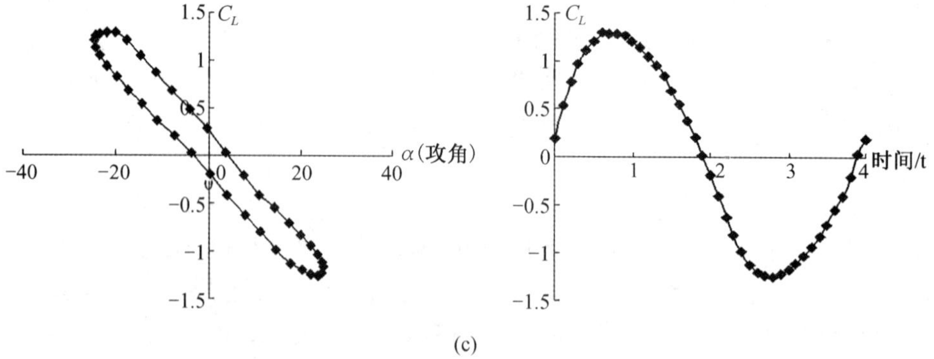

(c)

图 4.13 不同幅值下升力系数变化规律图

(a) $\theta_0=15°$；(b) $\theta_0=20°$；(c) 3. $\theta_0=25°$；(d) $\theta_0=30°$

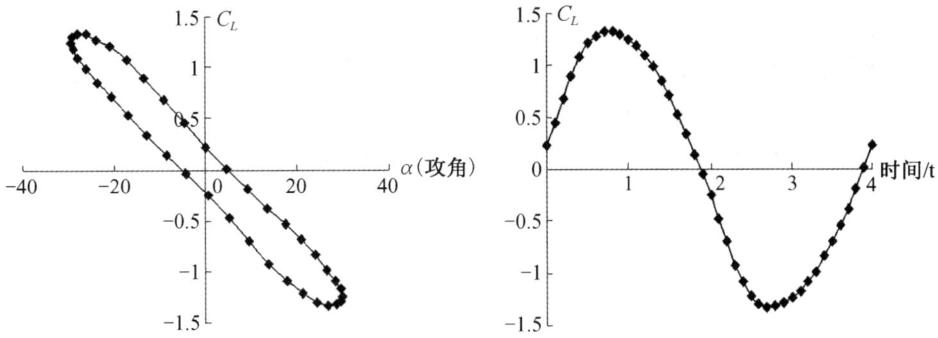

(d)

图 4.13(续)

表 4.2　不同幅值下的升力系数

序号	幅值	最大升力系数
1	15°	1.090
2	20°	1.235
3	25°	1.299
4	30°	1.329

从图 4.13 及表 4.2 可以看出：

(1)在一个周期内，幅值越大，由升力系数组成的封闭曲线越丰满，也即在同一攻角下，幅值越大，对应的升力系数变化也越大，这种关系在小攻角的情况下表现得尤为明显；

(2)在同一摆动频率下，最大升力系数随着摆动幅值的增大而增大。这种规律与在哈尔滨工程大学船模水池实验室进行的“减摇鳍水动力系数系列图谱”的试验工作得到的结果相吻合。

4.4.6　摆动频率对升力系数的影响

摆动频率对升力系数的影响也较大，本节考虑在幅值不变(取为 20°)的情况下，升力系数与摆动频率之间的关系，如图 4.14 所示。此处频率分别取为 0.33 Hz，0.25 Hz，0.20 Hz 和 0.17 Hz，也即周期分别为 3 s，4 s，5 s 和 6 s。

由图 4.14 可知：当翼摆动的幅值一定时，随着频率的减小，由升力系数组成的封闭曲线逐渐变小，也即频率越小，在同一攻角下对应的升力系数变化越小；同一摆动幅值下，对应不同的频率，最大升力系数相差不大。

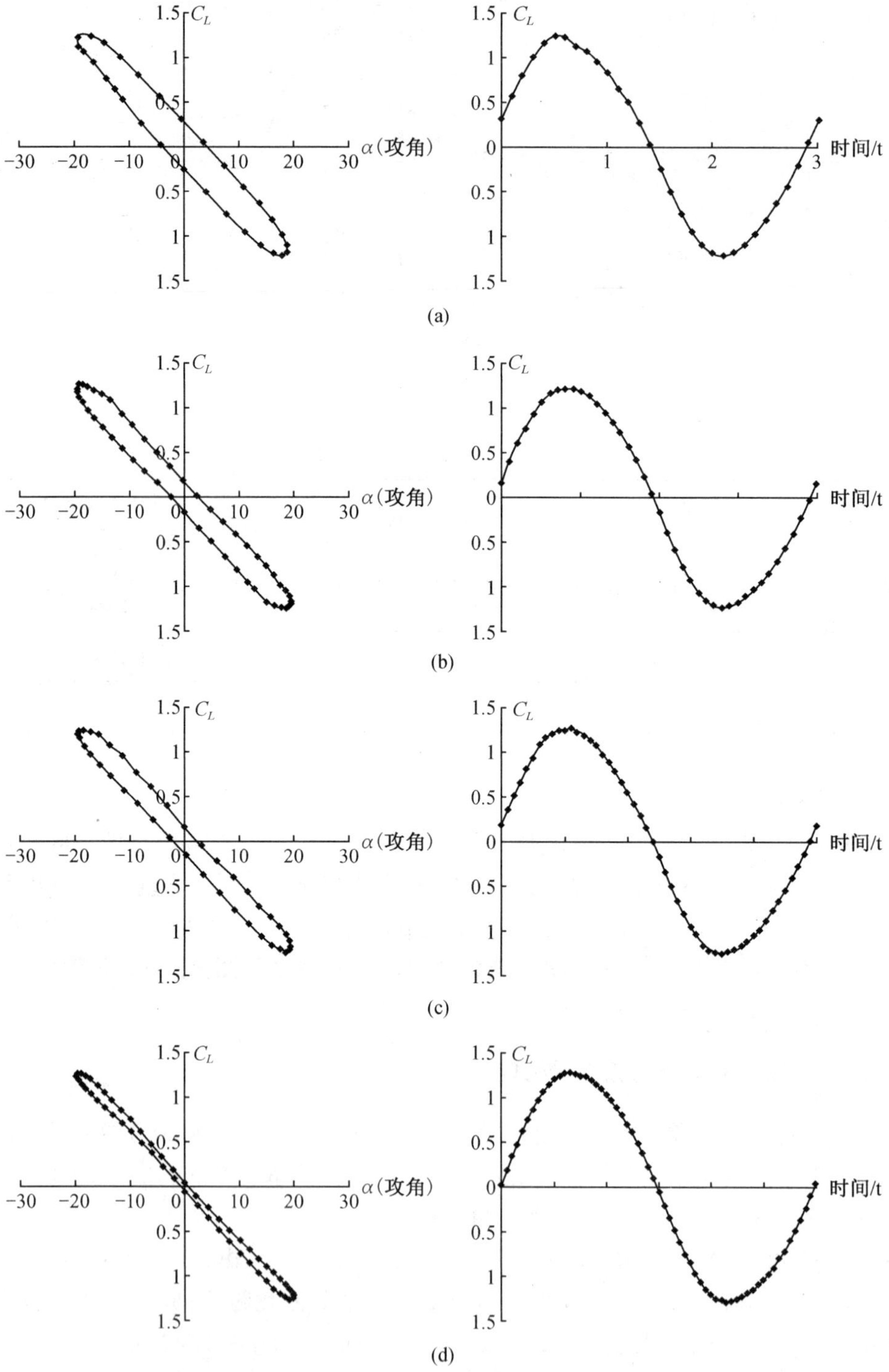

图 4.14　相同幅值下升力系数与摆动频率的关系图

(a) $f=0.33$ Hz; (b) $f=0.25$ Hz; (c) $f=0.20$ Hz; (d) $f=0.17$ Hz

4.5　三维翼数值计算的模型

本章数值计算的模型选自哈尔滨工程大学“减摇鳍水动力系数系列图谱”水池试验所用的 3 号鳍和 9 号鳍，它们定常数值计算的几何模型参数见表 4.3，非定常数值计算的几何模型参数见表 4.4。水池试验示意图如图 4.15 所示。9 号鳍模尾部呈鱼形状，鳍参数定义及 9 号鳍外形如图 4.16 所示，为使计算结果具有可比性，数值计算的几何模型完全参照“减摇鳍水动力系数系列图谱”中的水池试验方案建立。

表 4.3　定常数值计算几何模型参数表

模型编号	剖面翼型	根部弦长 b_r/mm	梢部弦长 b_t/mm	平均弦长 b_c/mm	展长 l/mm	面积 S /m^2	展弦比 λ	转轴距中弦首缘距离 l_c/mm	首缘后掠角 φ/(°)	梢根比 b_t/b_r
3	NACA0018	493.8	306.2	400	400	0.16	1	96.7	10	0.62
9	YW1	419.2	293.3	356.3	365.3	0.127	1	97.5	4	0.6

表 4.4　非定常数值计算几何模型参数表

模型编号	速度 V/(m/s)	鳍轴位置		摆幅 a_0 /(°)	摆动周期 T/s	无因次频率 $Kt=b_c/VT$
		距平均弦长首缘 l_c/mm	平衡系数 $X_b=l_c/b_c$			
3	2.5	89.7	0.224	25	4.437	0.036 1
9	2.5	97.5	0.274	25.5	4.576	0.031 1

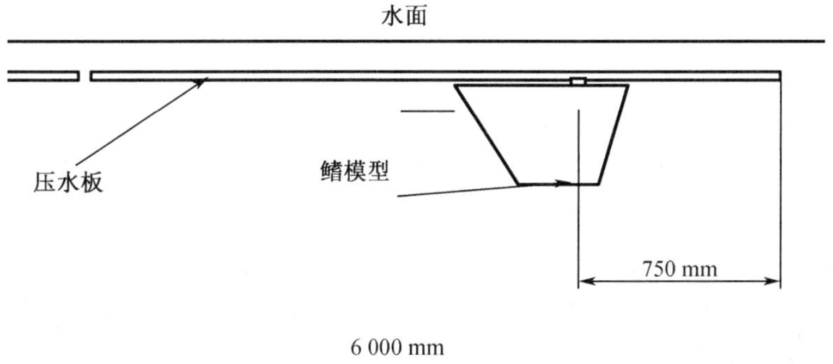

图 4.15　水池试验示意图

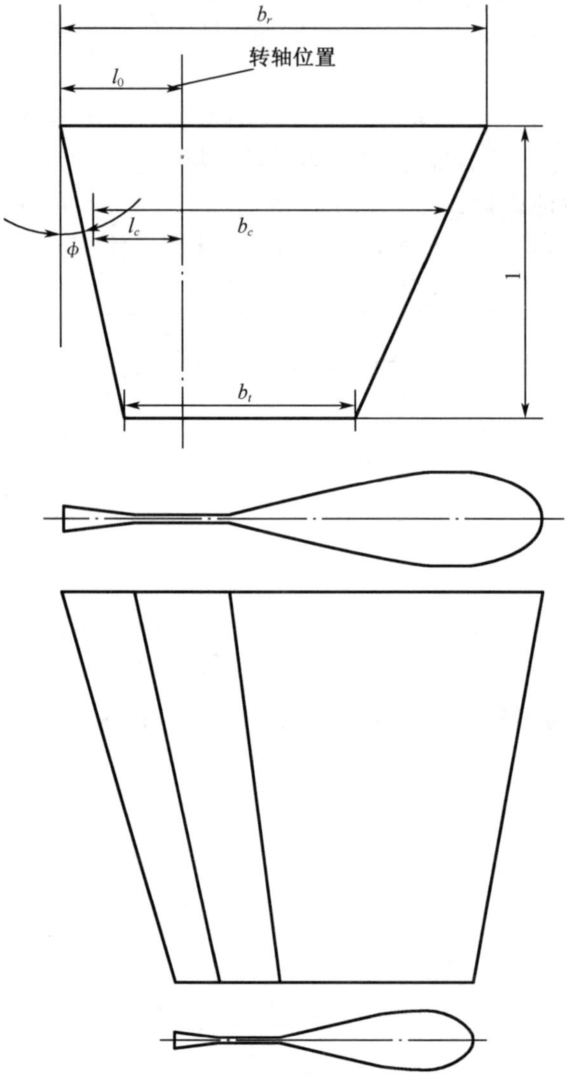

图 4.16　鳍参数定义及 9 号鳍模外形

4.6　三维翼计算模型的生成与网格的划分

三维翼的数值计算和二维翼相比,要复杂得多。这种复杂性主要体现在几何模型的建立和网格的划分上。以本章的 3 号鳍和 9 号鳍为例,要想生成理想的三维网格,面网格的划分十分重要,尤其是曲率比较大的部分更应特别注意,否则往往很难生成体网格,即便生成也是很不理想的,理想的体网格需要反复比较和分析才可以生成。经过多次尝试,3 号鳍和 9 号鳍的面网格均采用三角形网格单元,体网格均采用四面体网格单元,整个流场生成非结构化体网格。三维翼的模型生成及网格划分方法在前面章节已有介绍,这里不再赘述。3 号鳍和 9 号鳍的定常和非定常数值计算模型及网格划分如图 4.17 至图 4.22 所示。

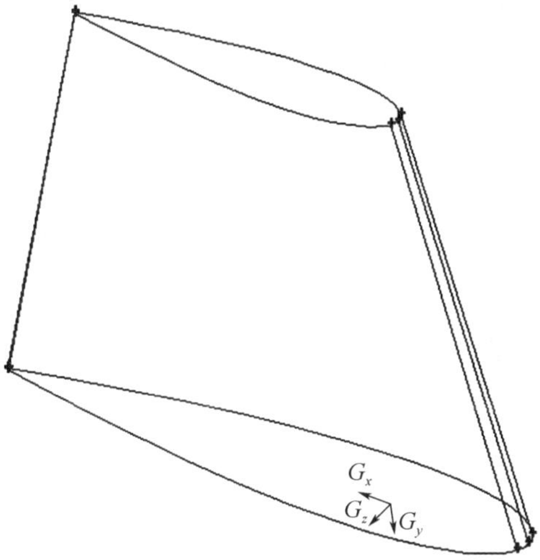

图 4.17　3 号鳍几何模型

图 4.18　3 号鳍几何模型及面网格

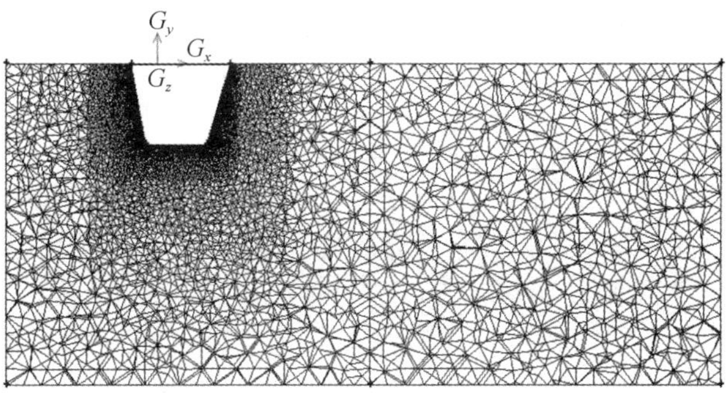

图 4.19　3 号鳍计算控制域剖面及网格分布

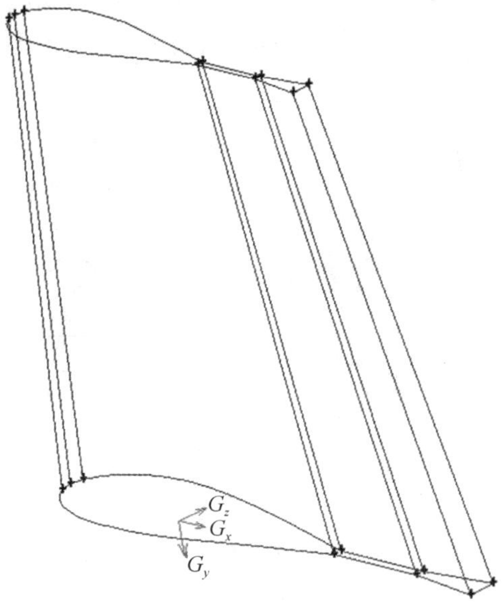

图 4.20　9 号鳍几何模型

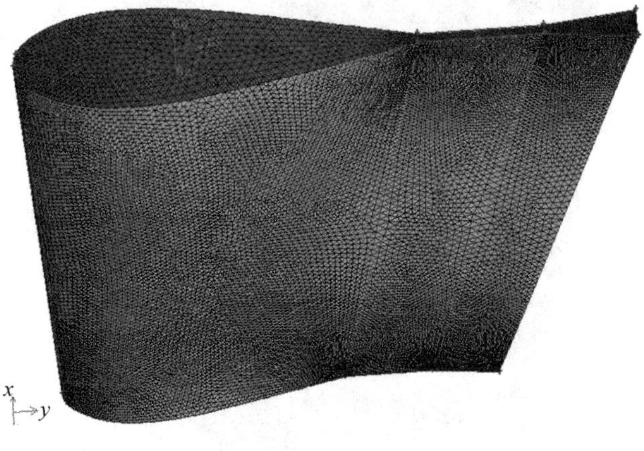

图 4.21　9 号鳍几何模型及面网格

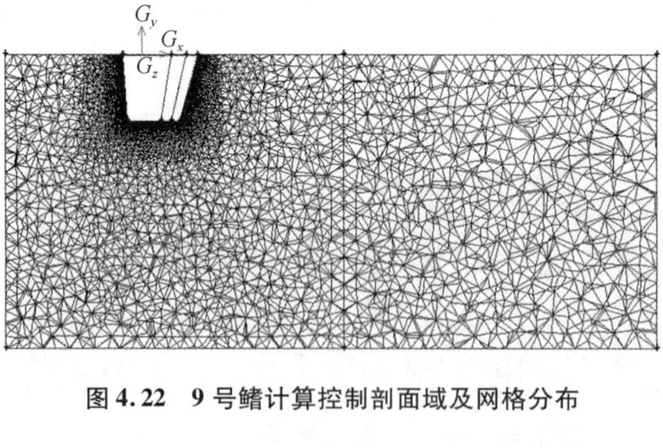

图 4.22　9 号鳍计算控制剖面域及网格分布

4.7　三维翼的定常数值模拟

4.7.1　翼的数值求解过程

当把一个完整的模型导入 FLUENT 进行计算时，三维翼的数值求解过程和二维翼相比较，除求解器换为 3D 外，其他步骤基本一致，这里不再重复。

4.7.2　控制域对计算结果的影响

大量计算表明，控制域对计算结果的影响很大，控制域的大小直接影响计算能否进行。控制域太小，可以使网格数减少到极点，但是计算结果往往和实验值相差甚远，甚至得到错误的结果；控制域过大，网格数之多让计算机无法承受，或者网格数可以接受，但网格过于稀疏而不能反映实际流场，所以合适的控制域对数值模拟十分重要。经过多次尝试，本章计算所采用的控制域大小如图 4.23 所示。由于平均弦长 $b_c = 400$ mm，所以控制域可表述为：长 × 高 × 宽 = $15b_c \times 4b_c \times 6b_c$，其中控制域宽度方向的中心线和翼剖面的中心线重合。

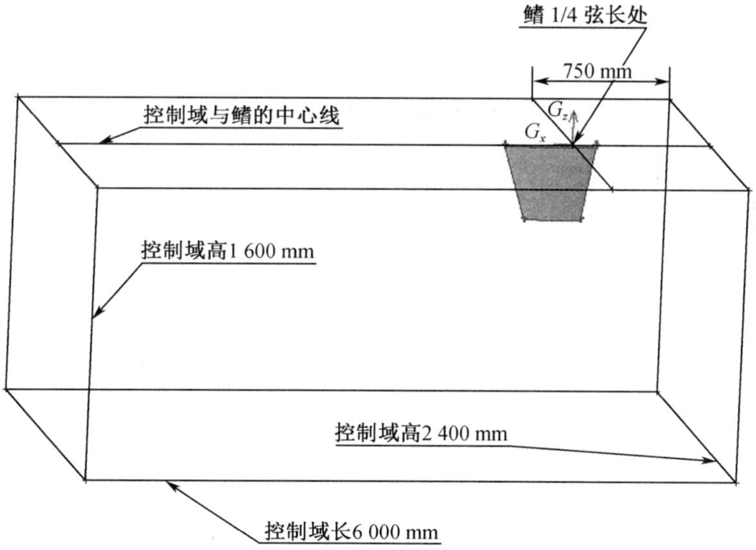

图 4.23　控制域尺寸

4.7.3　网格数的数量对计算结果的影响

一般而言，网格越密越能体现流场中的流动细节，但是由于受到计算机计算能力的限制，实际工作中就需要在网格数和计算机的承受能力之间找一个平衡点，使得计算可以进行下去并且其结果可以为我们接受。图 4.24 显示了网格数的数量对计算结果的影响。

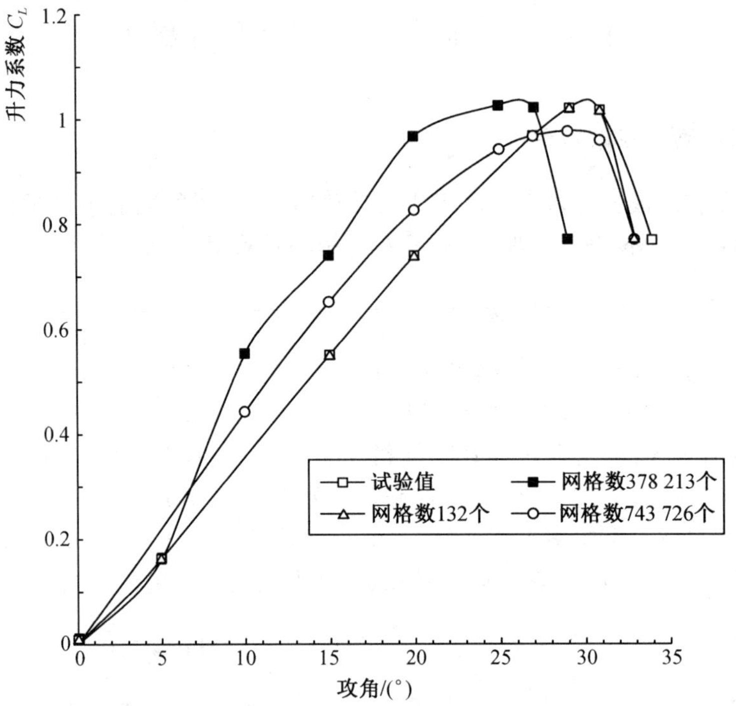

图 4.24　网格数对计算结果的影响

4.7.4　计算收敛残差设置对计算结果的影响

由于计算时可以设置不同的计算收敛残差，而且收敛残差对计算所花费的时间有极大的影响。经验表明，残差设置的越大，收敛所花费的时间越少，但考虑到不同的残差对计算结果的影响，有必要对此展开研究。图 4.25、图 4.26 及图 4.27 显示了残差大小对计算结果的影响。

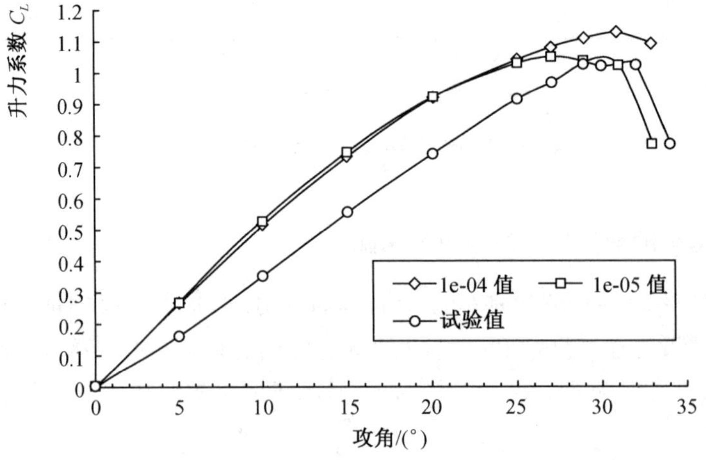

图 4.25　计算残差对计算结果的影响

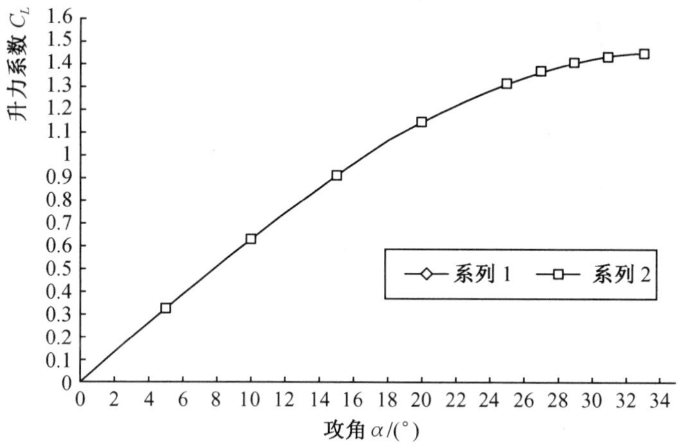

图 4.26　不同网格 0.00001 残差对计算结果的影响

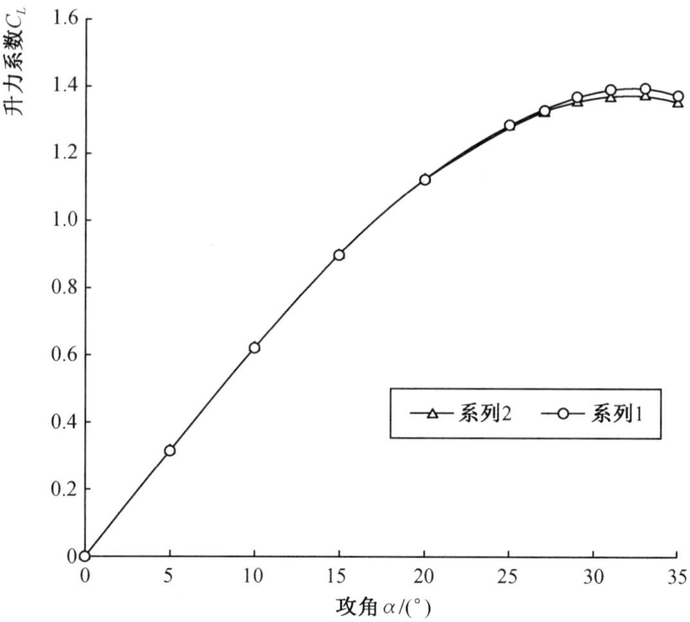

图 4.27　相同网格 10^{-6} 残差（系列 1）和 10^{-5} 残差（系列 2）对计算结果的影响

4.7.5　简化模型与完整模型对计算结果的影响

在这里的模拟计算中，压水板与鳍根部之间有 7 mm 的间距，以方便动态模拟时鳍的转动。在定常计算中，这个间距对整个控制域而言是可以忽略不计的，特别是划分网格时，有一定的困难，故在数值计算中常常会忽略它的影响，但由于非定常计算必须要有 7 mm 间距以保证翼能够转动，而且我们对压水板在计算中的影响也不是很明确，故这里对此做了必要的探讨。计算中，简化模型取消了 7 mm 间距，将压水板与鳍根部连为一个整体，完整模型则完全按图 4.16 的试验装配示意图进行建模，相当于将试验搬到计算机上重做一遍。图 4.28 显示了简化模型与完整模型对计算结果的影响。

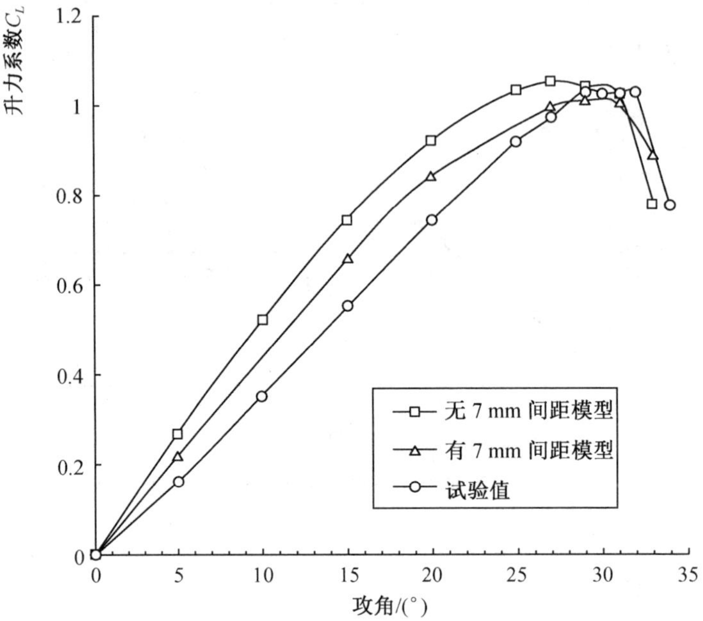

图 4.28　简化模型与完整模型对计算结果的影响

4.7.6　雷诺数大小对计算结果的影响

在二维计算中我们探讨了雷诺数的影响，在三维计算中，我们也对此做了探讨。图 4.29及图 4.30 显示了雷诺数大小对计算结果的影响。

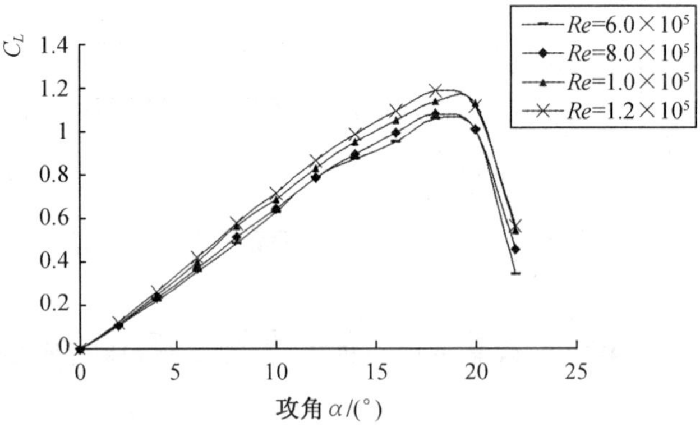

图 4.29　雷诺数大小对计算结果的影响

4.7.7　不同湍流模型对计算结果的影响

根据有关资料，对翼的绕流问题大都采用 $\kappa-\varepsilon$ 模型和雷诺应力(RSM)模型，这里对此也展开研究，比较二者的异同。其中采用 3 号鳍作计算模型时，比较了 $\kappa-\varepsilon$ 模型和雷诺应力(RSM)模型的差别，如图 4.31 所示；采用 9 号鳍作计算模型时，比较了 $\kappa-\varepsilon$ 模型中，标准模型与 RNG 模型的差别，如图 4.32 所示。

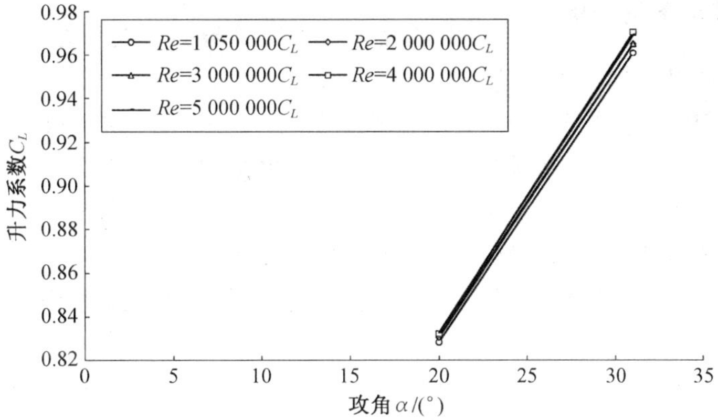

图 4.30　雷诺数大小对计算结果的影响

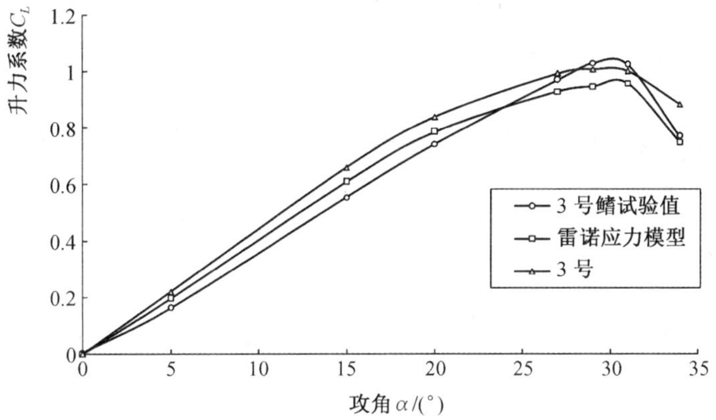

图 4.31　$\kappa-\varepsilon$ 模型和雷诺应力(RSM)模型对计算结果的影响

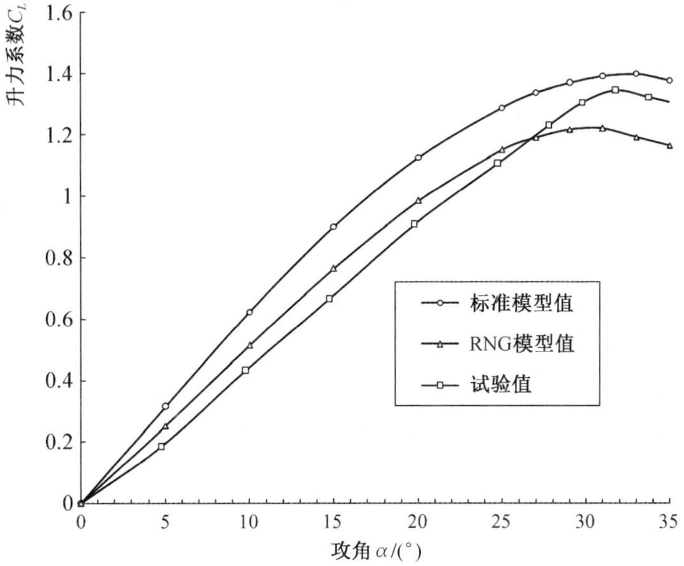

图 4.32　$\kappa-\varepsilon$ 模型中标准模型与 RNG 模型对计算结果的影响

4.7.8 计算结果及分析

由本节研究可以得到如下结论。

(1)控制域应以不影响计算为佳,对本章研究而言,采用的控制域 $15b_c \times 4b_c \times 6b_c$ 是可以满足需要的;在计算机可以接受的情况下,网格越密质量越好,计算结果越接近试验值。

(2)在要求一般的情况下,计算精度在10^{-4}时就可以满足计算要求,单精度条件下10^{-5}和10^{-6}计算结果基本是一样的,但两者花费的时间,后者是前者的近 1.5 倍;模型简化之后对计算结果影响比较大。完整模型与简化模型的计算结果与试验值相比,简化模型的计算结果偏差较大。

(3)在雷诺数较小时(如10^5 数量级),随着雷诺数 Re 的增大,最大升力系数明显增大;在雷诺数较大时(如10^6 数量级),这种趋势不是十分明显。

(4)$\kappa-\varepsilon$ 模型和雷诺应力(RSM)模型相比较,在 0° ~ 27°之间,雷诺应力模型要优于 $\kappa-\varepsilon$模型,在 27°之后则 $\kappa-\varepsilon$ 模型要比雷诺应力模型优越。仅对 $\kappa-\varepsilon$ 模型而言,在 0° ~ 27°之间 RNG 模型比标准模型优越,在 27°之后标准模型比 RNG 模型优越。

(5)如针对各个模型的优点,分别计算,然后在同一图表中分析,则可以发现数值模拟的结果,可以与水池试验的结果相媲美,如图 4.33、图 4.34 所示。图表说明,运用这种方法对三维翼的水动力性能进行数值计算是可行的。

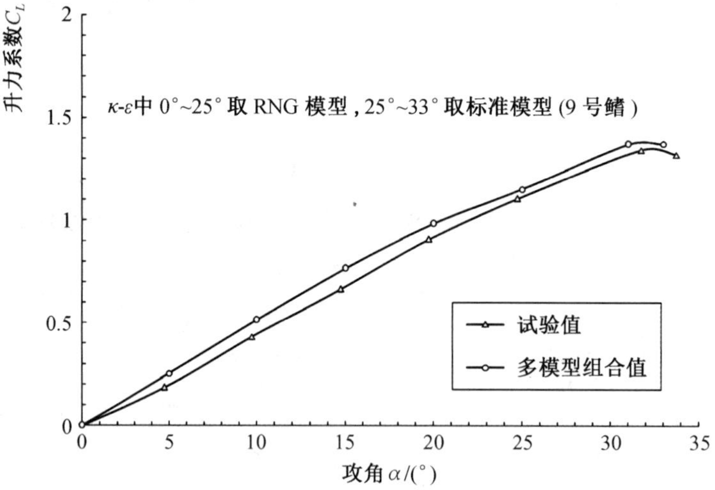

图 4.33 $\kappa-\varepsilon$ 模型中 RNG 模型和标准模型的组合(9 号鳍)

(6)在同样是 NACA0018 翼剖面的情况下,9 号鳍(鱼型鳍)的升力比 3 号鳍(NACA0018)提高了 20% 以上,在攻角为 25°时,9 号鳍的升力比 3 号鳍提高 24%,在最大攻角处,9 号鳍的升力比 3 号鳍提高 30.6%,如图 4.35 所示。

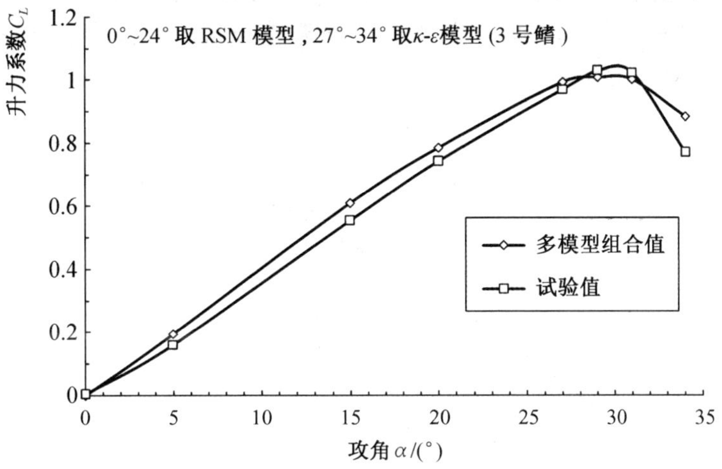

图 4.34　RSM 模型和 $\kappa-\varepsilon$ 模型的组合(3 号鳍)

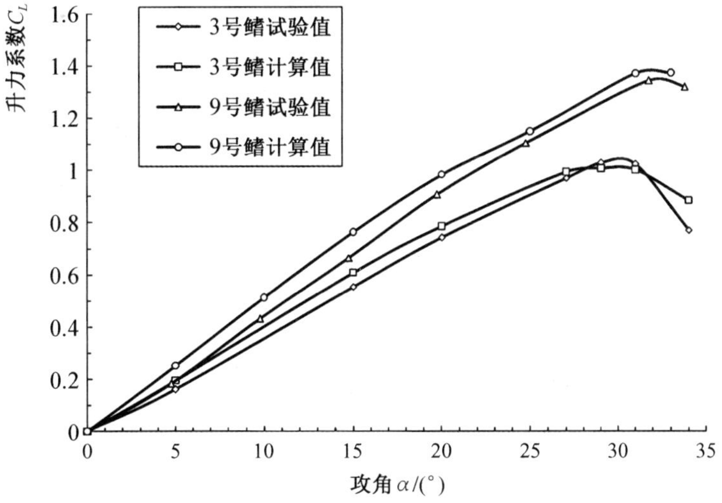

图 4.35　3 号鳍与 9 号鳍升力系数的比较

4.8　三维翼的非定常数值模拟

4.8.1　三维翼的非定常数值求解过程

三维翼的非定常数值求解是在二维翼的非定常数值求解技术的基础上，运用三维翼定常数值计算中已经掌握的成熟方法进行的，是两者结合的产物，其求解过程除求解器换为三维非定常外，其他步骤和二维翼的非定常数值计算基本一致。

4.8.2　三维翼数值计算的结果与分析

本节对 3 号鳍非定常状态下的水动力性能做了数值模拟，并从定性的角度分析了计算值和试验值之间的关系，如图4.36至图4.38所示。计算表明，计算结果的这种趋势和试验结果是一致的。可见，用FLUENT实现翼的三维数值模拟是可行的，但如从定量的角度分析，则数值模拟的精度还有待提高。

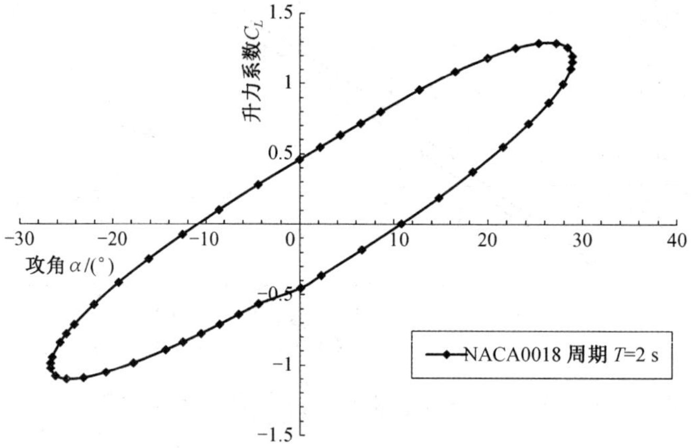

图4.36　NACA0018非定常计算 $T=2$ s

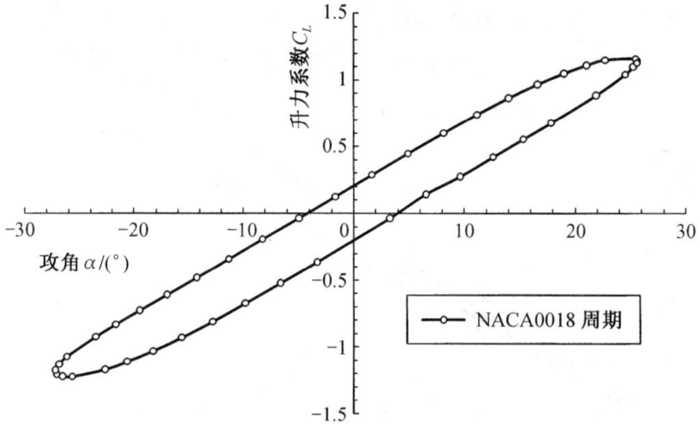

图4.37　NACA0018非定常计算 $T=4.5$ s

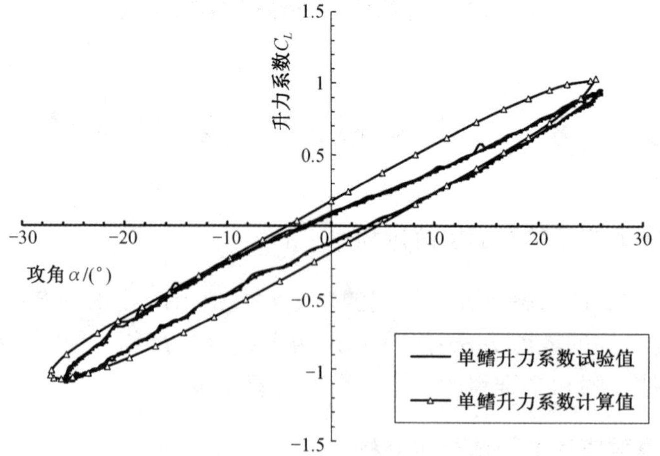

图4.38　升力系数的试验值与计算值的比较

第 5 章　水下机器人载体设计与水动力性能预报

水下机器人以体积小、阻力低、机动灵活、隐身性能好、成本低、可批量生产、方便搭载、军用和民用需求量大等特点以及广阔的应用前景成为当前研究的热点。本章研究了水下机器人载体的设计与水动力性能的预报,包括主载体和舵翼附体的设计、水动力性能预报。

5.1　水下机器人主载体设计与水动力性能预报

水下机器人在初步设计阶段,首要的研究对象就是载体型线,它决定了载体的水动力外形,直接影响微小型水下机器人的快速性、操纵性和水动力噪声等对总体性能有决定作用的战术技术性能。

目前,国内外学者在设计水下航行器载体时,多采用母型法和基于设备参数的分段曲线族设计方法,由于受设计者经验、知识水平、设备外形以及母型自身性能等诸多因素的制约,改进设计出的载体与初步设计的载体相比,改进的性能大多并不是很显著。为此,这里采用一种全新的设计思想,即摆脱设备外形的制约,参考多种典型机器人母型,采纳其优点并最终设计出具有优良的快速性和隐身性的微小型水下机器人主载体。

5.1.1　载体外形的设计

以三种典型水下机器人 Odyssey,HUGIN,REMUS－6000 为母体,设计了代号分别为 AUV1,AUV2,AUV3 的机器人,结合某微小型水下机器人(AUV4)的试验模型,对计算方法的可靠性进行了验证研究。这四种水下机器人载体的外形分别如图 5.1、图 5.2、图 5.3 和图 5.4 所示,参数如表 5.1 所示。

图 5.1　AUV1

图 5.2　AUV2

图 5.3　AUV3

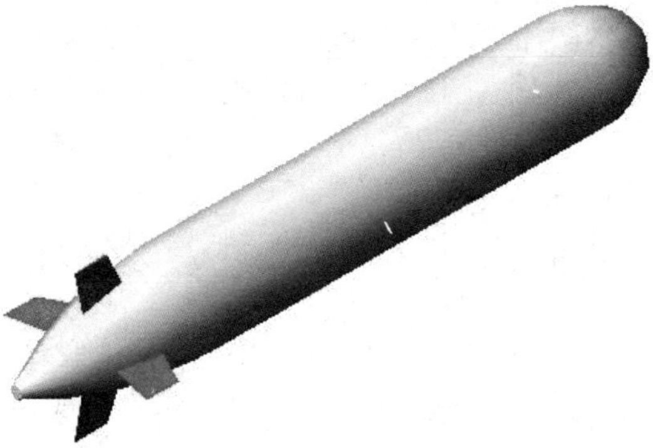

图 5.4　试验模型

表 5.1　AUV 参数

参数	AUV1	AUV2	AUV3	AUV4
总长/m	1.5	1.5	1.5	1.5
最大半径/m	0.191	0.156	0.129	0.107
湿表面积/m^2	1.325 65	1.004 98	1.000 8	0.905 59

5.1.2　计算域网格的划分

目前，在计算船舶流体力学中，出现了各种各样的网格形式，主要有单块结构化网格、多块结构化网、非结构化网格、重叠网格和混合网格等网格形式，它们各有优缺点和相应的适用范围。这里为寻求一种高效可靠的研究方法，结合 AUV4 模型和各种网格自身的特点，选取并比较了两种网格形式在载体阻力性能预报中的优缺点。

考虑到多块结构化网格具有网格质量高、处理湍流边界层精度高、对计算机性能要求低、每个时间步计算时间短等优点，这里首先选用分块结构化网格离散 AUV4 模型(含舵翼附体)的计算流场，如图 5.5 所示。与多块结构化网格相比，混合网格同样具有网格质量高和处理湍流边界层精度高的特点，虽然对计算机性能的要求比多块结构化网格高，每个时间步计算时间相对较长，但是对计算结果却没有实质性的影响，此外，混合网格还独有可移植性强的特点，特别适合处理模型多的初步设计阶段的研究工作。为缩短设计的周期、提高研究效率、使模型误差最小化，参照国内学者沈海龙的方法，将计算流场模块化处理，即把整个计算域分成四块，并根据网格的可移植性将四块网格区域归为包含 AUV 载体的内流场和剩余的外流场两部分，如图 5.6 所示。内流场采用统一的网格节点间距、体网格大小、网格外推比例、边界层网格等网格生成参数，从而保证了不同的计算模型拥有同样的计算网格；外流场由结构化六面体网格和棱柱体网格构成，从而达到减少网格数量和提高网格质量的目的。利用ICEM CFD软件所具有的合并网格功能，所有计算模型使用同一个外流场网格，将含有各载体模型的内流场网格分别和同一个外流场网格合并，构成整个计算域的网格，从而使得整个网格划分过程模块化、标准化，保证了所预报的不同载体模型具有相同的计算精度，提高了网格划分的效率，进而缩短了研究时间，合并后的混合网格如图5.6所示。

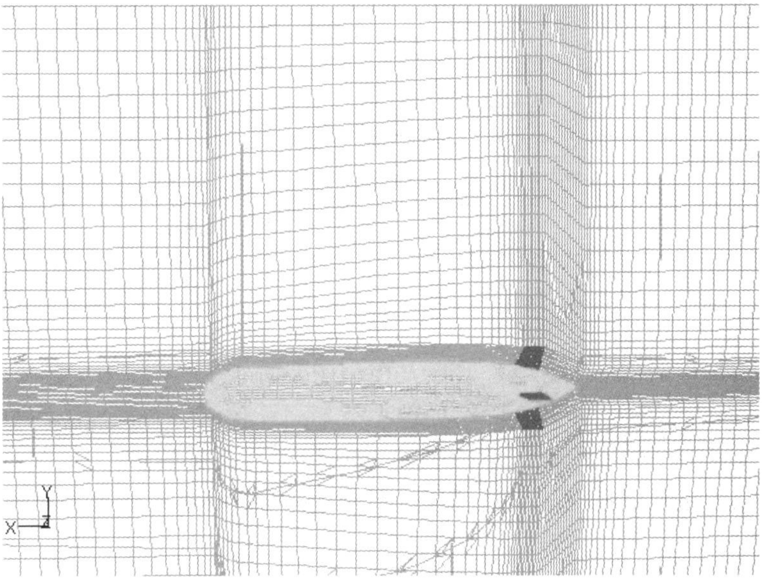

图5.5　多块结构化网格

图5.6　合并后的混合网格

5.1.3 数值计算过程与计算结果

1. 湍流模式和网格形式的比较

根据文献资料，本章比较了标准 $\kappa-\varepsilon$ 湍流模式、RNG $\kappa-\varepsilon$ 湍流模式和 SST $\kappa-\varepsilon$ 湍流模式预报 AUV 阻力性能的适用性，计算采用粗网格，网格数为 40 万，网格形式为多块结构化网格，计算结果如表 5.2 所示。由表 5.2 可以看出，SST $\kappa-\varepsilon$ 湍流模式所预报的阻力值和试验值最为接近，因此被选为数值计算的湍流模式。

表 5.2 湍流模式的比较

V/(m/s)	标准 $\kappa-\varepsilon$/N	RNG $\kappa-\varepsilon$/N	SST $\kappa-\varepsilon$/N	实验值/N
0.5	3.55	2.549	1.8	1.57
1	13.8	9.81	6.88	6.63
1.5	30.58	19.71	15.66	14.35
2	53.8	34.557	26.6	25.55

由于多块结构化网格的生成受经验以及模型的影响很大，不同模型的分块方式各不相同，而且分块过程十分繁琐，尤其在同时处理多个不同模型时，多块结构化网格的这种缺点更为突出。因此，在网格的生成上，混合网格是一种更为高效的网格形式。为了保证混合网格具有多块结构化网格处理湍流边界层的精度，在微小型水下机器人载体的周围生成 7 层边界层网格是十分必要的，如图 5.7 所示。

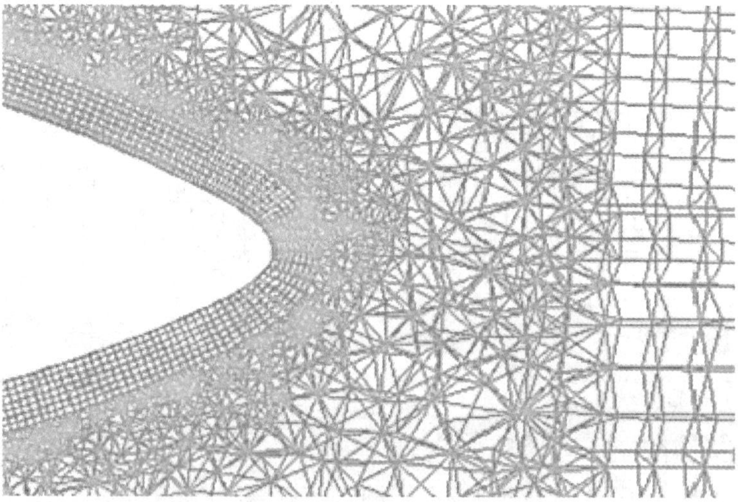

图 5.7 湍流边界层网格

为比较混合网格与多块结构化网格在预报 AUV 阻力性能上的差异以及各自的可靠性和准确性，结合 AUV4 试验模型，在 40 万个粗网格的基础上对多块结构化网格重新加密，共生成了 120 万个网格单元。加密后多块结构化网格和混合网格(240 万个网格单元)的计算结果和实验值如表 5.3 所示。从表 5.3 的误差分析可见，多块结构化网格的计算误差可控制在7%以内,混合网格的最大误差则低于6%,两种网格形式的计算结果都能够满足工程上的需要。考虑到这里的计算模型较多,因此最终选取混合网格这种高效可靠的网格形式。

表 5.3　网格形式的比较

V/(m/s)	实验值/N	120 万个结构化网格/N	误差/%	240 万个混合网格/N	误差/%
0.5	1.57	1.67	6.4	1.66	5.7
1	6.63	6.77	2.1	6.52	-1.7
1.5	14.35	14.74	2.7	14.25	-0.7
2	25.55	25.65	0.4	24.96	-2.3

2. 载体外形的比较

载体外形的设计目标是改善微小型水下机器人的快速性和隐身性。而就载体外形本身而言,快速性和隐身性可以通过减小艇体自身的总阻力系数和改善艇体表面的压力分布来实现。艇体的总阻力包括主载体阻力和附体阻力,AUV4 试验模型的附体为四个 0 度攻角的平板舵翼,计算结果表明,附体阻力仅占总阻力的4%左右,由于各种水下机器人载体的附体形式各异,为简化计算模型和方便比较,建立了 AUV1,AUV2,AUV3 和 AUV4 不含附体的计算模型,其阻力系数的计算结果如表 5.4 所示。由表 5.4 可以看出,AUV4 的阻力性能比其余 3 个好。

表 5.4　AUV 的阻力系数比较

V/(m/s)	AUV1	AUV2	AUV3	AUV4
0.5	0.021 1	0.019 1	0.015 8	0.014 1
1	0.020 2	0.018 2	0.014 9	0.013 8
1.5	0.019 8	0.017 8	0.014 5	0.0134
2	0.019 5	0.017 5	0.014 3	0.013 3

图 5.8 至图 5.11 给出了 4 种 AUV 载体以 1 m/s 的速度直航时,载体表面的静压力分布,其中载体首部位于横坐标的 0 点处,尾部位于横坐标的 -1.5 m 处。从图中可以看出,AUV1 载体在 -1.5 ~ -0.9 m 之间、AUV2 载体在 -1 ~ -0.5 m 之间、AUV3 载体在 -1 ~ -0.1 m 之间、AUV4 载体在 -1.5 ~ -0.2 m 之间的表面压力分布较为均匀,载体其他部分表面的压力分布变化较大,不利于隐身。

3. 载体外形的改进设计

目前国内外出现了各种以改善快速性和隐身性为目标的水下航行器载体的设计方法,各种方法的原理尽管不同,但总的思路都是改变流动的状态、延长层流、抑制湍流、推迟从层流到湍流的发展,从而达到减阻降噪的效果。从量化的角度而言,优化设计的目标包括以下几方面:

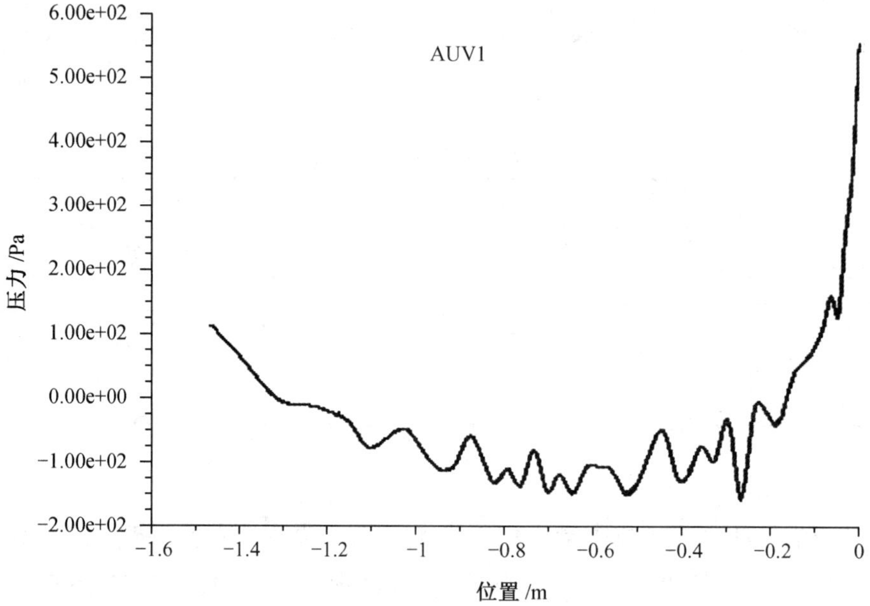

图5.8　AUV1表面压力分布

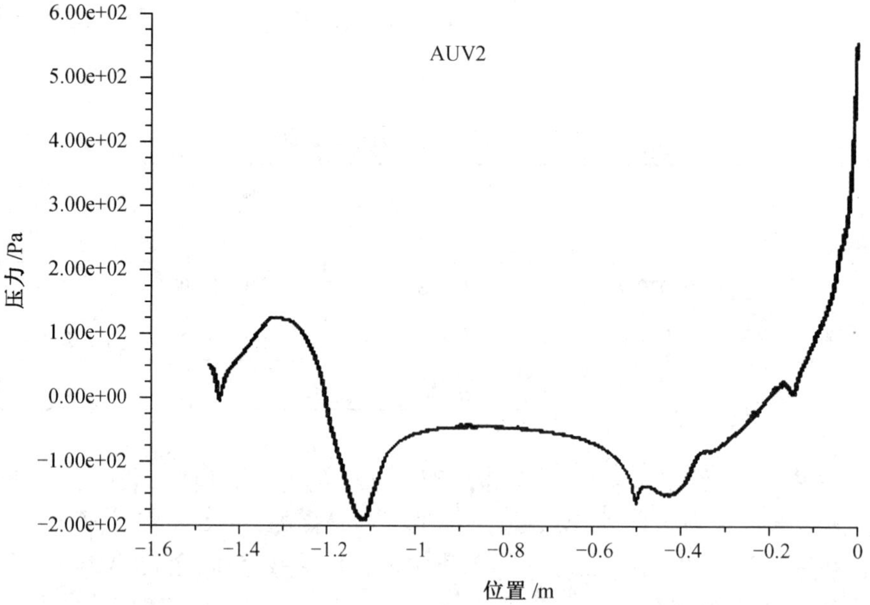

图5.9　AUV2表面压力分布

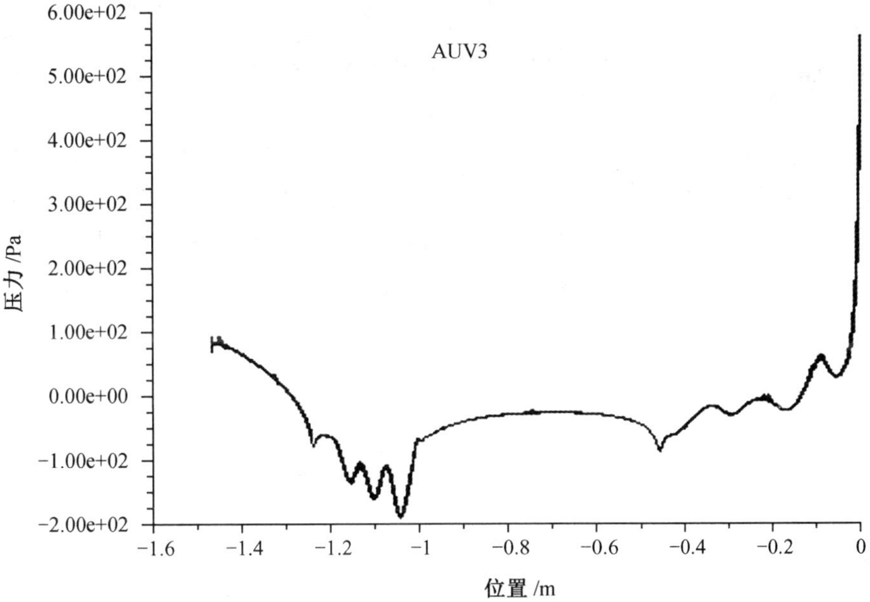

图 5.10　AUV3 表面压力分布

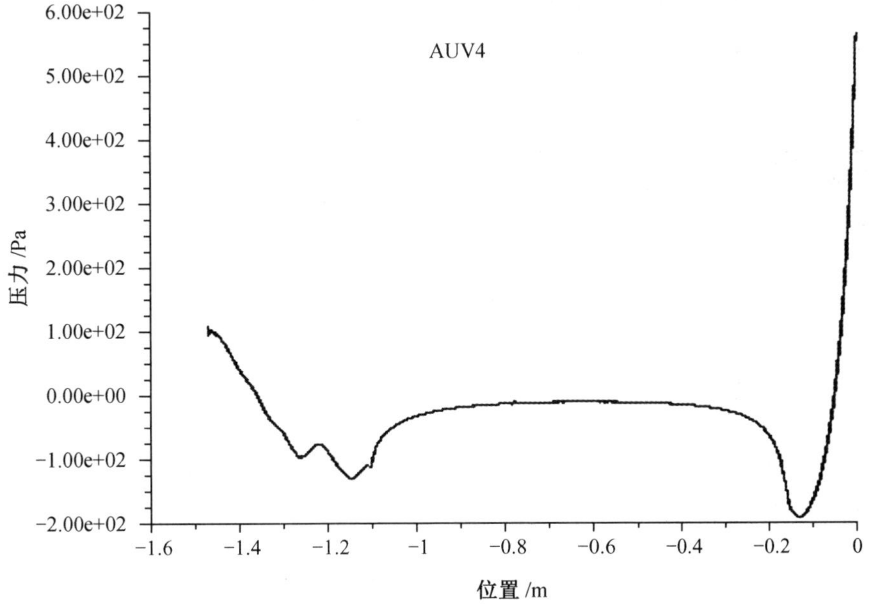

图 5.11　AUV4 表面压力分布

(1)改善载体表面的压力分布,使其压力梯度更小、转折点位置更靠后、压力分布曲线更趋于平缓均匀;

(2)减小和载体外形密切相关的压差阻力,从而提高快速性;

(3)降低和湍流密切相关的黏性阻力,从而改善隐身性。

借鉴上述4种微小型水下机器人载体在快速性和隐身性上的优点,这里改进设计了编号为AUV5和AUV6的两种载体模型。两模型均以AUV4为母体,以继承其快速性方面的优点。AUV5借鉴AUV3载体首部压力分布较均匀的特点,在AUV4的基础上重新设计了艏部型线;AUV6则借鉴AUV2艇首压力分布的特点在AUV5型线的基础上进一步改进了艏部的型线,三种载体首部的型线如图5.12所示,AUV5和AUV6的湿表面积分别为0.866 m^2和0.861 m^2。

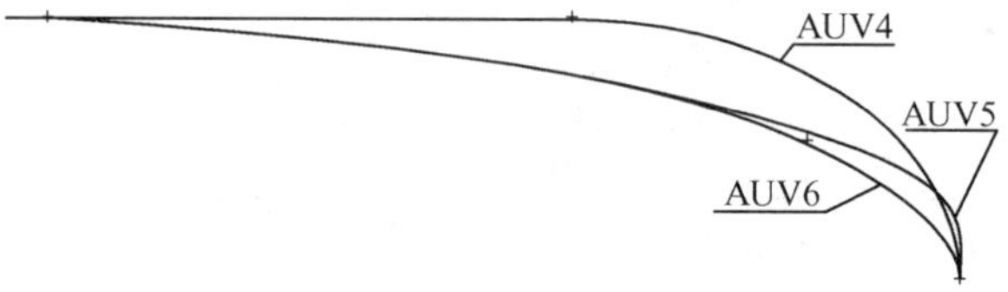

图5.12 艇首的改进设计

表5.5给出了AUV4,AUV5,AUV6的总阻力系数计算值。从表可以看出,与AUV4相比,AUV5和AUV6的快速性有了明显的提高,AUV5的总阻力系数降低了20%左右,AUV6的总阻力系数又比AUV5降低了0.9%左右。

表5.5 AUV总阻力系数比较

V/(m/s)	AUV4	AUV5	AUV6
0.5	0.014 7	0.011 9	0.011 8
1	0.013 8	0.011 1	0.011 0
1.5	0.013 4	0.010 7	0.010 6
2	0.013 3	0.010 4	0.010 3

图5.13则给出了AUV4,AUV5和AUV6载体表面的静压力分布。和AUV4相比,AUV5和AUV6载体的表面压力分布得到了明显的改善。除AUV6载体首部的压力分布比AUV5更平缓外,两者其他部位的压力分布基本一致。

表5.6进一步给出了AUV4,AUV5和AUV6以2 m/s的速度直航时,各自的压差阻力系数、黏性阻力系数和总阻力系数。从表6可以看出,改进设计后,AUV5和AUV6的压差阻力系数比AUV4降低了33%左右,黏性阻力系数则降低了4%左右,达到了预期的设计目标。比较图5.13和表5.6的数据可以看出,AUV6载体外形的阻力性能和隐身性能比其他5个AUV载体好,它具有压力梯度小、转捩点位置靠后、压力分布曲线较平坦、总阻力系数小等较好的流场特性。因此,在6种外形的载体中,AUV6具有较好的快速性和隐身性能,其外形如图5.14所示。

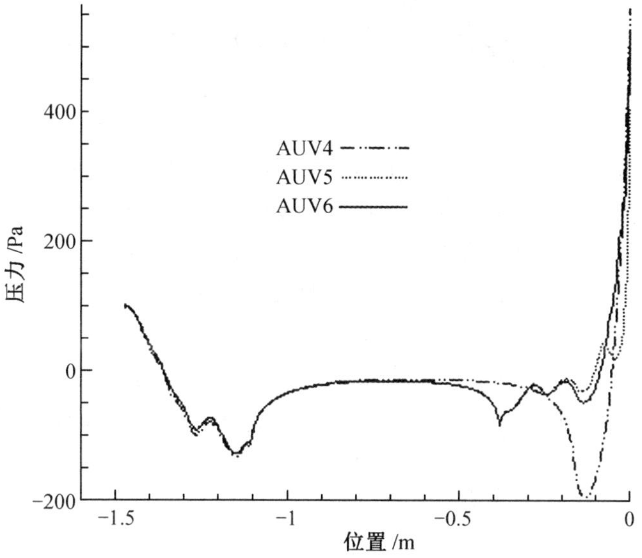

图 5.13　AUV4 – AUV6 表面压力分布

表 5.6　AUV 的阻力系数比较

阻力系数	AUV4	AUV5	AUV6
压差阻力系数	0.008 2	0.005 5	0.005 4
黏性阻力系数	0.005 1	0.004 9	0.004 9
总阻力系数	0.013 3	0.010 4	0.010 3

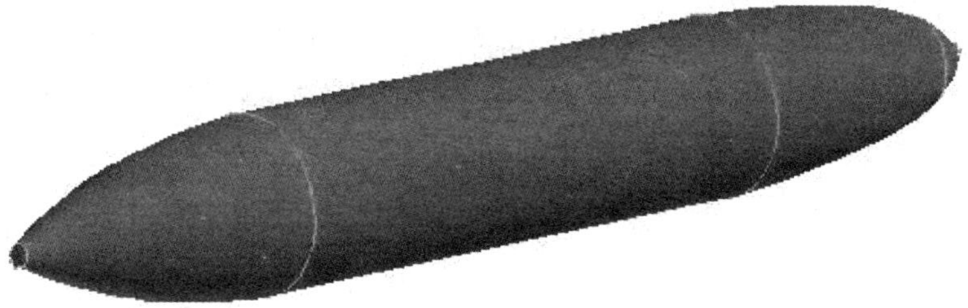

图 5.14　AUV6 外形

5.2 舵翼设计与水动力性能预报

在舵翼附体的初步设计阶段，首要研究的就是舵翼剖面和舵翼外形的设计，它决定了舵翼的水动力性能，直接影响到水下机器人的快速性、灵活性和稳定性等性能。

目前，国内外的水下机器人舵翼多采用平板翼型和曲面翼型两种。平板翼型的特点是翼剖面简单、易于加工、成本低廉，但其流体动力性能不如曲面翼型，并且易发生流动分离现象，而曲面翼型则相反，不易发生流动分离现象。因此，为提高舵翼的水动力性能，多数水下机器人的舵翼采用 NACA00 系列翼剖面，并以其为基础设计舵翼。由于现有的 NACA00 系列的翼剖面参数固定，以其为基础设计出的各种外形的舵翼，其升力系数的改善并不显著，对于高机动性的水下机器人来说，这种类型的舵翼无法满足机动灵活的操纵要求。为此，这里采用一种全新的设计思想，即以现有翼剖面为母型，参考国内外水下机器人舵翼外形的特点，借鉴其成功的设计思想，最终设计出具有优良的水动力性能的水下机器人舵翼。

5.2.1 翼剖面及舵翼外形的设计与建模

目前，针对 CFD 计算出现了许多的建模软件，它们各有特色，一般都具有可导入或导出的标准文件格式接口，以方便和其他软件进行文件交换。本章主要使用 GAMBIT，ICEM CFD，CATIA 和 AutoCAD 等软件实现几何模型的建模。

对于简单的几何模型，由于其外形简单，型值也相对较少，可以直接在 GAMBIT，ICEM CFD，CATIA 等软件里完成建模，对于像肥大型船那样几何形状复杂的三维模型，如果直接在这类软件里建模则显得复杂和不方便，并且效率低，故一般先在 AutoCAD 软件里根据其型值表画出型线图，然后以 GAMBIT，ICEM CFD 和 CATIA 可接受的文件格式导出，再将导出的文件导入 GAMBIT，ICEM CFD 和 CATIA 等建模软件。当描述几何模型的型线导入建模软件后，可以按照由线生成面，由面生成体的方式完成几何模型的建模。

舵翼剖面的设计以 NACA0015 为母型，参考国内某减摇翼剖面的设计思想，设计了代号分别为 M1 和 M2 的剖面形状，如图 5.15 和图 5.16 所示。

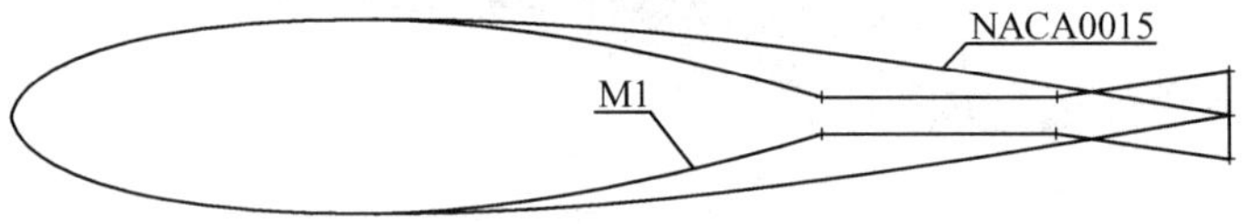

图 5.15　NACA0015 和 M1 剖面

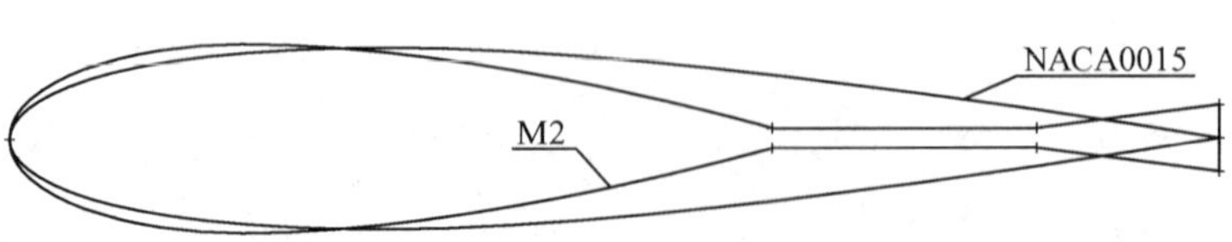

图 5.16　ACA0015 和 M2 剖面

舵翼外形的设计以国内某水下机器人和国外两种典型水下机器人 HUGIN 和 REMUS - 6000 的舵翼外形为母体，设计了代号分别为 RW1，RW2 和 RW3 的舵翼外形，分别如图 5.17、图 5.18 和图 5.19 所示。为验证 CFD 技术预报舵翼水动力性能的可靠性，结合某减摇鳍的试验模型，对计算方法进行了验证研究，该试验模型的外形如图 5.20 所示。由于舵翼几何外形较为简单，计算模型的建模完全在 FLUENT 前处理软件 GAMBIT 中完成。

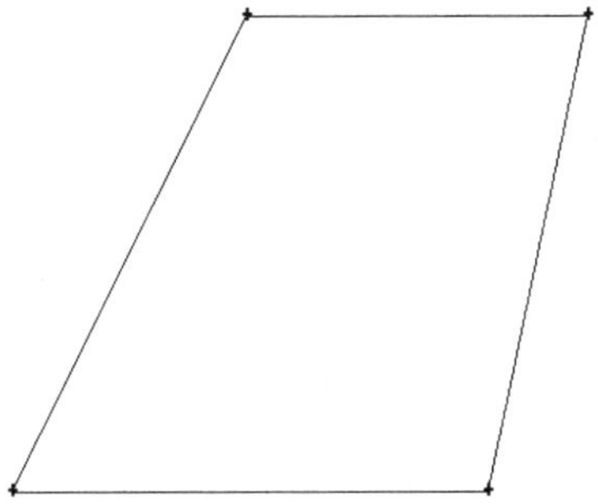

图 5.17　RW1

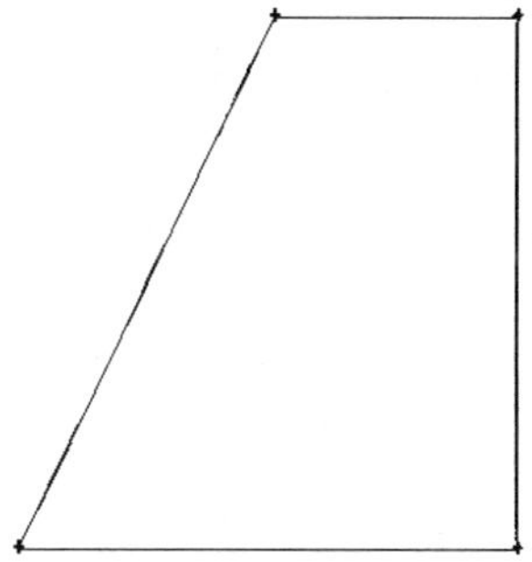

图 5.18　RW2

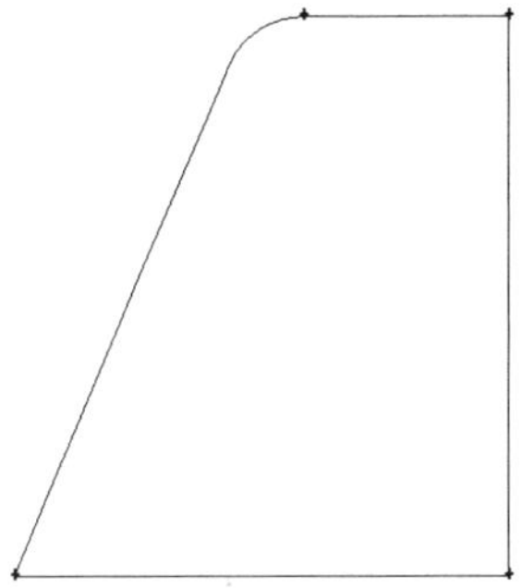

图 5.19　RW3

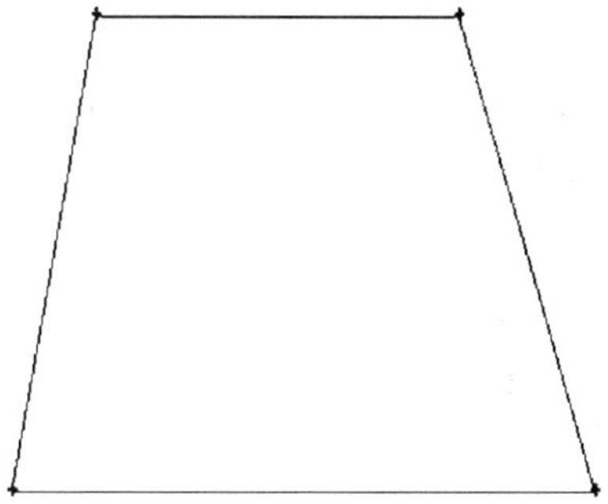

图 5.20　试验模型

5.2.2　计算域网格的划分

在得到完整的几何模型后，还需要根据待研究问题的特点在其外围生成足够大的控制域。一般而言，以几何模型的特征长度为基准，向其外部空间扩大 5 到 20 倍的特征长度即可得到满足运算要求的绕流场控制域，并通过布尔运算得到最终的计算域。

计算域还需要做离散化处理，也就是划分流场网格才能进行数值求解。目前，有很多的网格划分软件，有的是 CFD 软件自带的前处理网格划分工具，有的则是针对各种 CFD 软件设计的通用网格划分软件，这里的计算一共用到 GRIDGEN，GAMBIT，ICEM CFD 和 Tgrid 四种网格划分软件，它们各有特点和自己擅长的网格划分模块。对于生成结构化网格而言，GRIDGEN，GAMBIT 和 ICEM CFD 都能快速方便地生成高质量的流场网格；对于生成非结构化网格而言，GAMBIT 和 ICEM CFD 似乎效率更高；对于生成结构化和非结构化混合的网格而言，GAMBIT 和 ICEM CFD 都能胜任，但是如果计算机性能较差，内存容量较小，那么生成同样数量的网格时，ICEM CFD 的效率更高，并且在同一台 PC 机上，ICEM CFD 软件可生成的网格总数比 GAMBIT 多；对于三维黏性绕流问题，如果考虑生成边界层网格，对于复杂几何外形来说，要得到高质量的边界层网格，首选的网格生成软件则是 ICEM CFD 和 Tgrid；如果在求解器里需要使用动网格技术，那么其生成网格的首选软件是 GAMBIT。

面对众多的网格划分软件，需要根据待研究问题的特点寻求最佳的网格划分工具，合适的网格划分工具可以加速问题的求解，不合适的网格划分工具不仅得不到理想的网格，而且往往会成为解决问题的障碍。

考虑到这里的计算模型较多，外形各不相同，适合采用混合网格来离散流场，并且为提高计算精度和研究 CFD 软件使用特点，以及得到较高质量的流场网格，适合采用 ICEM CFD 软件来划分流场的网格。为缩短设计的周期、提高研究效率和使模型误差最小化，这里对整个计算流场进行模块化处理，即把整个计算域分成两块，分别为包含舵翼的内流场和剩余的外流场，如图 5.21 所示。内流场采用统一的网格节点间距、体网格大小、网格外推比例、边界层网格等网格生成参数，从而保证了不同的计算模型拥有一样的计算网格；外流场由结构化六面体网格构成，从而达到减少网格数量和提高网格质量的目的。利用 ICEM CFD 软件所具有的合并网格功能，所有计算模型使用同一个外流场网格，将含有各舵翼模型的内流场网格分别和同一个外流场网格合并，构成整个计算域的网格，从而使得整个网格划分过程模块化、标准化，保证了所有的舵翼模型在数值计算时具有相同的网格精度，避免了由于网格的不同而造成的计算误差，提高了网格划分的效率，增加了不同舵翼水动力性能比较的可信度，进而缩短了研究时间，合并后的混合网格如图 5.22 所示。为了保证混合网格处理湍流边界层的精度，在舵翼的周围生成 7 层边界层网格是十分必要的，如图 5.23所示。同时，为了保证湍流模型能够合理地求解湍流边界层，边界层网格离开壁面的第一个节点与壁面之间的距离十分关键，它是以 Y + 值来衡量的，这里计算的 Y + 值如图 5.24 所示。

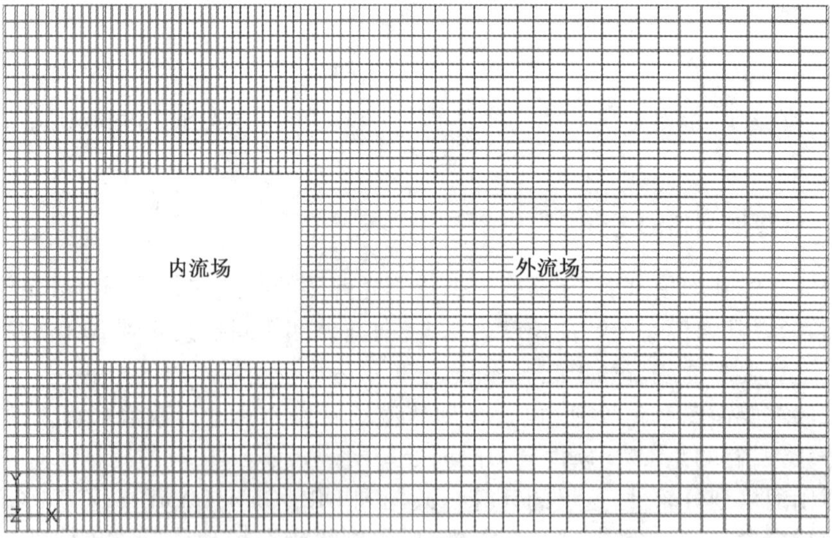

图 5.21　流场分块

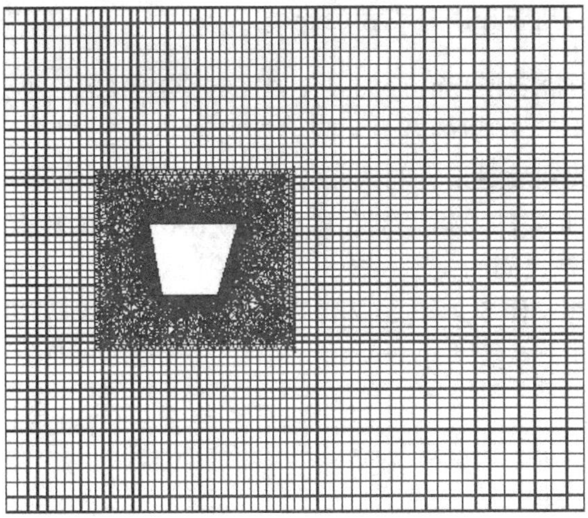

图 5.22　合并后的流场网格

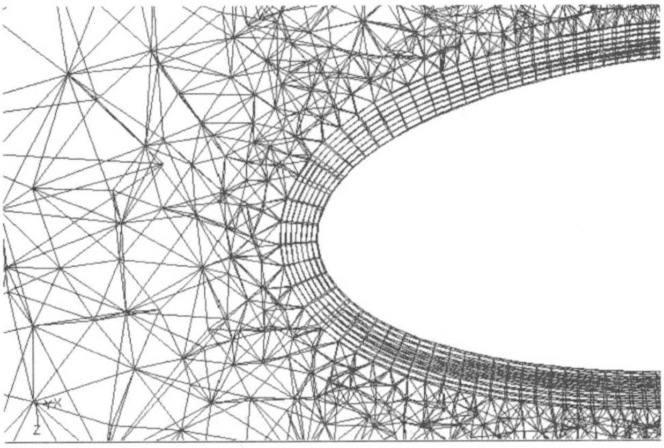

图 5.23　湍流边界层网格

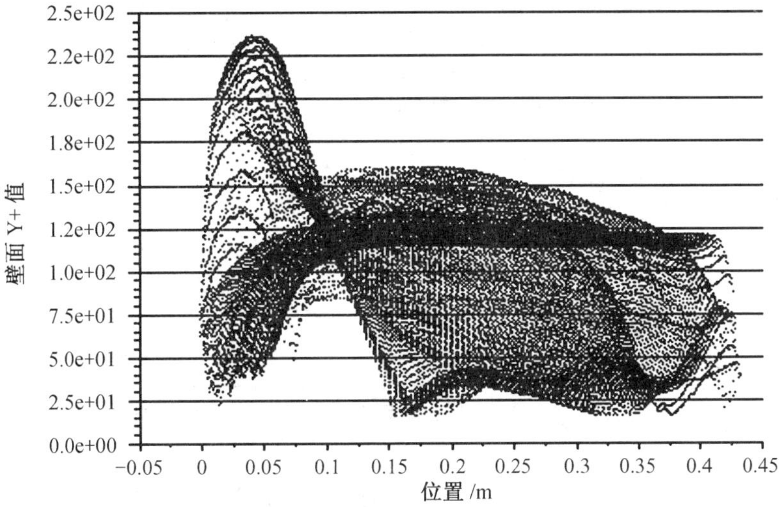

图 5.24　壁面 Y+值

5.2.3 计算收敛的判断和湍流模式的比较

对于舵翼的水动力性能计算而言，如果设置的计算残差足够小，迭代的时间步足够长，那么，迭代一定的时间步后，舵翼的升力和阻力将保持一个定值不再变化，但是程序并不因此而收敛，将会一直迭代到满足设定的残差才收敛。为提高计算效率，缩短研究周期，合理地设置收敛残差是十分必要的。这里结合翼剖面为 NACA0018 的某减摇鳍的试验模型，研究了计算残差和升力系数之间的关系。图 5.25 为整个迭代过程中，攻角为 29°时的升力系数与计算时间步之间的关系。图 5.26 比较了计算残差分别为 0.001，0.000 1 和 0.000 01 时 SST $\kappa-\omega$ 湍流模式得到的升力系数。

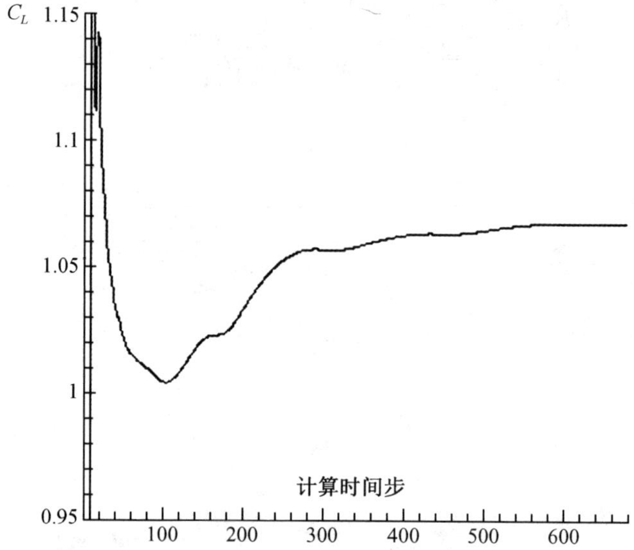

图 5.25　升力系数与计算时间步的关系

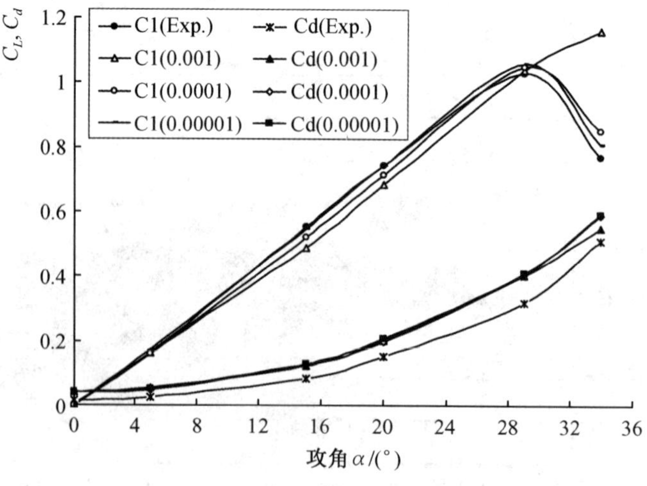

图 5.26　升力系数与计算残差的关系

从图 5.25 可以看到，当计算时间步的值超过 600 步时，升力系数基本不再变化；从图 5.26 可以看出，残差为 0.000 01 时的升力系数与试验值吻合较好，升力系数与试验值相比，计算误差最大可以控制在 6% 以内，残差为 0.000 1 和 0.000 01 时的阻力系数基本重合，与试验值相比阻力系数的误差较大，但总的趋势和试验值一致，因此，可以认为将计算残差设置为 0.000 01 是合适的。

根据文献资料，这里以翼剖面为 NACA0018 的某减摇鳍的试验模型为例，比较了标准 $\kappa-\varepsilon$ 湍流模式、RNG$\kappa-\varepsilon$ 湍流模式和 SST$\kappa-\varepsilon$ 湍流模式预报舵翼水动力性能的适用性，比较结果如图 5.27 所示。由图 5.27 可以看出，SST$\kappa-\varepsilon$ 湍流模式所预报的升力系数值和试验值最为接近，因此被选为数值计算的湍流模式。

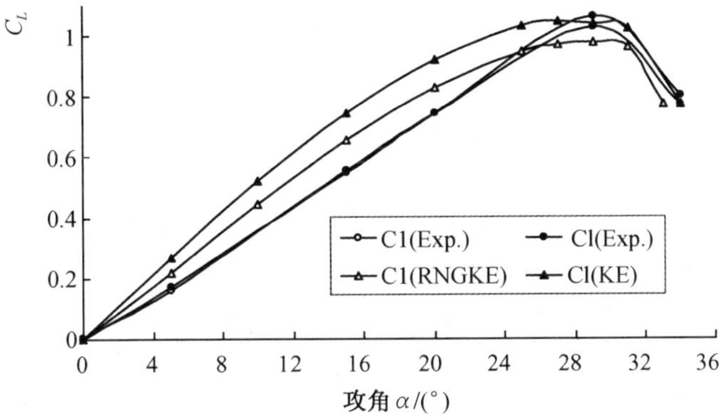

图 5.27　湍流模型的比较

5.2.4　舵翼水动力性能的预报分析

图 5.28 给出了外形为 RW1，翼剖面分别为 NACA0015，M1，M2 舵翼的升力系数和阻力系数。图 5.29 给出了翼剖面为 M1，外形分别为 RW1，RW2，RW3 舵翼的升力系数、阻力系数以及升力系数与阻力系数的比值。

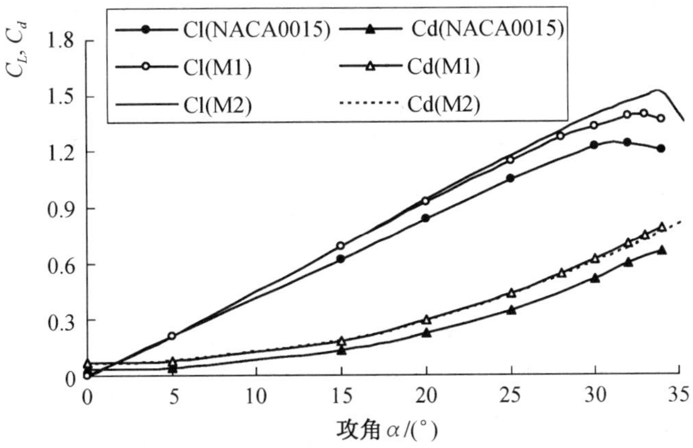

图 5.28　翼剖面的比较

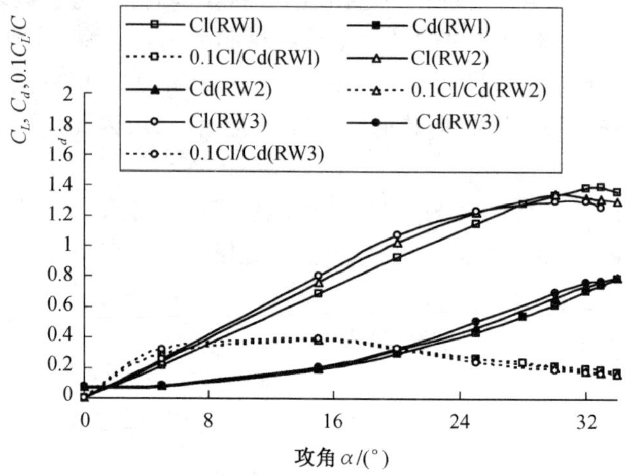

图5.29 舵翼外形的比较

由图5.28可以看出，外形为RW1、翼剖面为M2的舵翼其最大升力系数比翼剖面为NACA0015和M1的舵翼分别提高22.4%和6.8%，当达到最大升力后，攻角继续增加时，其升力系数迅速下降，并且其升力系数在攻角小于20°时和翼剖面为M1的舵翼基本一致，其阻力系数和翼剖面为M1的舵翼相比略有下降，三者中翼剖面为NACA0015的舵翼阻力系数最小。考虑到舵翼附体本身的阻力只占水下机器人总阻力的4%左右以及水下机器人对机动性和操纵性的要求，最终选取M2为水下机器人舵翼的翼剖面。

从图5.29的比较可以发现，在攻角小于28°时，RW2和RW3的升力系数高于RW1；在攻角小于25°时，RW3的升力系数高于RW2；在攻角小于20°时，三者升阻比的关系是RW3 > RW2 > RW1；三者最大升力系数和失速角的关系是RW1 > RW2 > RW3；三者阻力系数的关系是RW3 > RW2 > RW1。由于水下机器人在机动运动时，其舵翼常用攻角较小，因此，RW3外形的舵翼比另两种更具优势。

综合比较图5.28和图5.29，水下机器人最终采用翼剖面为M2、外形为RW3的舵翼，其升力系数、阻力系数、升阻比和舵翼外形分别如图5.30和图5.31所示。

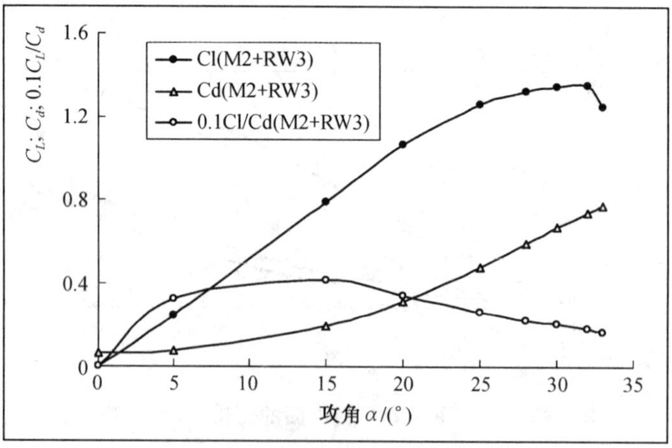

图5.30 舵翼的水动力性能

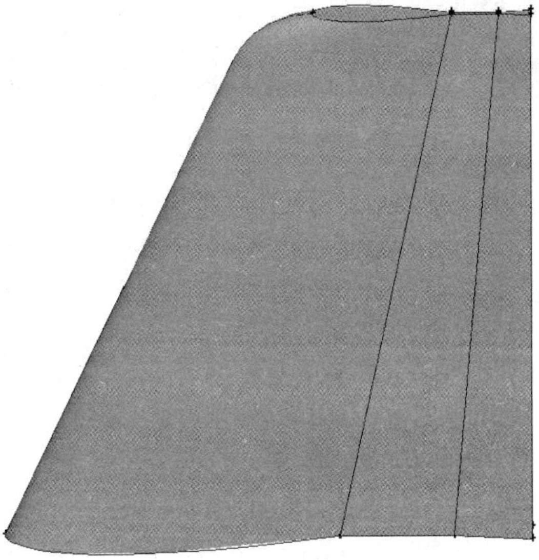

图 5.31　水下机器人的舵翼

第6章　螺旋桨的水动力性能预报

基于面元法理论求解螺旋桨的水动力性能在目前已经十分成熟，但面元法理论所求解的问题有很大的局限性，无法直接处理黏性流场中船桨相互干扰问题，因此引入CFD商业软件预报螺旋桨的水动力性能显得十分必要。本章讨论了三维螺旋桨的几何建模方法、基于滑移网格技术的网格划分方法、边界层的处理方法、壁面Y+值和计算稳定性的判断方法等影响计算精度的关键因素，分析了不同湍流模式对预报结果的影响。

6.1　螺旋桨数值模型的建模方法

目前预报螺旋桨水动力性能的数值方法主要有基于势流理论的升力线方法、升力面方法、面元法和基于Reynolds时均Navier－Stokes方程的黏性流方法。不同的计算方法所使用的螺旋桨数值模型也不相同，因此其建模方法也不相同，即使用同一种计算方法，不同的研究人员由于经验差异，其所采用的建模方法也不完全相同，不同的建模方法生成的几何模型和水池试验模型的差异也有区别。本章从螺旋桨数值模型和水池试验模型误差最小的角度出发，探讨了不同建模方法的差别及建模过程。

6.1.1　螺旋桨的几何参数

为探讨不同建模方法的差别及具体建模过程，以Seiun－Maru HSP螺旋桨为例，给出了两种不同的建模方法。同时，为验证CFD商业软件数值预报螺旋桨水动力性能的适用性，以三种不同类型的螺旋桨为研究对象，研究了均匀伴流场中螺旋桨水动力性能和非均匀伴流场中螺旋桨水动力性能的数值模拟方法，这三种螺旋桨的几何参数如表6.1所示。进行螺旋桨建模还需要螺旋桨桨叶形状参数，本章的三种螺旋桨桨叶形状参数和螺旋桨水动力性能的试验值可参考文献。

表6.1　螺旋桨的参数

参数	DTRC4842	PHS	Seiun－Maru HSP
直径/m	0.371 7	0.240 0	3.600
0.7R处的螺距比	1.488	0.64	0.944
毂径比	0.323	0.150	0.197 2
桨叶数目	5	4	5
侧斜角/(°)	25.42	20.6	45.0
桨叶切面形状	NACA	PHS	Modified SRI－B
转速/(r/min)	600	89	90.7

6.1.2　数值螺旋桨的建模

在生成数值螺旋桨模型之前，首先要对螺旋桨的几何参数和桨叶形状参数作必要的处理，以特定的文件格式导入 Fortran 语言编写的三维螺旋桨型值生成程序生成数值模型的型值，并以所需要的文件格式输出，然后将这些型值导入三维建模软件。

基于三维螺旋桨的型值，有两种建模方法，其建模的基本过程可概括为四步具体方法如下。

（1）第一种建模方法可表述如下：

第一步，利用螺旋桨桨叶的对称性，对三维螺旋桨的型值做必要的删减，只保留一个桨叶和整个桨毂的型值即可，如图 6.1 所示；

第二步，以这些型值为基础，生成光顺的三维曲线，如图 6.2 所示；

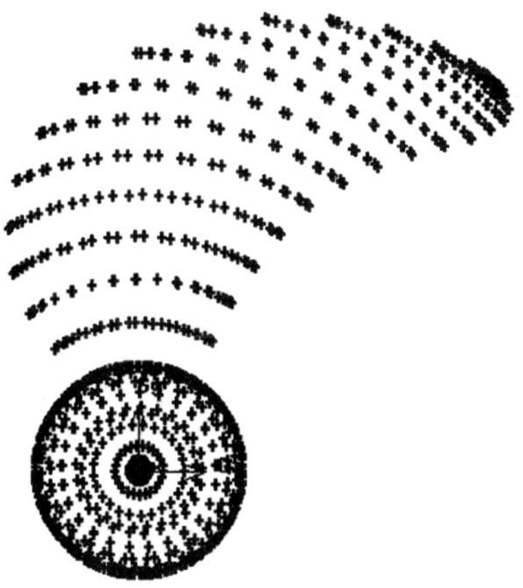

图 6.1　桨叶和桨毂的型值

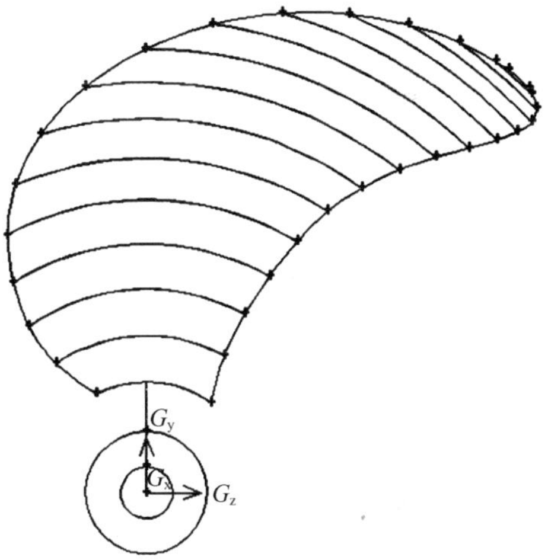

图 6.2　桨叶和桨毂的曲线

第三步，再以这些曲线为基础，生成光顺的三维螺旋桨桨叶和桨毂曲面，如图 6.3 所示；

第四步，基于第三步生成的曲面根据螺旋桨的对称性生成三维螺旋桨几何模型，如图 6.4 所示。

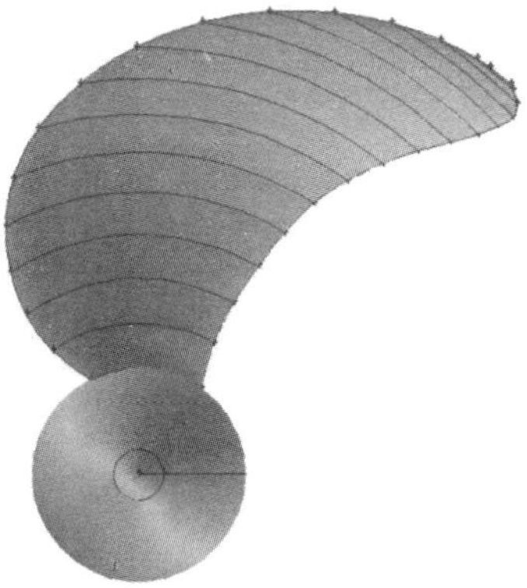

图 6.3　桨叶和桨毂的曲面

图 6.4　三维螺旋桨模型

采用第一种方式建模时,由于桨叶上只有直径方向的曲线,缺少桨叶宽度方向的曲线,当生成桨叶曲面时,很容易在两曲线之间出现表面的凸起或凹陷,图 6.5 给出了第一种建模方法生成桨叶曲面时在桨叶根部出现的凹陷现象。

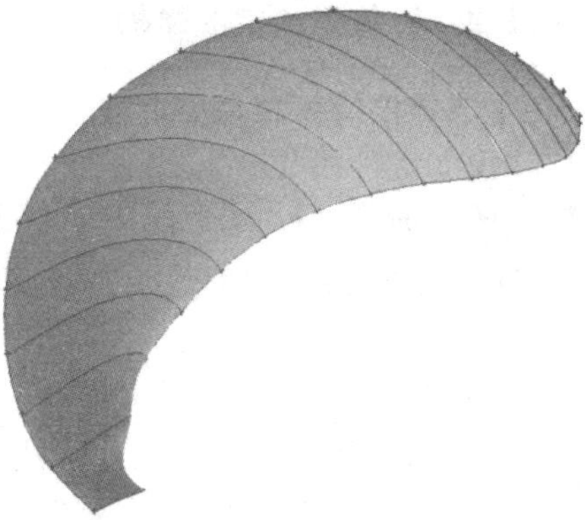

图 6.5　叶根局部凹陷

显然,采用第一种建模方法生成的三维螺旋桨数值模型和试验模型相比,存在较大的误差,为尽可能的消除这种模型误差,必须对第一种建模方法做必要的改进。本章的第二种建模方法是在第一种建模方法的基础上,对造成模型表面凸起或凹陷的第二步和第三步做了必要的修改,第一步和第四步不变。

(2)第二种建模方法的第二步和第三步可表述如下:

第二步,以这些型值为基础,生成光顺的桨叶直径方向和桨叶宽度方向的曲线以及桨毂表面的曲线,图 6.6 给出了第二种建模方法生成的桨叶表面曲线;

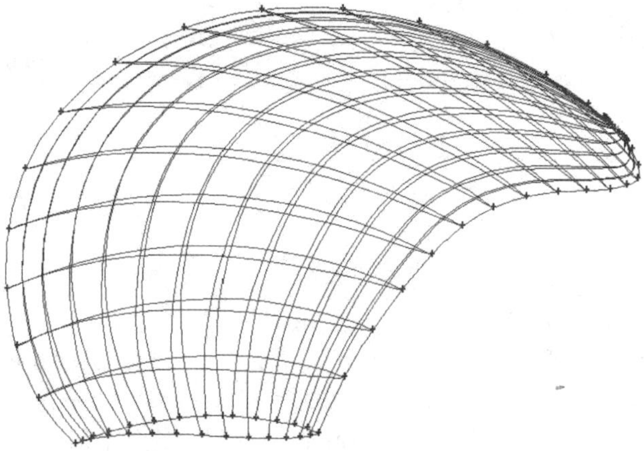

图 6.6　桨叶表面的曲线

第三步,以桨叶直径方向和桨叶宽度方向的曲线为基础,生成光顺的三维螺旋桨桨叶曲面,由桨毂表面的曲线生成桨毂曲面,图 6.7 给出了第二种建模方法生成的桨叶曲面,图 6.8 给出了第二种建模方法生成的三维螺旋桨几何模型。

显然,采用第二种方法建模可保证生成的三维模型完全忠实于原桨模型,从而消除了由于模型误差而带来的计算误差。

进一步比较第一种方法和第二种方法生成的几何模型,就可以发现,除了上文提到的桨叶表面局部凸起或凹陷外,第一种建模方法生成的螺旋桨几何模型的曲线过多地保留在模型上,这对控制域和螺旋桨表面的网格划分十分不利,即便是经过虚表面处理后的模型,在划分网格时也会出现网格质量低或网格划分失败的现象,但是第二种建模方法则不会出现这些对数值模拟十分不利的因素。

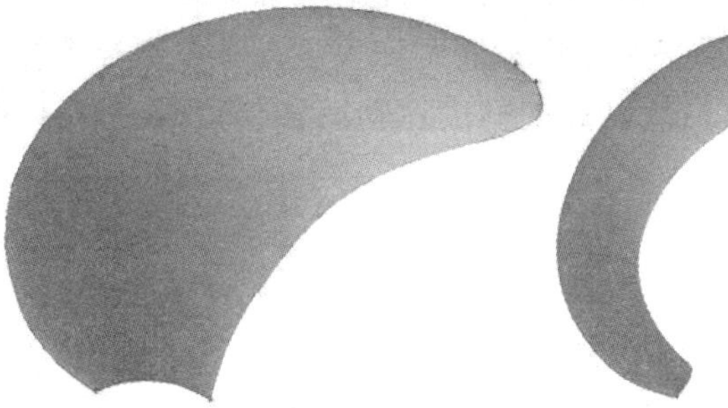

图 6.7　桨叶曲面

图 6.8　三维螺旋桨模型

6.2　螺旋桨定常及非定常模拟的旋转模型

通过求解三维黏性不可压缩雷诺平均纳维－斯托克斯方程(RANS)来预报螺旋桨的水动力性能,在最近几年得到了快速的发展,并取得了较好的预报结果,这使得把螺旋桨直接放在船体伴流场中来考察其与船体甚至舵的相互作用下螺旋桨的水动力性能变得可能。然而,船体伴流场中螺旋桨的性能预报需要首先解决三个关键问题:第一是船体伴流场的精确预报;第二是螺旋桨非定常水动力性能的精确预报;第三是船体伴流场中螺旋桨和船体的这种组合,采用什么样的技术来实现船体以某速度航行而同时螺旋桨以某转速旋转。在螺旋桨水动力性能的精确预报这个关键问题上,国内学者在处理螺旋桨的旋转时采用了不同的旋转模型:蔡荣泉、冯学梅在其文章中利用螺旋桨的周期性,取单个桨叶所在的单通道作为计算域,采用单旋转坐标系模型,使用 FLUENT 软件数值模拟了螺旋桨的性能,其计算结果和试验相比误差可控制在 10% 以内;刘健全等人使用 CFX 求解器,采用多运动参考坐标系对某导管螺旋桨展开研究,获得了较好的预报结果;刘志华等人使用单旋转坐标系模型预报了六个不同螺旋桨的水动力性能,其最大误差可控制在 7% 以内。总的来看,目前的预报精度可以满足研究的要求,然而,无论是单旋转坐标系还是多运动参考坐标系,都无法解决船后螺旋桨非定常性能预报时桨和船体的相对运动问题。显然,目前国内学者研究螺旋桨所采用的方法需要加以改进,才能实现船体伴流场中螺旋桨的非定常性能研究,基于这一原因,这里引入了滑移网格技术来解决螺旋桨水动力性能预报时所遇到的旋转模型问题。

6.2.1　相对运动模型和滑移网格模型

实际的螺旋桨在流场中是以一定的转速绕桨轴旋转的,在目前的基于黏性流场的数值模拟方法中,有两种技术可以实现螺旋桨在定常和非定常数值模拟时的旋转运动。一种是使用相对运动坐标参考系来实现螺旋桨在流场中的旋转,该技术只适用于螺旋桨的定常模拟;另一种是使用动网格技术来模拟实际流场中螺旋桨的旋转运动,该技术比相对运动坐标参考系技术更忠实于螺旋桨的实际运动,由于对网格质量要求高,且技术相对复杂,计算量更大,对计算机硬件的要求也更高,所以目前较少使用,但是如果预报非均匀伴流场中螺旋桨的非定常水动力性能,在目前的技术水平下必须使用动网格技术才能实现。

相对运动坐标参考系模型包括单旋转运动参考坐标系模型和多运动参考坐标系模型,两者都假定流场是定常的,从而使问题简化,当然计算的精度比动网格模型低。滑移网格模型认为流场是非定常的,数值模拟完全忠实于流场中旋转物体间十分强烈的相互作用,从而保证了数值模拟的精确度。

6.2.2 滑移网格模型的求解原理

滑移网格技术的基本原理是将流场网格划分成两个大的部分,即静止部分和滑动部分,两部分网格有自己独立的网格形式和网格边界面,两部分边界面的组合称为交界面,如图6.9 所示,静止部分和滑动部分以交界面实现相互滑动,并且不要求交界面两侧的网格节点相互重合,通过计算交界面两侧的通量,使其相等。为了计算交界面的通量,首先在每一个新的时间步确定出交界面两边交界区的重合面,通过网格重合面的通量由交界面两边交界区的重合面计算。交界面区域是由 A – B,B – C 和 D – E,E – F 所组成,如图 6.10 所示。这两个区域的相交产生 d – b,b – e 和 e – c,两个网格单元区块在 d – b,b – e 和 e – c 上的重叠构成了内部区域。为计算通过单元Ⅲ的通量(D – E 上),在计算过程中将不考虑 D – E,而是由 d – b 和 b – e 来代替,通过 d – b 和 b – e 分别由单元Ⅰ和单元Ⅱ把流场信息带入到单元Ⅲ中。

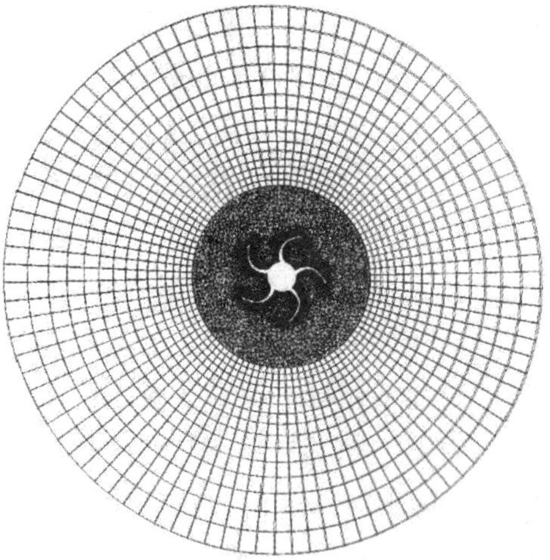

图 6.9　静止区域和滑动区域的网格

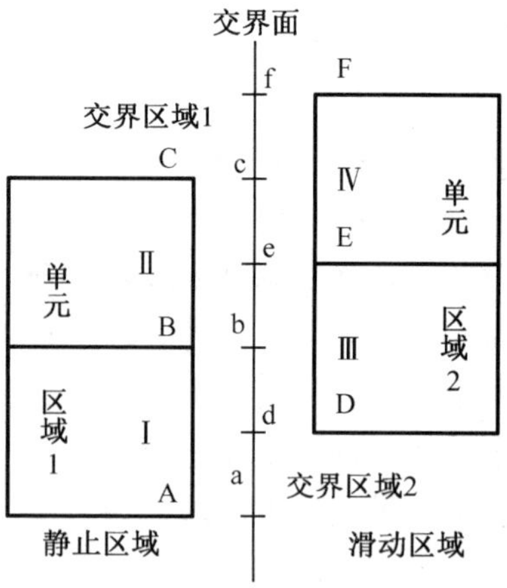

图 6.10　静止网格和滑移网格间数据传递原理

6.3 网格的划分与边界条件的设置

6.3.1 网格的划分

在得到完整的几何模型后，还需要根据待研究问题的特点在其外围生成足够大的控制域。一般而言，以几何模型的特征长度为基准，向其外部空间扩大5～20倍的特征长度即可得到满足运算要求的控制域，并通过布尔运算得到最终的计算域。

计算域要先做离散化处理，也就是划分流场网格，才能进行数值求解。目前，有很多的网格划分软件，有的是CFD软件自带的前处理网格划分工具，有的则是针对各种CFD软件设计的通用网格划分软件，共引入GAMBIT，ICEM CFD和Tgrid这三种网格划分软件，它们各有特点和自己擅长的网格划分模块。在生成结构化网格和非结构化网格方面，GAMBIT和ICEM CFD都能快速方便地生成高质量的流场网格，但是如果计算机性能较差，内存容量较小，那么生成同样数量的网格时，ICEM CFD的效率更高，并且在同一台PC机上，ICEM CFD软件可生成的网格总数比GAMBIT多；对于三维黏性绕流问题，如果考虑生成边界层网格，对于复杂几何外形来说，要得到高质量的边界层网格，首选的网格生成软件则是ICEM CFD和Tgrid；如果在求解器里需要使用动网格技术，那么其生成网格的首选软件是GAMBIT。

面对众多的网格划分软件，需要根据待研究问题的特点寻求最佳的网格划分工具，合适的网格划分工具可以加速问题的求解，不合适的网格划分工具不仅得不到理想的网格，往往也成为解决问题的障碍。

考虑到本章的螺旋桨模型较多，外形各不相同，适合采用混合网格来离散流场，并且为提高计算精度和研究CFD软件使用特点，以及得到较高质量的流场网格，选用GAMBIT，ICEM CFD和Tgrid这三个软件共同完成流场的网格划分。为缩短计算时间、提高研究效率和使模型误差最小化，本章对整个计算流场进行模块化处理，即把整个计算域分成两块，分别为包含螺旋桨和螺旋桨一起做旋转运动的内流场以及静止的外流场，如图6.11所示。内流场采用统一网格质量的网格节点间距、体网格大小、网格外推比例、边界层网格等网格生成参数，从而保证了不同的计算模型拥有一样的计算网格；外流场由六面体网格构成，从而达到减少网格数量和提高网格质量的目的。利用ICEM CFD软件所具有的合并网格功能，所有计算模型使用同一个外流场网格，将含有各螺旋桨模型的内流场网格分别和同一个外流场网格合并，构成整个计算域的网格，从而使整个网格划分过程模块化、标准化，保证了所有的螺旋桨模型在数值计算时具有相同的高质量网格，提高了网格划分的效率，进而缩短研究时间。

网格划分时，整个流场设置成圆柱形，外圆柱静止不动，模拟实际流场，内圆柱包含螺旋桨，和螺旋桨一起以给定的转速旋转，模拟螺旋桨的实际转动，静止部分和转动部分通过界面交换各种物理量并保证其守恒。整个流场以螺旋桨母线和旋转轴及其交点为基准，分别向速度入口方向、压力出口方向以及螺旋桨直径方向延伸2倍、3倍和5倍的螺旋桨直径。在流场的静止部分使用ICEM CFD生成高质量的六面体结构化网格单元，在流场的旋转部分使用Tgrid软件生成非结构混合网格。在生成旋转部分的混合网格时，首先在桨叶和桨毂表面生成三角形面网格（桨叶及桨毂表面网格如图6.12所示），每个桨叶的面网格

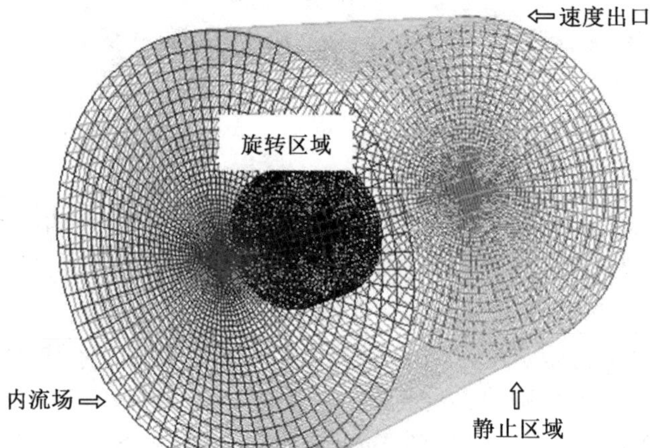

图 6.11　流场分块

图 6.12　螺旋桨面网格

数量可根据计算机的内存容量控制在 15 000 ~ 40 000 之间，过少的面网格不足以代表桨叶表面的形状，会严重影响预报的精度甚至得不到合理的计算结果。当然，过多的网格数量需要更高的计算机性能并花费更高的计算成本，但是过多的网格数量所带来的计算精度的提高并不十分显著。为得到高质量的计算网格，在生成面网格时要尽可能地提高面网格的网格质量，并且面网格的扭曲度应控制在 0.3 以内，这对后期保证高质量的边界层网格和体网格来说是十分必要的。然后再以桨叶和桨毂的面网格为基础在桨叶和桨毂表面周围生成棱柱体边界层网格，在生成棱柱体边界层网格时，相邻边界层网格节点之间的递增比例应控制在 1.2 以内，以保证边界层网格的网格质量。最后再以四面体网格单元填充内圆柱剩余部分，最终外圆柱生成 43 万个六面体网格单元，内圆柱生成 316 万个混合网格单元。

在划分内圆柱网格时，为了更好地求解螺旋桨壁面周围的湍流边界层，在桨毂及桨叶周围生成边界层网格是十分必要的，而且近壁区域网格的质量是湍流模型能否恰当地求解湍流边界层的关键。判断湍流边界层区域网格质量的好坏有两个基本标准，一个是两个节点之间的最小距离，其中离开壁面的第一个节点与壁面之间的距离最为关键，它是以 Y + 值来体现的；另一个是边界层内的最少节点数，即有几层这样的网格。通常，根据湍流模型的不同和雷诺数的不同，Y + 值有不同的取值范围，这里实际计算时的 Y + 值如图 6.13 所示，而边界层内的节点数一般取 3 ~ 5 个就可以满足计算要求。

6.3.2　边界条件的设置

对于均匀伴流场中螺旋桨的非定常数值模拟来说，边界条件分为五个部分，分别是速度入口（Inlet）、压力出口（Pressure Out）、界面（Interface）、壁面（Wall）和远场边界条件。由于不考虑空泡，速度入口处给定来流速度，来流的参考压力设为 0，同样压力出口的静压力也设置为 0，壁面设为不可穿透的光滑壁面，远场边界条件可以设置为自由面，流体可以自由穿过。

非均匀伴流场中螺旋桨的非定常数值模拟只有速度入口的设置与均匀来流不同，其他边界条件完全一样。为实现伴流场的非均匀性，应用 FLUENT 软件提供的 UDF 自定义函数接口，将作者编写的非均匀伴流场控制程序和求解器的湍流模型结合起来，最终实现非均匀伴流场中螺旋桨的非定常数值模拟，桨盘面处伴流分数的分布如图 6.14 所示。

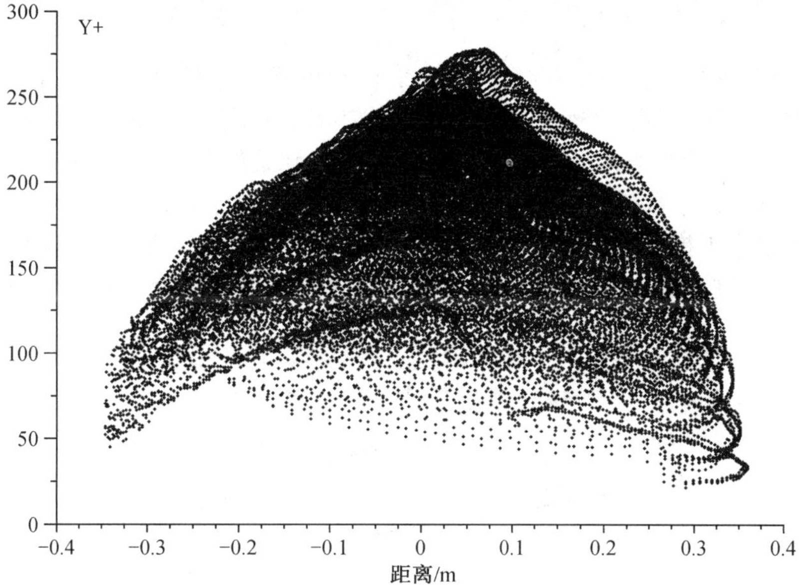

图 6.13　壁面 Y+值

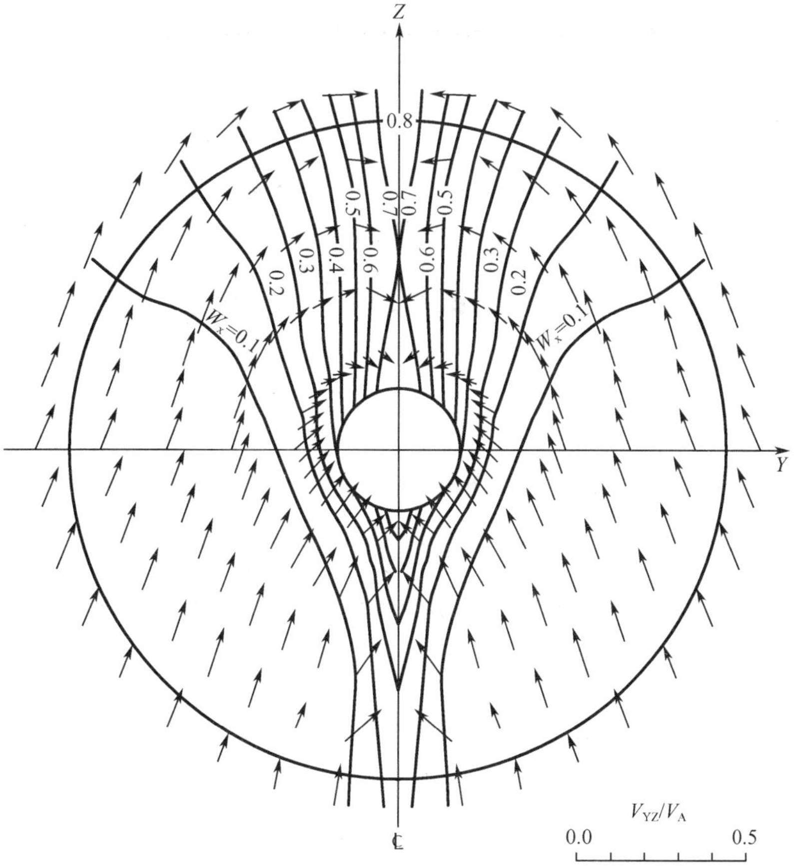

图 6.14　伴流分数的分布

6.4 均匀伴流场中螺旋桨水动力性能的预报

在均匀伴流场中研究了 DTRC4842 螺旋桨和 PHS 螺旋桨的敞水性能，由表 2.1 可知，这两个螺旋桨各属于不同的类型，具有一定的代表性，同时，为验证数值模拟方法的正确性，将计算结果和试验数据做了对比分析。计算中螺旋桨的转速不变，采用改变来流速度大小的方式实现进速系数的变化。DTRC4842 螺旋桨的进速系数在 0.5 ~ 1.3，图 6.15 是该桨在不同进速系数下推力系数和转矩系数的计算值和试验值。PHS 螺旋桨的进速系数在 0.1 ~ 0.7，其不同进速系数下推力系数和转矩系数的计算值及试验值如图 6.16 所示。

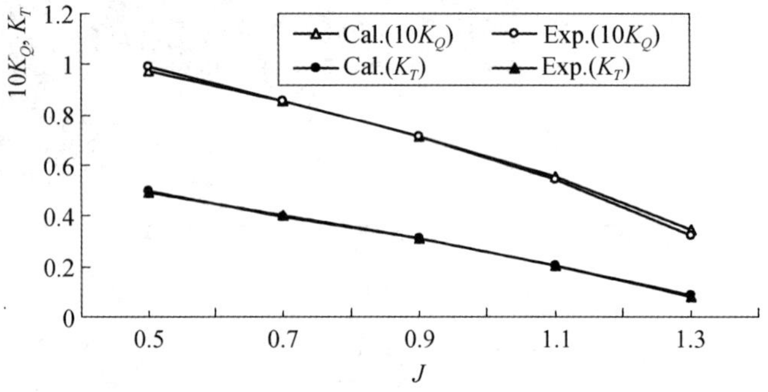

图 6.15　DTRC4842 螺旋桨的推力系数和转矩系数

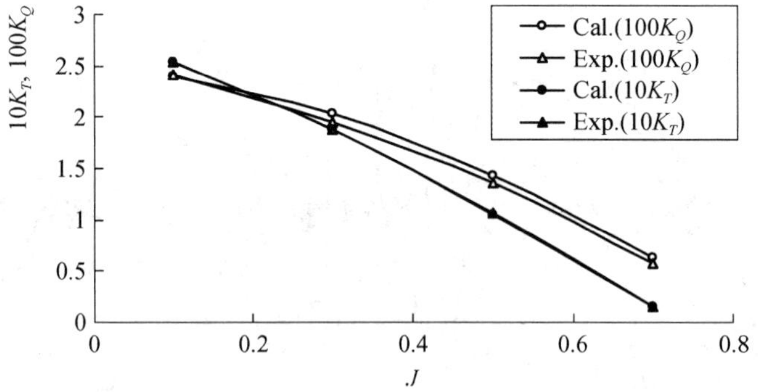

图 6.16　PHS 螺旋桨的推力系数和转矩系数

由计算值与试验值的比较可得，两个螺旋桨的推力系数和转矩系数的计算结果和试验结果吻合得都很好，推力系数的计算误差最大可控制在 2% 以内，转矩系数的误差最大可控制在 7% 以内。

6.5 非均匀伴流场中螺旋桨非定常水动力性能的预报

模拟了非均匀伴流场中 Seiun - Maru HSP 螺旋桨的非定常水动力性能。时间步长设置为0.001 838 s,这样每个时间步螺旋桨旋转1.0°。为了使模拟值和试验值具有可比性,数值模拟的各种条件均和文献一致。

6.5.1 计算稳定性的判断与分析

对于均匀伴流场而言,在某一进速下,螺旋桨的水动力系数最终趋于稳定,图6.17为DTRC4842螺旋桨在 $J=0.7$ 时推力系数随计算时间的变化曲线,从图可以看出,在0.034 s之后,计算已趋于稳定,可以认为此时的推力系数即为模拟的结果。对于非均匀伴流场来说,由于同一进速系数下螺旋桨的水动力系数不断变化,需要在一个完整周期上考察数值模拟的稳定性。因此,提取了某一个桨叶在桨盘面不同位置的推力系数,比较每个周期同一位置上同一个桨叶的推力系数,从而判断计算的稳定性,图6.18为 Seiun - Maru HSP 螺旋桨一个桨叶在第二、第三和第四个周期上的推力系数随位置的变化曲线,从图中可以看出,在第三个周期之后,计算趋于稳定,第三个周期和第四个周期的曲线已经重合。

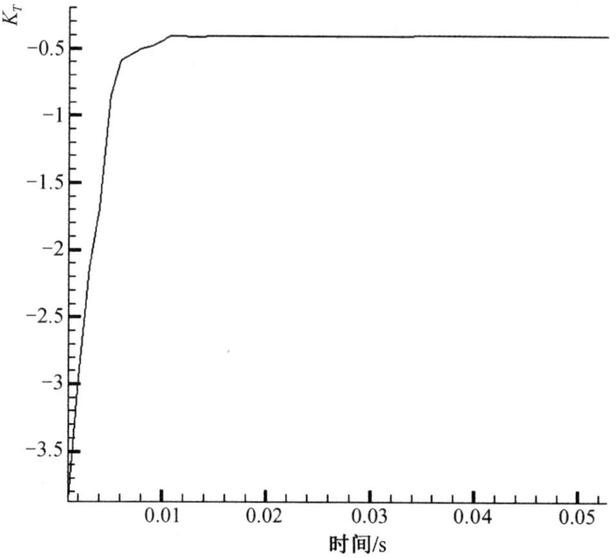

图6.17　均匀流场计算的稳定性判断

6.5.2 湍流模型的比较与分析

Takayuki Watanabe 曾在其论文中提到使用 $\kappa-\omega$ 湍流模型模拟非均匀伴流场中螺旋桨的非定常水动力性能,考虑到 $\kappa-\omega$ 湍流模型包括标准 κ-ω 湍流模型和 SST$\kappa-\omega$ 湍流模型,对这两种湍流模型预报非均匀伴流场中螺旋桨的非定常水动力性能进行了对比分析,其中包括有剪切流修正的标准 $\kappa-\omega$ 湍流模型(简称 sfc$\kappa-\omega$ 湍流模型),这三种湍流模型的计算结果如图6.19所示。从图6.19中可以看出,标准 $\kappa-\omega$ 湍流模型和 SST$\kappa-\omega$ 湍流模型的预报结果差别不大,但是在实际计算中,标准 $\kappa-\omega$ 湍流模型每个时间步所需计算时间最短,所以选取标准 $\kappa-\omega$ 湍流模型作为数值模拟的湍流模型。

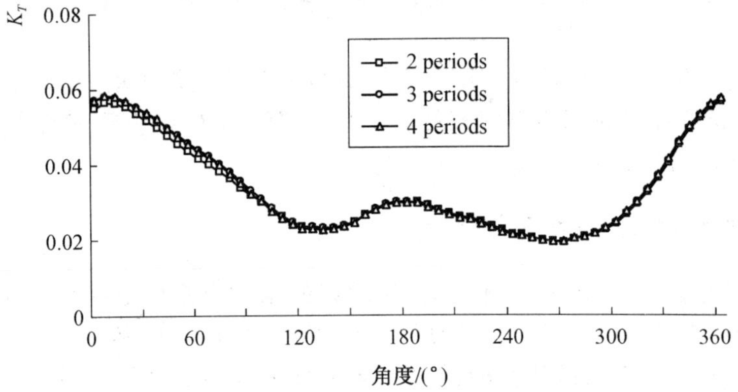

图 6.18　非均匀伴流场计算的稳定性判断

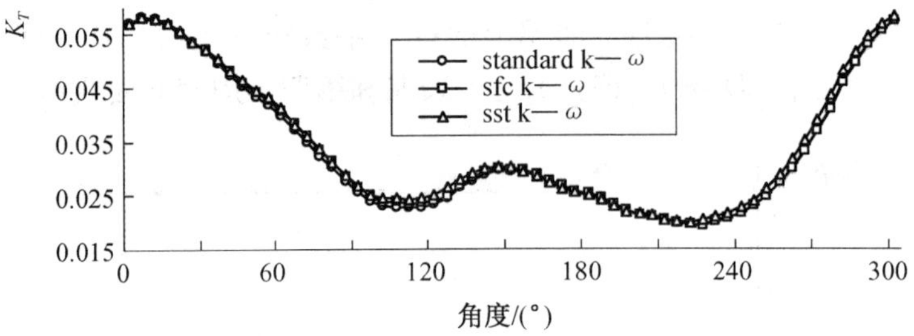

图 6.19　湍流模型的比较

6.5.3　计算结果及分析

图 6.20 为 $J=0.85$ 时非均匀伴流场中 Seiun - Maru HSP 螺旋桨在一个周期的不同位置处的推力系数和力矩系数曲线,并和试验值进行了比较。图 6.21 为非均匀伴流场中一个桨叶的推力系数和力矩系数在一个周期上不同位置处的波动变化,文献值是采用面元法计算得到的。图 6.22 和图 6.23 为一个桨叶在 0°和 180°时,在 0.7R 处桨叶叶背和叶面的弦向压力分布,图中 0°在桨盘面正上方,相应的 180°在其正下方。

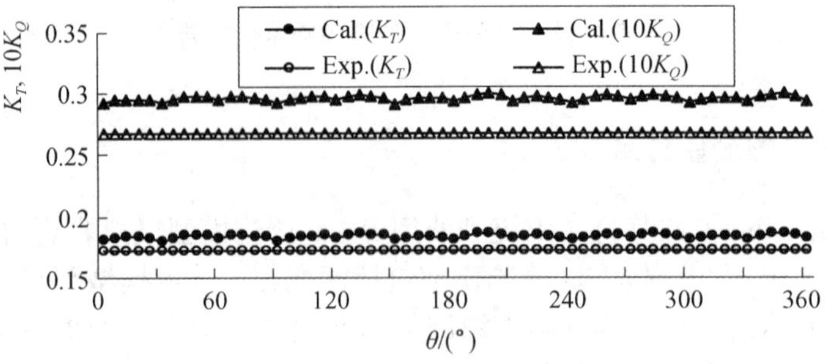

图 6.20　$J=0.85$ 时螺旋桨的性征曲线

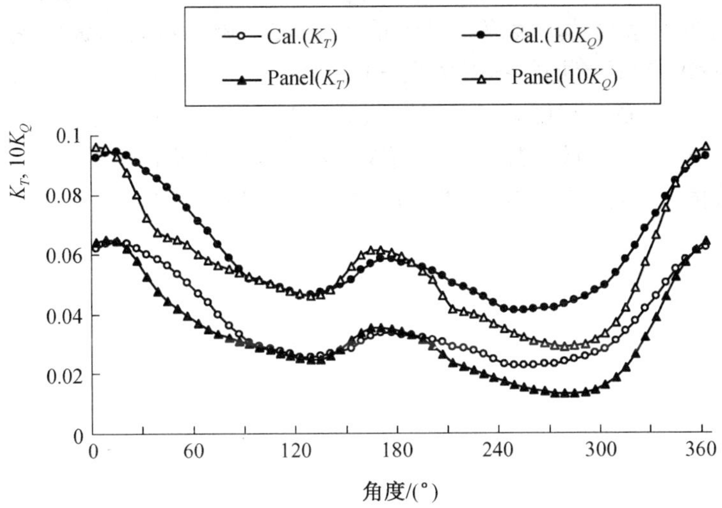

图 6.21　非均匀流中一个桨叶的推力系数和力矩系数在一个旋转周上不同位置处的波动变化

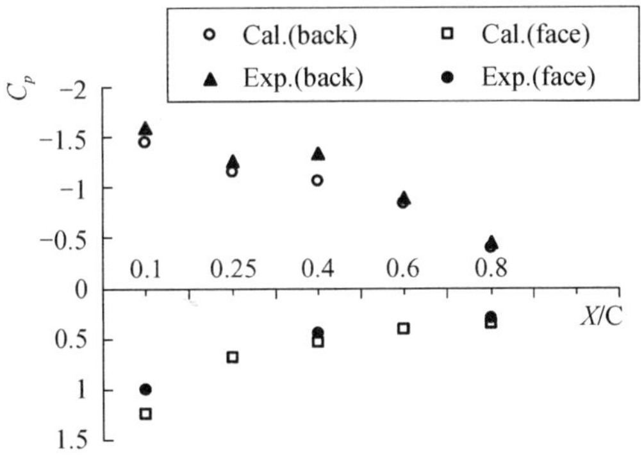

图 6.22　0°时螺旋桨 0.7*R* 处的弦向压力系数分布

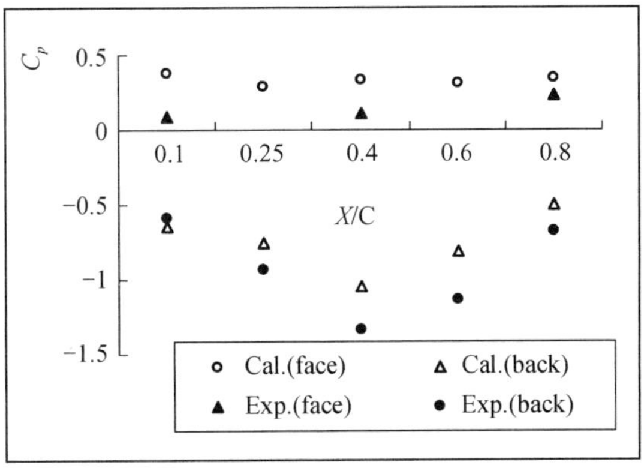

图 6.23　180°时螺旋桨 0.7*R* 处的弦向压力系数分布

从图6.20可以看出,非均匀伴流场中,整个桨的推力系数和力矩系数呈周期性变化,变化周期为30°,且推力系数的最大值比试验值大7%,力矩系数的最大值比试验值大10%。从图6.21可以看出,黏性流场的预报值在36°~78°和210°~318°这两个区间内和面元法相比,推力系数和力矩系数都偏大,但总体的趋势吻合得非常好。比较图6.22和图6.23的螺旋桨弦向压力系数分布可以得出,在0°位置,计算值和试验值吻合很好,在180°的位置,叶背的压力系数偏小,叶面的压力系数总体偏大,但总体趋势吻合很好。

第7章　船体伴流场的预报

为了使船舶能保持一定的速度向前航行,必须供给它一定的推力以克服船体的阻力,螺旋桨是目前使用最广泛的船舶推进器。由于船体和螺旋桨的几何形状复杂,而且船体本身的绕流也是一种高度复杂的三维流动,因此,在艉部容易出现流线的聚散和流线曲率较强烈的变化,如存在逆压梯度、流动的纵向与横向分离和纵向涡,再加上螺旋桨的旋转和抽吸作用,使得整个艉部流动变化剧烈,导致螺旋桨盘面处的伴流分布呈现非定常性和不均匀性。螺旋桨在非定常、不均匀伴流场中运转时,不同半径处的进速不同,即使在同一半径上,周向各点进速也不同,也就是在螺旋桨的一个周期内,叶剖面处在不同的进速下工作,导致每个桨叶剖面的来流攻角也相应地变化,降低了螺旋桨的推进效率。船尾伴流场的不均匀性还可诱发螺旋桨工作时空泡的产生,在螺旋桨的一个周期内,时生时灭的空泡导致了桨叶剥蚀损伤,而且在船体表面上产生极大的脉动压力,其数值大大超过无空泡条件下螺旋桨诱导的脉动压力,也能引起船尾剧烈振动。可见,船后螺旋桨在不均匀尾流中引起的空泡、脉动压力都是水动力噪声的重要来源。因此,研究船体的尾部流动特性,对于螺旋桨的减震降噪和效率的提高以及燃料节省是至关重要的。而且,不同的船体尾型将产生不同的尾部伴流场,对船体的尾部流动特性的研究也是合理设计螺旋桨和船体型线的依据。

此外,为了避免由尾流的非定常和不均匀而导致的螺旋桨空泡剥蚀、激振振动、噪声以及效率降低等现象,在螺旋桨设计时采用比较先进的螺旋桨设计方法,使螺旋桨与船后来流相适应,该方法称为适伴流螺旋桨设计。但是目前适伴流螺旋桨设计方法中采用的船后来流是用标称伴流分布(没有螺旋桨时船后桨盘面处的伴流分布)乘以修正常数所得。而螺旋桨在船后运转时,由于螺旋桨与船体伴流之间相互影响,螺旋桨实际遭受的来流速度分布(称为实效速度分布,它的定义是有运转螺旋桨时的船后速度场减去螺旋桨本身的诱导速度场)与标称速度分布之间有明显的差别,特别是在桨毂部差别更大。另一方面,从试验上来说,即使目前最先进的激光测试技术也无法测出螺旋桨盘面处的实际伴流分布,因此用CFD技术来预报桨盘面处的伴流分布在理论研究上显得十分必要。CFD方法不但能预报出水动力系数,而且能显示出水池试验难以获得的流场流动细节。

本章结合某肥大型船标称伴流场的预报,探讨了三维船体几何模型的建模方法、适合肥大型船伴流场数值模拟的网格划分方法和湍流模式的适用性。

7.1　三维船体几何模型的建模方法

为缩小数值计算所用的数值船体模型和水池试验的实物船体模型之间的差异,最大限度减小数值计算中由于计算模型而造成的计算误差,采用合适的三维船体模型的建模方法是十分必要的。本章以某散货船为对象来阐述三维船体几何模型的建模方法。

7.1.1 实船船体型线图

该船实船船长 283.4 m,船宽 45 m,吃水 16.5 m,方形系数 0.82,模型的缩尺比为 1/38.18。实船的横剖线如图 7.1 所示,由于该船属于肥大型船,船体中部型线近似为直线,故纵剖线图和半宽水线图仅给出船首尾部分,分别如图 7.2、图 7.3、图 7.4 和图 7.5 所示。

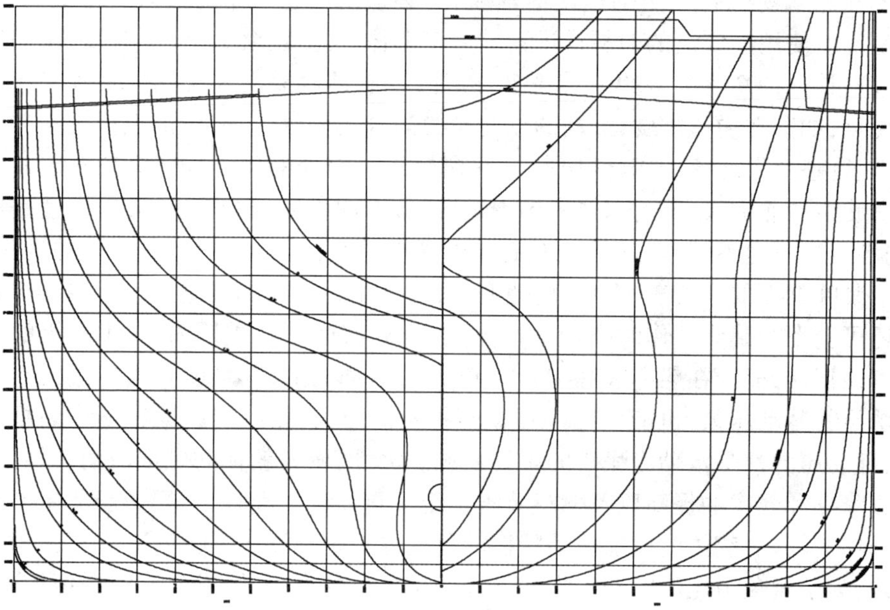

图 7.1 横剖线图

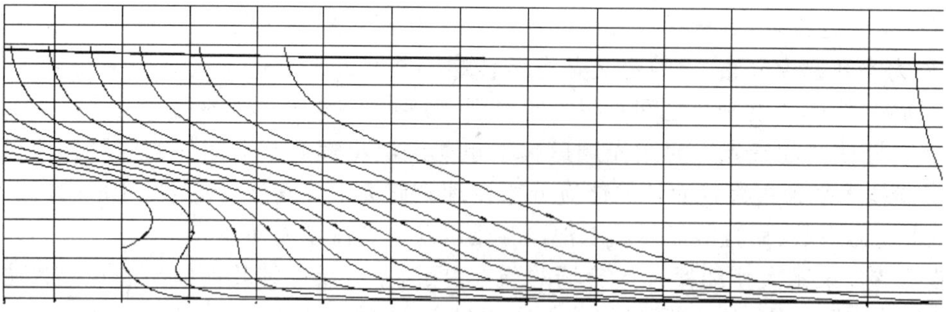

图 7.2 船尾纵剖线图

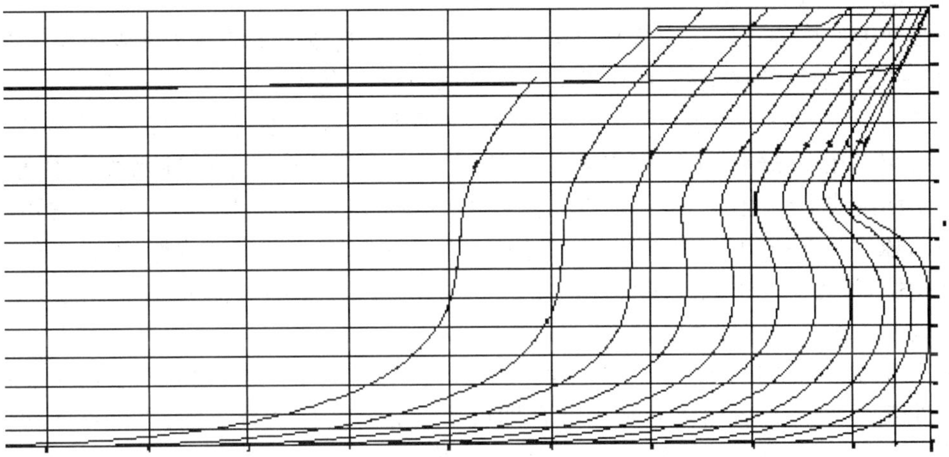

图 7.3　船首纵剖线图

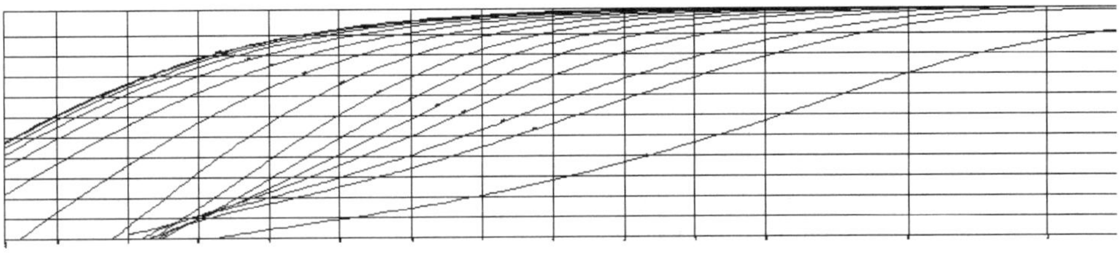

图 7.4　船尾半宽水线图

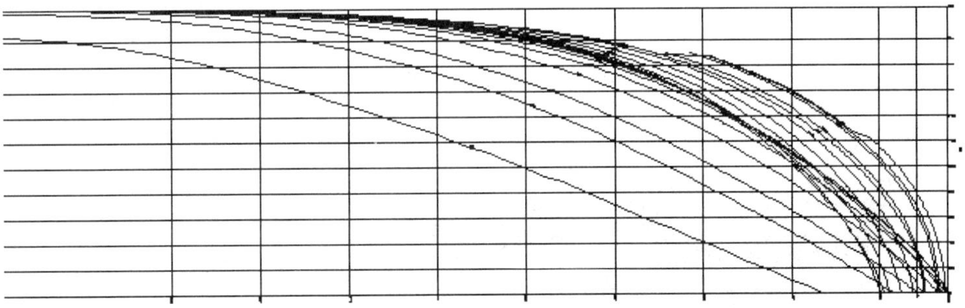

图 7.5　船首半宽水线图

7.1.2　三维数值船体的建模

三维数值船体的建模是基于实船船体型线，利用各种建模软件来实现的。不论采用哪种建模软件，根据建模时所采用的船体型线的不同，这里将建模的方法分为三种，这三种方法的基本步骤基本一致。这三种方法的建模区别可表达如下：第一种方法仅根据船体的横剖线来生成数值船体；第二种方法根据船体的横剖线和半宽水线来生成数值船体；第三种方法根据船体的横剖线、纵剖线和半宽水线来生成数值船体。采用这三种方法所生成的三维数值船模和实船船模相比，其建模误差依次减少，且第三种方法所建的数值船模可以做到和实船船模一致。

三维数值船体的具体建模步骤以第三种方法为例,其建模步骤基本可概括为三步:

第一步,将船体的横剖线、纵剖线和半宽水线分别闭合并生成面域;

第二步,首先将中纵剖线和中横剖线生成的面域导入三维建模软件,将各横剖线与中纵剖线的交点在中纵剖线上标记出来(以站号表示),将各纵剖线和半宽水线与中横剖线的交点在中横剖线上标记出来(分别以纵剖线离中线面的距离和水线离基平面的距离来表示),然后依次将各横剖线、纵剖线和半宽水线生成的面域导入建模软件,以各自的交点校对各自的位置,为避免生成三维面域时由控制线的稀疏造成的船体表面局部凸起或凹陷,常常将横剖线做必要的加密处理,如图 7.6 所示;

第三步,以相邻的两横剖线和两横剖线所夹的纵剖线、半宽水线为控制线,生成该部分船体的外表面,把各部分船体外表面缝合即可生成完整船体的外表面,再以这些面作为三维船体的控制面,最终生成三维船体,如图 7.7 所示。

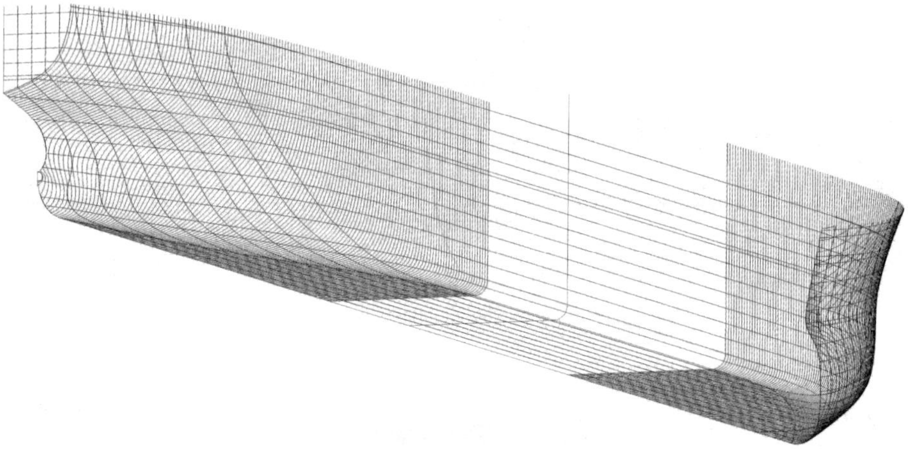

图 7.6　三维船体型线图

图 7.7　某散货船的船尾三维数值船模

7.2　计算域的生成及网格的划分

用 CFD 方法预报船舶的标称伴流，在进行流场求解计算时，首先要将计算区域离散化，即划分网格。从目前发表的论文来看，在计算船舶流体力学中，出现了各种各样的网格划分方式，主要有单块结构化网格、多块结构化网格和非结构化网格，他们各有优缺点和相应的适用范围。为此，本节综合考虑了结构化和非结构化网格的优缺点，并针对肥大型船舶体几何形状的复杂性，采用了一种适应性更强的网格划分方式——分块网格和结构化与非结构化混合的多重网格方法，这种网格划分方法在船舶 CFD 领域有着更多的应用。

本节以某肥大型散货船为例，研究了适合肥大型船的网格划分方法，较为详细地探讨了包括船体表面网格划分方法、流场及桨盘面局部加密方法和近壁区域网格划分方法在内的共 9 种网格划分方式对计算结果所造成的不同影响。这 9 种网格划分方法的命名和所对应的网格划分对象及要点如表 7.1 所示。

表 7.1　不同网格划分方法所时应的划分要点

网格划分方法		网格划分要点
船体表面网格的划分方法	第 1 种方法	忽略舭部曲率大的特点，网格尺度均取 0.8 m
	第 2 种方法	舭部网格尺度取 0.3 m，且随着船体表面曲率变小，网格尺度逐渐增加到 0.8 m
流场及桨盘面局部加密方法	第 3 种方法	沿径向 1.5 倍螺旋桨直径，沿轴向 1 倍螺旋桨直径形成椭球型的加密流场
	第 4 种方法	沿径向 1.5 倍螺旋桨直径，沿轴向向船尾延伸 1 倍螺旋桨直径、向船首延伸 4 倍螺旋桨直径，形成圆柱型的加密流场
近壁区域网格划分方法	第 5 种方法	不考虑边界层
	第 6 种方法	考虑边界层，且边界层内的节点数设为 1
	第 7 种方法	考虑边界层，且边界层内的节点数设为 3
	第 8 种方法	考虑边界层，且边界层内的节点数设为 5
	第 9 种方法	考虑边界层，且边界层内的节点数设为 7

7.2.1　计算域的生成

由于船体关于中线面对称，并且数值计算的主要目的是获得船后螺旋桨桨盘面处的伴流分布，因此利用黏性流场的对称性，计算域可采用叠模法处理，即只考虑半个船体的流场。采用叠模法处理流场可使计算网格数量减半以减轻数值模拟对计算机硬件的过高要求，其计算结果和模拟完整船体伴流场的计算结果相比没有实质上的差别。经多次比较，合适的计算域可从船首向前延伸 1 个船长，从船尾向后延伸 4 个船长，沿宽度方向延伸 5 个半宽，深度方向延伸 7 个吃水。

7.2.2 计算域的分块方法和网格尺度及数量的控制

划分网格首先要考虑两个问题,也就是网格尺度和网格数量问题。对于网格数量问题,一切应该以能否得到满足精度要求的计算结果为准,过于追求细密型网格并不一定能很好地解决问题,相反,这必然会受到计算机硬件方面的限制。G. D. Tabirasgd 在其论文中指出:在网格尺度达到某一下限值之后,数值计算的结果对网格精度的变化不再敏感,网格精度提高 50%,其计算结果变化很小。显然,网格尺度应以满足计算精度为宜,而网格数量在大多数情况下常常受计算机内存的限制,求解任何一个 CFD 问题都要求既具有足够分辨率的网格尺度又要使网格数量控制在计算机硬件可承受的范围内。

针对肥大型船的外流场是一个长 1 700.4 m、宽 135 m、高 115 m 的长方体,显然如果网格尺度选取不当,生成的网格数将远远超出计算机的内存容量。为了使计算域中流体流动受船体几何外形影响较大的区域有足够分辨率的网格,需要将计算域分块。其优点主要表现在以下三个方面。

(1)能将较大的计算域分成船体近流场控制域和远流场控制域,在较小的船体近流场控制域使用非结构化网格以适应复杂的船体外形,由于控制域较小,可以有效地控制网格数量;

(2)在远流场控制域生成结构化网格,既保证了网格的质量,又进一步减少了网格数量;

(3)在结构化网格和非结构化网格之间用棱柱体网格和金字塔体网格进行衔接,加快计算收敛速度,减少机时需求。

在实际计算中,经多次尝试发现,流体流动受船体几何外形影响较大的区域分布在离船体表面大概半个船宽的距离内,如图 7.8 所示。据此可将计算域分为两块,即船体近流场控制域和远流场控制域,其中近流场控制域以设计水线面、中线面和中站面为基准,向外延伸半个船宽的距离,生成一个长方体,剩余部分为远流场控制域,其分块方式如图 7.9 所示。

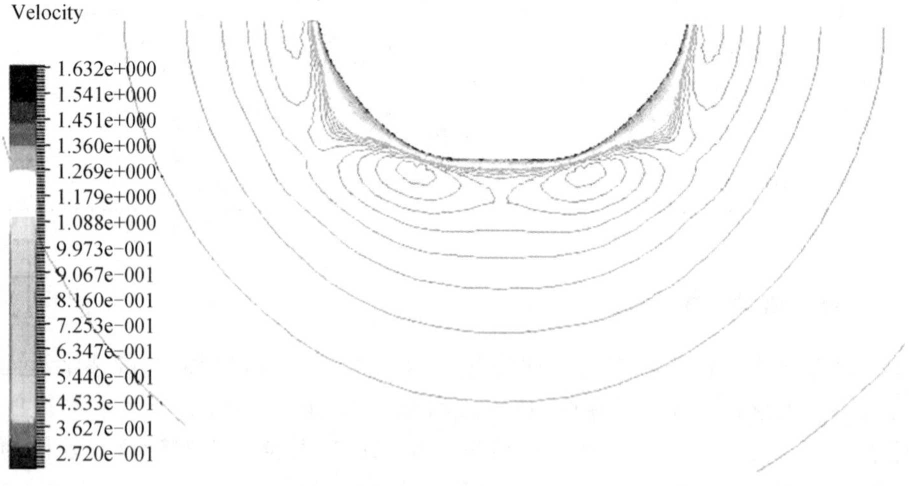

图 7.8 船模周围流场速度分布

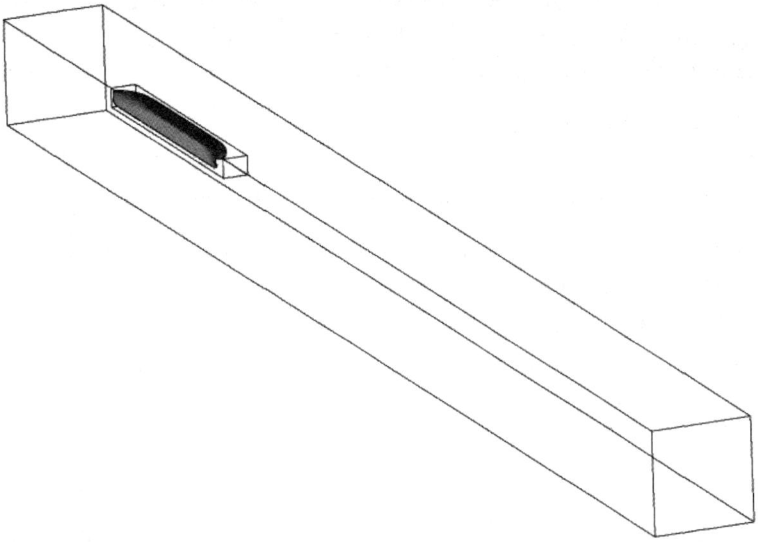

图 7.9　流场的分块

在近流场控制域,考虑到螺旋桨的半径为 4.2 m,且该处是整个计算域中对网格质量和精度要求最高的地方,因此近流场控制域的最大网格尺度取 2 m,最小网格尺度取 0.2 m。显然,对于肥大型船来说,整个计算域是很大的,需要控制网格的数量,对于 2 GB 的内存来说,270 万个网格是上限。在对网格相关参数设置时,采取在船体表面设定较小的网格尺度,在近流场控制域外表面设定较大的网格尺度的方法,这样生成体网格时,一方面能够合理地减少网格数目,另一方面也能较准确地捕捉到近船体区域的流动特性。远流场控制域网格则以近流场控制域外表面网格为基础,并以小于 1.2 的增长比例外推生成结构化网格,整个流场网格划分如图 7.10 所示。

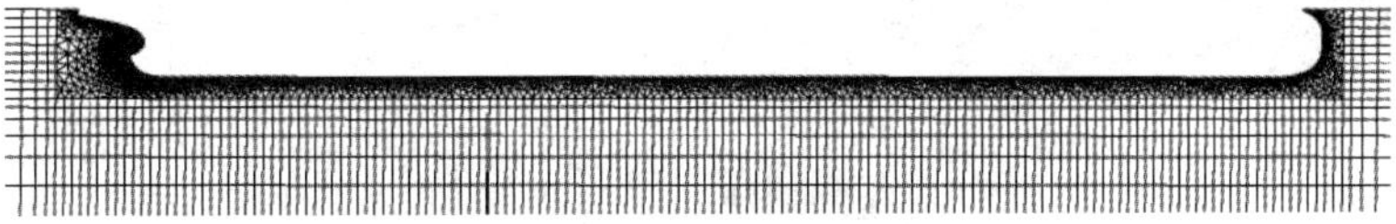

图 7.10　流场网格的划分

7.2.3　船体表面网格划分方法对计算结果的影响

由于计算机内存的限制,网格数需控制在 270 万之内,而船体表面网格的尺度大小对网格总数起决定作用。较小尺度的网格能准确反映船体表面曲率的变化,精确地捕捉到由于曲率变化而产生的流动细节,当然网格数也成倍增加。较大尺度的网格虽然可以极大地降低网格数,但是在船体表面曲率较大的地方却不能反映出相应的流动细节。数值模拟的目的就是为了准确地捕捉到肥大型船桨盘面处的伴流特征——因艉涡影响而导致的桨盘面局部区域伴流较大,因此有必要对不同的艉部网格划分方式及其对计算结果的影响做一个探讨。

肥大型船的一个显著特点是船体尾部曲率大，船中附近曲率小，近似为圆角矩形，为了比较出船体表面网格尤其是艉部网格划分方法不同对尾流场的影响，这里给出了两种典型的划分方式。这两种方式分别命名为第 1 种网格划分方法和第 2 网格划分种方法，都以螺旋桨轴包套为基准向船首方向进行网格加密，加密部分网格尺度取 0.2 m，船尾和船首曲率较大的地方网格尺度取 0.3 m，唯一不同之处是对船体艉部网格的处理。第 1 种方法忽略艉部曲率大的特点，将其和船中一样处理，网格尺度均取 0.8 m，网格如图 7.11 所示；第 2 种方法是将艉部网格尺度取为 0.3 m，且随着曲率变小，网格尺度逐渐增加到 0.8 m，船体其他部分网格尺度取 0.8 m，网格如图 7.12 所示。两者网格预报的结果如图 7.13 和图 7.14 所示，试验值如图 7.15 所示。从计算结果可以看出，船体表面网格的疏密对计算结果有极大的影响，第 1 种网格划分方式在预报伴流分数时是失败的，第 2 种网格划分方式预报的结果和试验值极为吻合，达到了数值模拟的目的。

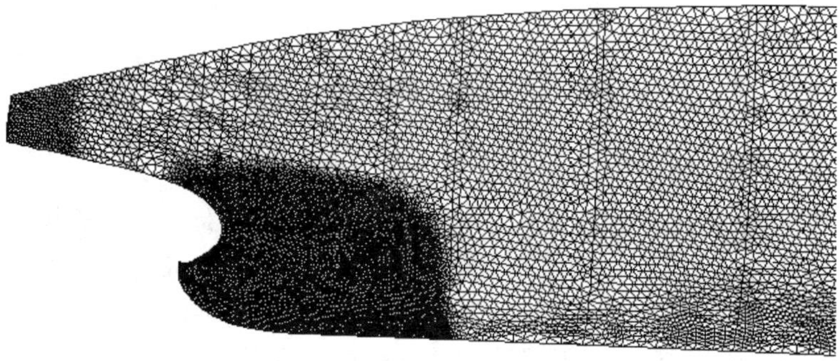

图 7.11　网格尺度取 0.8 m 的船体表面网格

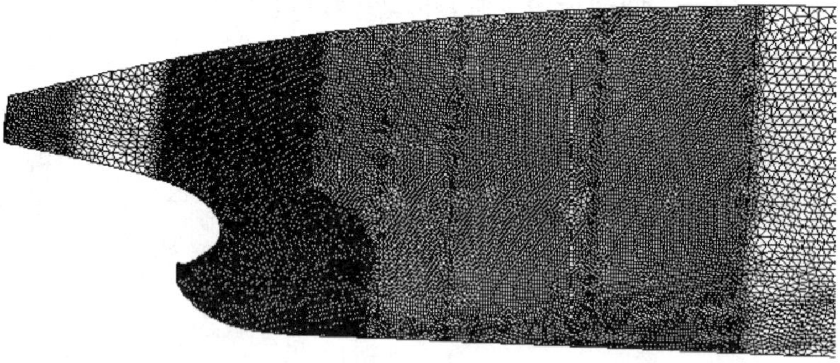

图 7.12　网格尺度从 0.3 m 过渡到 0.8 m 的船体表面网格

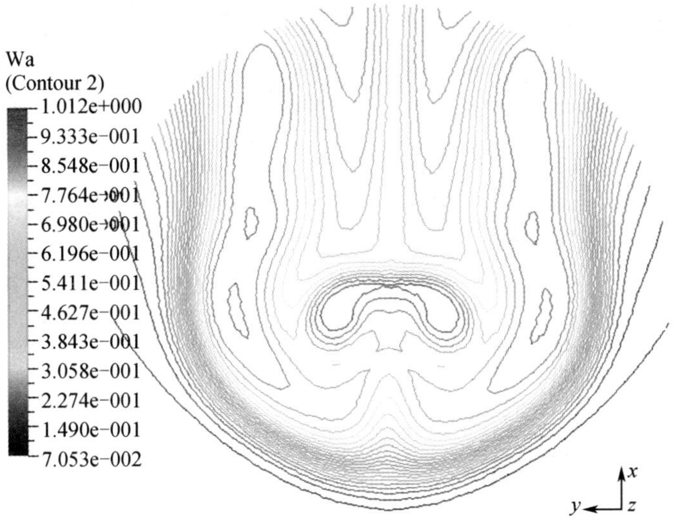

图 7.13　网格尺度取 0.8 m 的计算结果

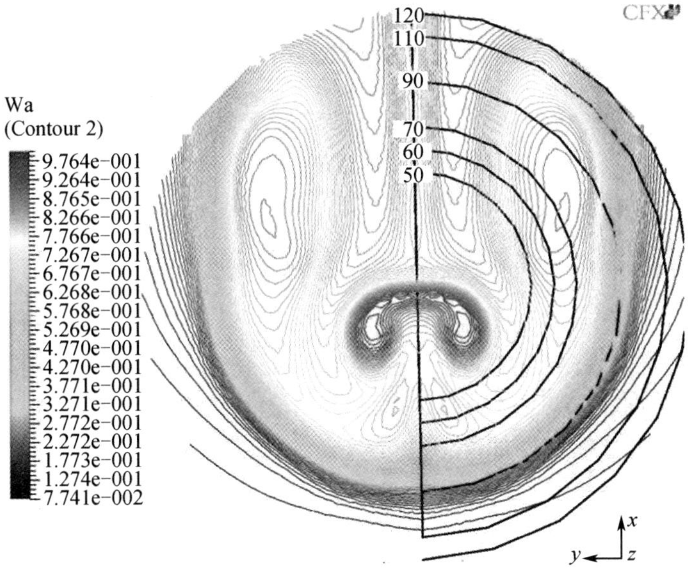

图 7.14　网格尺度从 0.3 m 过渡到 0.8 m 的计算结果

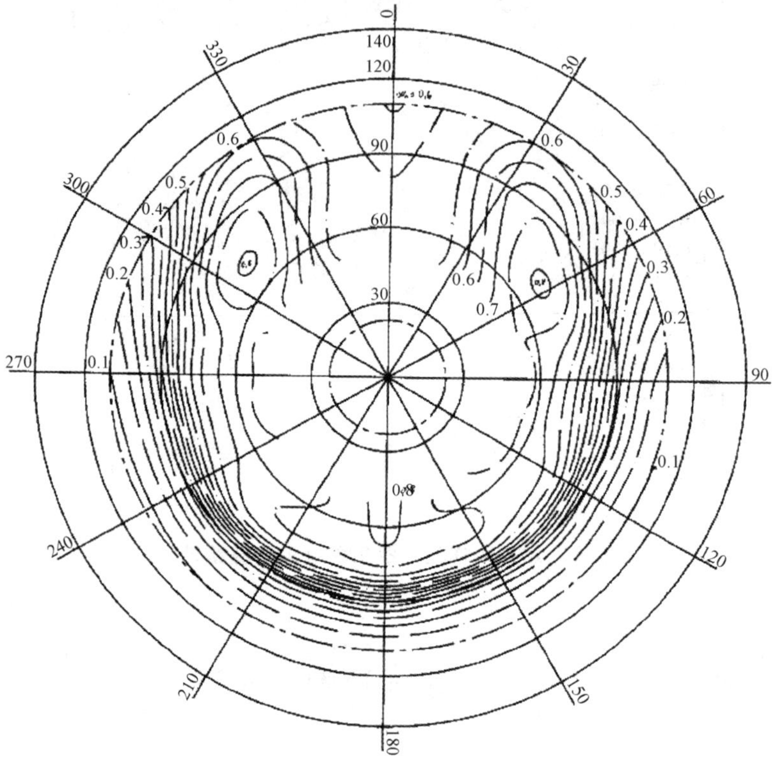

图 7.15　试验结果

7.2.4　流场及桨盘面局部加密方法对伴流场模拟的影响

显然,对于肥大型船而言,舭涡的预报相当重要,而反映到桨盘面处,则是该处的伴流分数,因此,如果要捕捉到该处的流动细节,桨盘面处必须要有足够的网格分辨率。在使用ICEM CFD 生成网格时,可以通过局部加密网格方法来实现。加密网格必然会使整个流场网格数量增加,如何既能保证局部网格的分辨率,使数值模拟成功进行,又能使网格增加的数量控制在计算机可承受的范围内,则成为研究人员必须解决的一个问题。作者对此做了初步研究,给出了两种加密方式,这两种加密方式分别命名为第 3 种网格划分方法和第 4 种网格划分方法。

第 3 种网格划分方法是以桨盘面为基准,沿径向 1.5 倍螺旋桨直径,沿轴向 1 倍螺旋桨直径形成一个椭球型的加密流场,其网格形式如图 7.16 所示,计算结果如图 7.17 所示。第 4 种网格划分方法是以桨盘面为基准,沿径向 1.5 倍螺旋桨直径,沿轴向向船尾延伸 1 倍螺旋桨直径、向船首延伸 4 倍螺旋桨直径,形成一个圆柱型的加密流场,其最终网格形式如图 7.18 所示,计算结果如图 7.19 所示。两者的计算结果和试验值相比可得,第 4 种网格划分方法所得到的结果和试验值吻合良好。

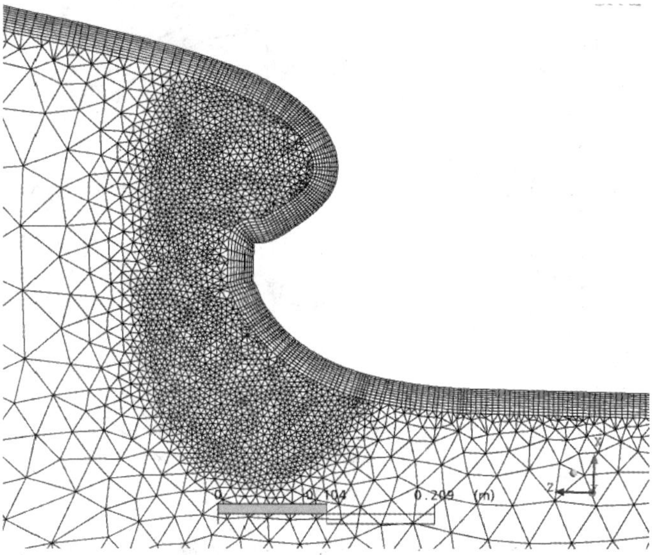

图 7.16　沿径向 1.5D 并且沿轴向 1D 加密后的网格

7.2.5　近壁区域网格划分方式对伴流场模拟的影响

对于数值模拟来说，所选湍流模型能否恰当地求解湍流边界层是模拟成功的关键，因此近壁区域网格的划分成为网格生成的关键。判断湍流边界层区域网格质量的好坏有两个基本标准，一个是两个节点之间的最小距离，其中离壁面的第一个节点到壁面的距离最为关键，它是以 Y + 值来体现的，对于高雷诺数来说，其值有一个合理的范围；另一个是边界层内的最少节点数，即有几层这样的网格。这样的网格单元是在初始网格生成后，以模型的表面网格为基础，以一定膨胀系数外推的方式生成，为确保满意的网格质量，在外推的过程中，对生成的网格进行二十次以上的光顺迭代是必要的。为探讨近壁区域网格划分方式对伴流场模拟的影响，这里一共讨论了五种近壁区域网格的划分方式，分别命名为第 5 种网格划分方法、第 6 种网格划分方法、第 7 种网格划分方法、第 8 种网格划分方法和第 9 种网格划分方法。第 5 种网格划分方法完全不考虑边界层对网格质量的要求，网格如图 7.20 所示。第 6 种网格划分方法、第 7 种网格划分方法、第 8 种网格划分方法、第 9 种网格划分方法均取离壁面第一节点到壁面距离为 3.5×10^{-4} 个船长，即 0.1m 左右，外推系数控制在 1.2 之内，且边界层内的网格节点数依次设为 1，3，5，7，其对应网格分别如图 7.21、图 7.22、图 7.23 和图 7.24 所示。第 5 种网格划分方法、第 6 种网格划分方法、第 7 种网格划分方法、第 8 种网格划分方法、第 9 种网格划分方法所得到的流场网格相应的计算结果依次如图 7.25、图 7.26、图 7.27、图 7.28、图 7.29 所示。从图中可以看出，第 5 种网格划分方法在预报尾流场时完全失败；第 6 种网格划分方法对舭涡在桨盘面处的影响有所体现；第 7 种网格划分方法在预报尾流场时，舭涡在桨盘面处形成的岛状位置和试验值相比偏差 15°左右，失真较严重；第 8 种和第 9 种网格划分方法预报的结果和试验值吻合良好。

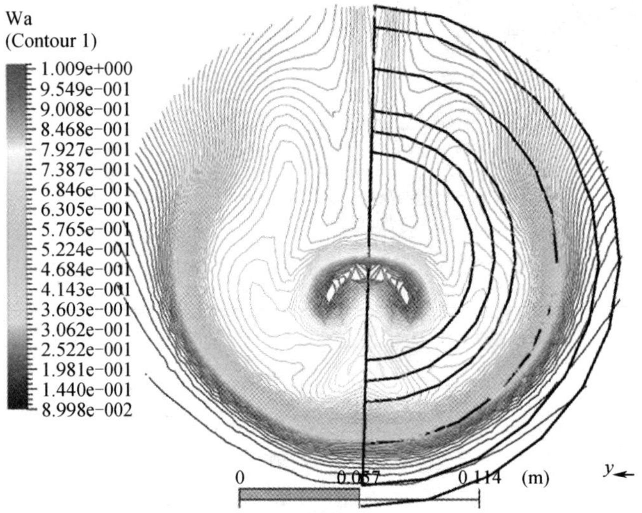

图 7.17　沿径向 1.5*D* 并且沿轴向 1*D* 加密网格后的计算结果

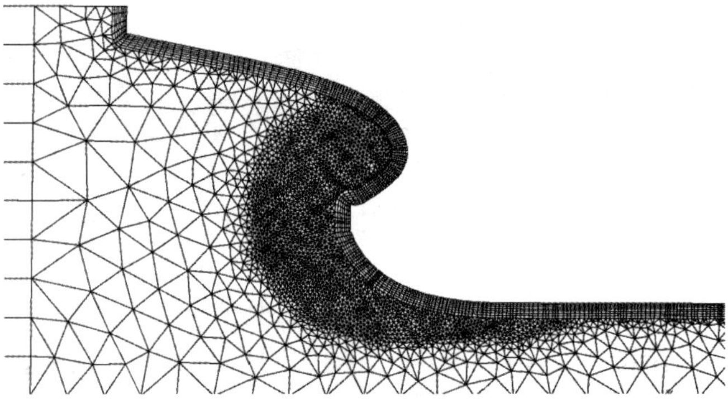

图 7.18　沿径向 1.5*D* 并且沿轴向 4*D* 加密后的网格

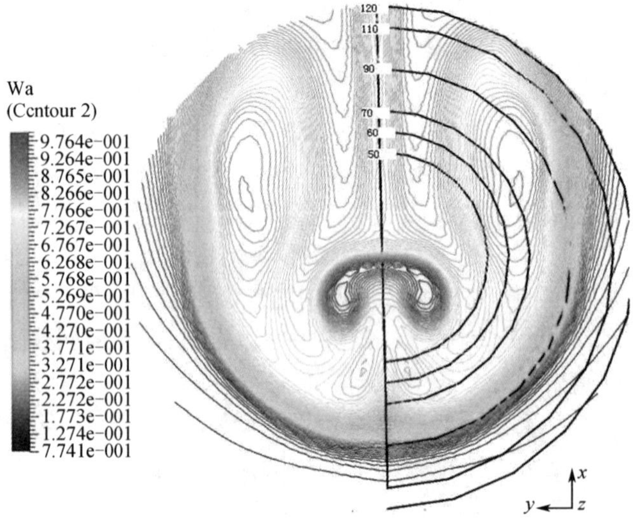

图 7.19　沿径向 1.5*D* 并且沿轴向 4*D* 加密网格后的计算结果

图 7.20　无边界层的网格

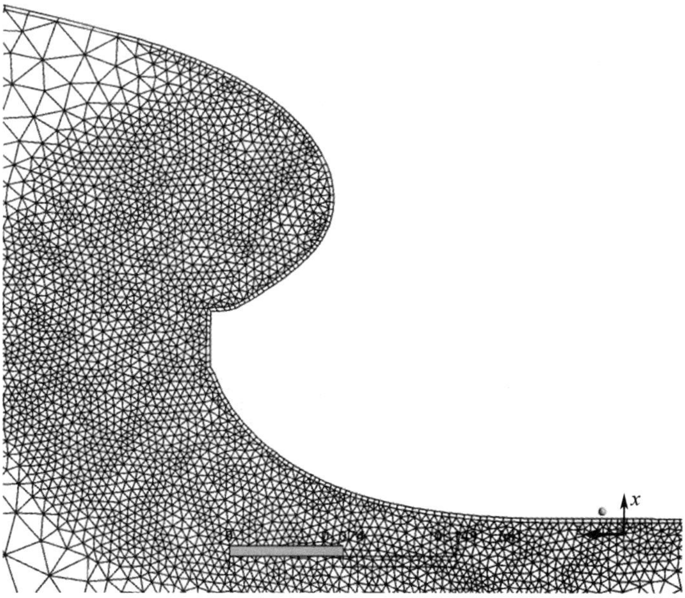

图 7.21　边界层内节点数为 1 的网格

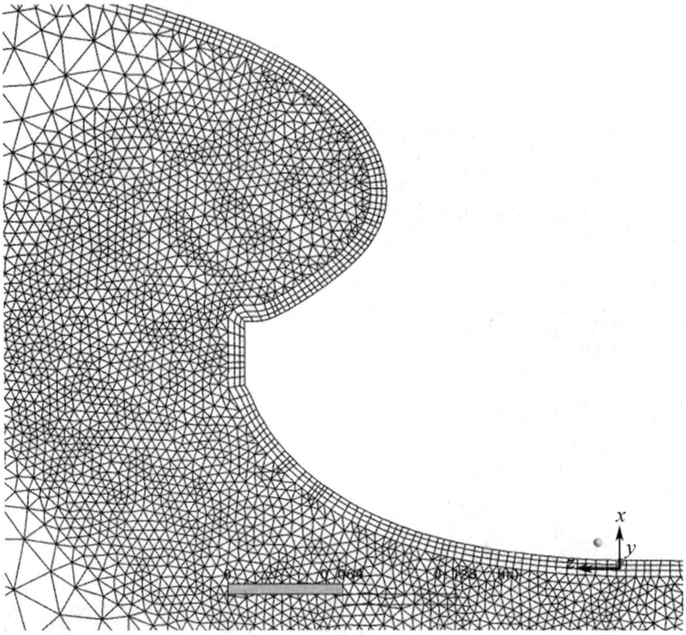

图 7.22　边界层内节点数为 3 的网格

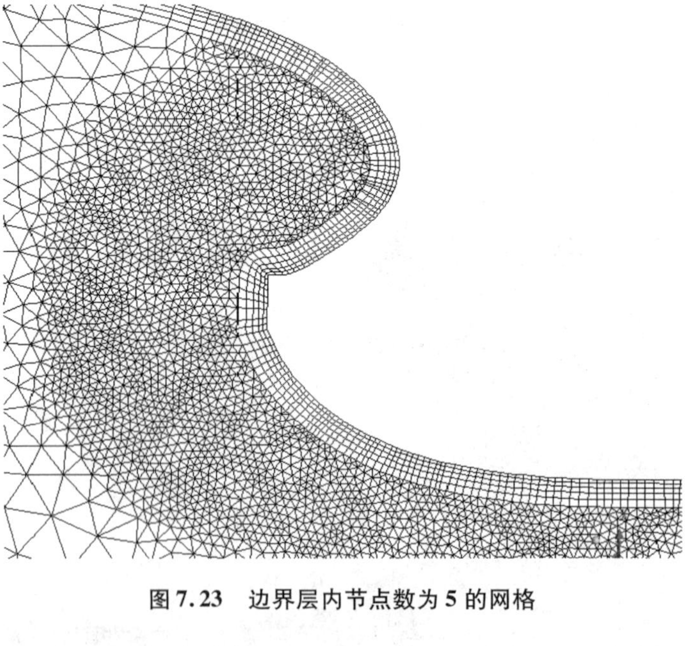

图 7.23　边界层内节点数为 5 的网格

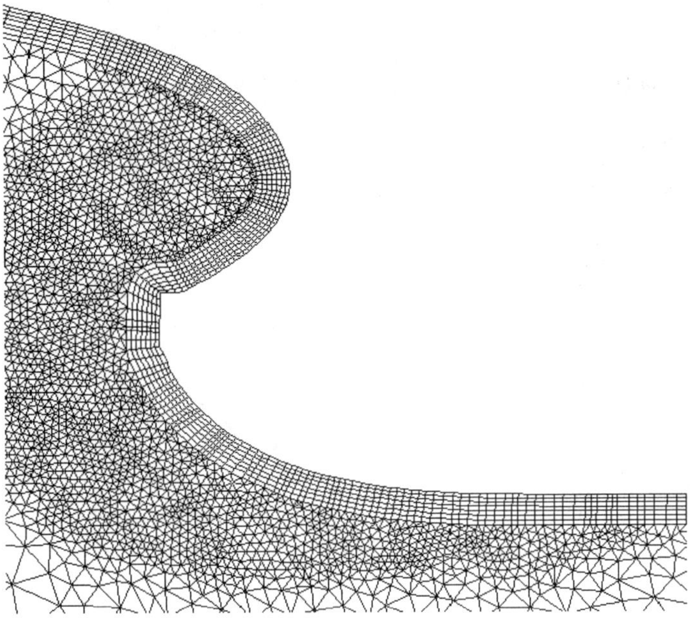

图 7.24　边界层内节点数为 7 的网格

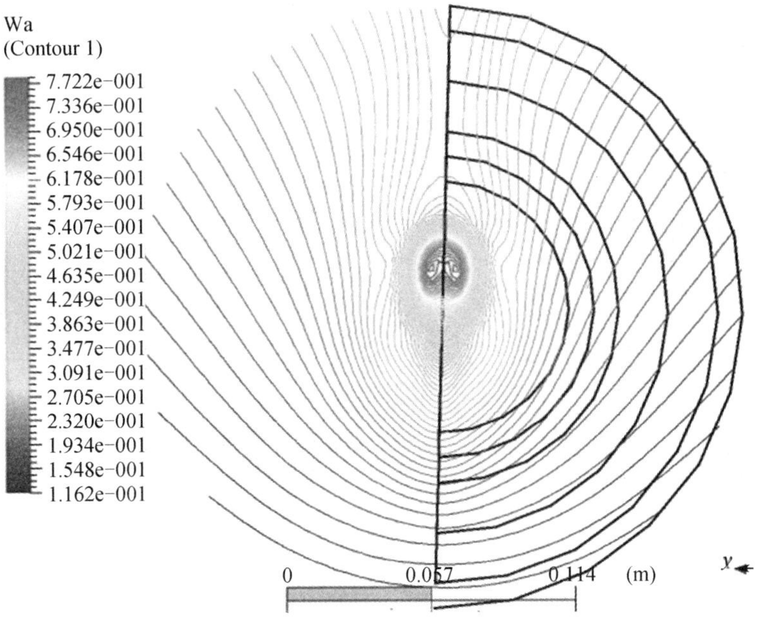

图 7.25　无边界层网格的计算结果

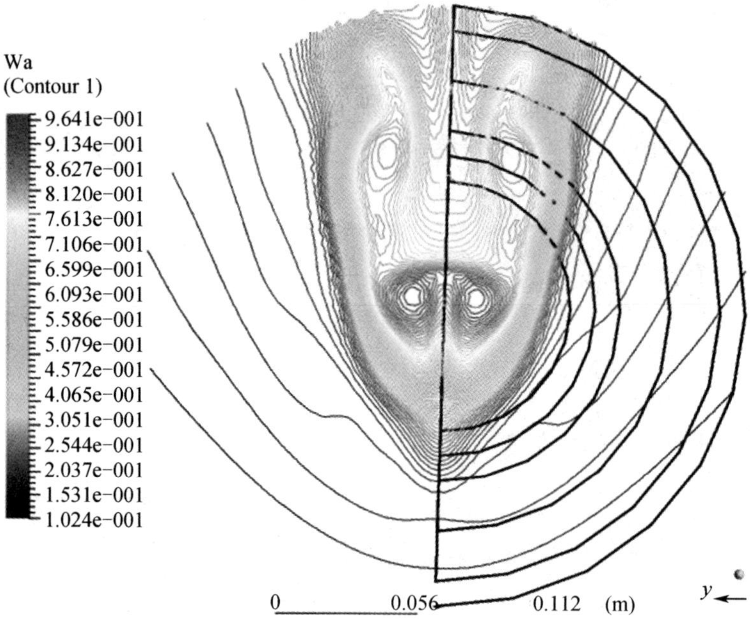

图 7.26　边界层内节点数为 1 的网格的计算结果

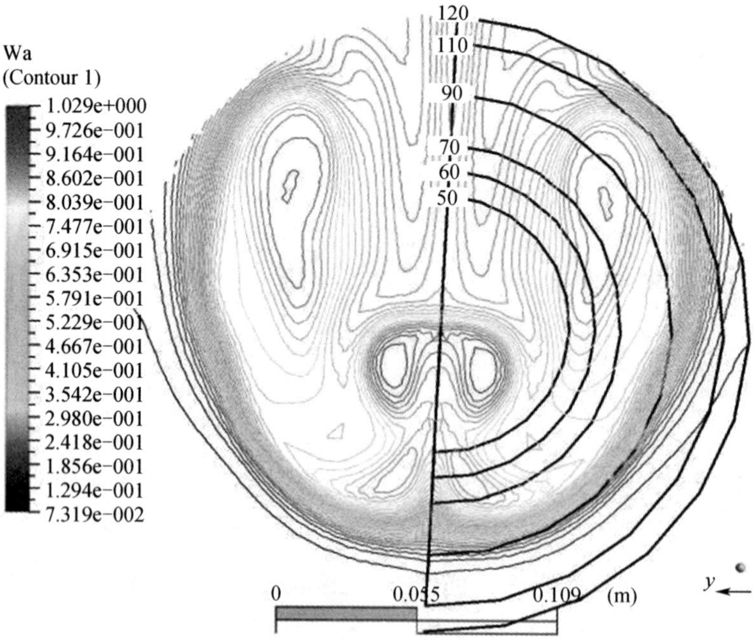

图 7.27　边界层内节点数为 3 的网格的计算结果

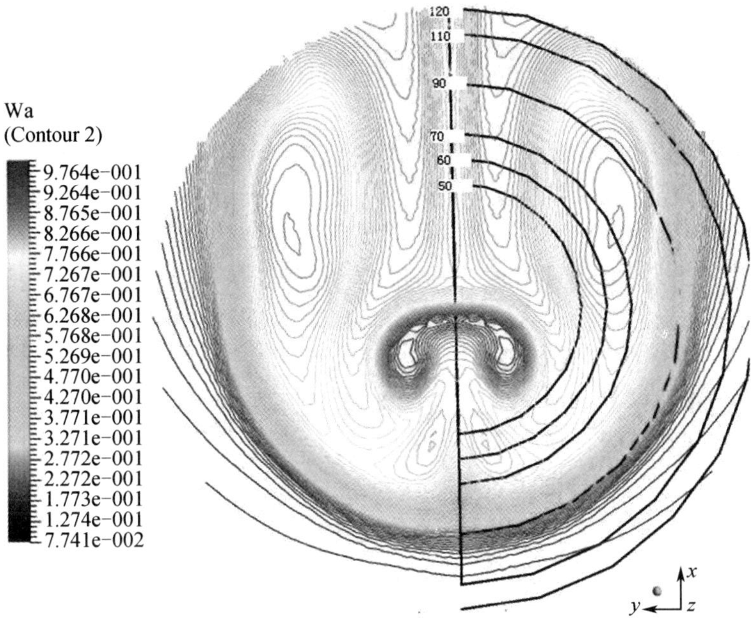

图 7.28　边界层内节点数为 5 的网格的计算结果

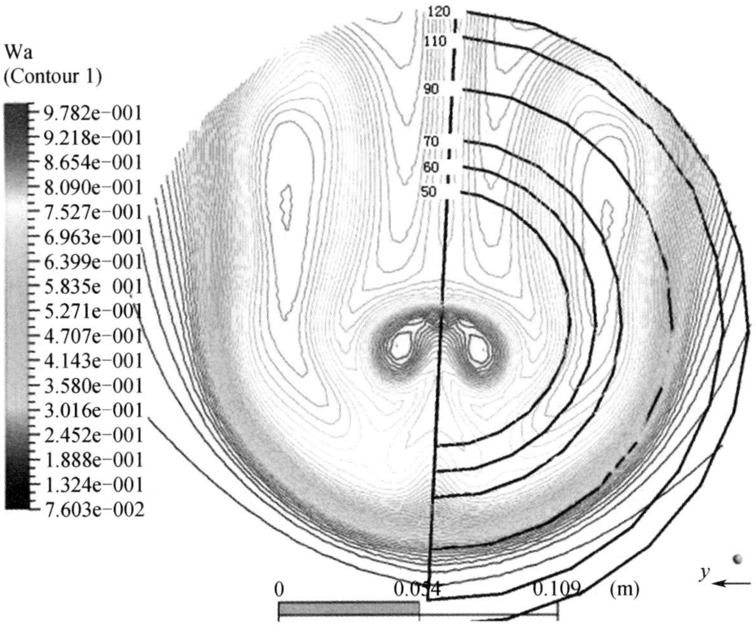

图 7.29　边界层内节点数为 7 的网格的计算结果

7.2.6 适合肥大型船的网格划分方式总结

由上述针对肥大型船的网格划分方式对计算结果影响的比较,可以得出一个结论:针对肥大型船进行数值模拟时,在网格划分上,参考以下五个要点,可以使计算结果更准确。

(1)计算域大小:从船艏向上游延伸 1 个船长,从船尾向下游延伸 4 个船长,沿宽度方向延伸 5 个半宽,深度方向延伸 5 至 7 个吃水。

(2)在整个流场很大时,为了控制网格总数,同时使近壁区域网格有较好的分辨率,需要对整个流场进行分块,可将计算域分为船体近流场控制域和远流场控制域;在不考虑自由液面时,近流场控制域以设计水线面、中线面和中站面为基准,向外延伸半个船宽的距离为宜,剩余部分为远流场控制域。

(3)在船首及船尾等船体外形较复杂的部位,应采用合适的网格尺度,并使网格的尺度由小到大,逐步过渡到船体外形较规则的船中部位。

(4)对流场及考察的关键部位进行局部加密;以螺旋桨为例,应以桨盘面为基准,沿径向 1.5 倍螺旋桨直径,沿轴向 4 倍以上螺旋桨直径为最小的加密范围。

(5)近壁区域网格必须考虑离壁面的第一个节点到壁面的距离,并且黏性边界层内的最少节点数不少于 5 个。

7.3 湍流模式的应用与比较

由于高雷诺数、船型尾部形状复杂、曲率变化大等原因,船体绕流场是高度复杂的三维流动,这一复杂特性主要表现在船尾流动和伴流中,在螺旋桨设计和船型设计中,能够准确预报船尾流动及纵向涡是非常重要的。在船舶计算流体力学领域,准确预报伴流分布是最基本的目标,但是,截止到 2000 年 Gothenburg 计算船舶流体力学研讨会为止,尽管在尾流预报方面有很大的进展,如大部分计算程序都能模拟桨盘面处轴向速度等值线的"钩形",但是在定量上,还不能满足实用的要求。经过对网格划分、离散格式、求解算法、湍流模式等许多数值计算要素的考察后,发现湍流模式是造成艉部伴流预报不准的关键因素之一。

因此,国际上许多研究者对现有湍流模式的适用性做了大量的研究,并对某些湍流模型进行了适当的改进。但是,目前还没有一种湍流模式可以适用于任何类型的问题。在 CFX 求解器中,湍流模式可以分为两类,即漩涡黏性模式和雷诺应力模式。本节通过肥大型船伴流场的模拟计算,对 CFX 求解器中所提供的九个湍流模式做了全面的比较和分析。这两类共九种不同湍流模式如表 7.2 所示,它们分别是第一类的二方程模型,包括标准 $\kappa-\omega$湍流模型、RNG$\kappa-\omega$ 湍流模型、标准 $\kappa-\omega$ 湍流模型、SST$\kappa-\omega$ 湍流模型;第二类的七方程模型,包括 SSG Reynolds stress 湍流模型、LRR Reynolds stress 湍流模型、QI Reynolds stress 湍流模型、ω - Reynolds Stress 湍流模型、BSL Reynolds Stress 湍流模型。在船舶流体力学中,各种形式的 $\kappa-\omega$ 湍流模型应用较广,因为它们功能强大、经济且有较好的精度,包括标准$\kappa-\omega$湍流模型、RNG$\kappa-\omega$ 湍流模型和 Realizable$\kappa-\omega$ 湍流模型。由于各向同性假设,标准 $\kappa-\omega$ 湍流模型的局限性渐渐为大家所公认。RNG$\kappa-\omega$ 湍流模型和 Realizable$\kappa-\omega$ 湍流模型是它的变体,据文献报道,在预报强压力梯度流动、分离流动等方面,它们要比标准 $\kappa-\omega$湍流模型表现得好。$\kappa-\omega$ 湍流模型是一种较新的模式,在计算船舶流体力学中异军突起,它目前使用较广,而且文献报道使用 $\kappa-\omega$ 湍流模型获得的数值结果也比较理想。雷诺应力模式是这些湍流模式中最先进的一种模式，与两方程模式相比，雷诺应力模式增加了求解方程的复杂性，对网格质量的要求也更高，其数值解也更难收敛，以致很少有研究者使用这种模式。本章将对这两类共九种湍流模型在肥大型船伴流场预报的适用性进行比较。

表 7.2　湍流模型

二方程模型	标准 $\kappa-\omega$ 湍流模型
	RNG$\kappa-\omega$ 湍流模型
	标准 $\kappa-\omega$ 湍流模型
	SST$\kappa-\omega$ 湍流模型
七方程模型	SSG Reynolds stress 湍流模型
	LRR Reynolds stress 湍流模型
	QI Reynolds stress 湍流模型
	ω – Reynolds Stress 湍流模型
	BSL Reynolds Stress 湍流模型

7.3.1　湍流模式适用性的定性比较与分析

桨盘面处伴流分数的试验值如图 3.15 所示，计算所得九种湍流模型对应的桨盘面处伴流分数的等值线分别如图 7.30 至图 7.38 所示。

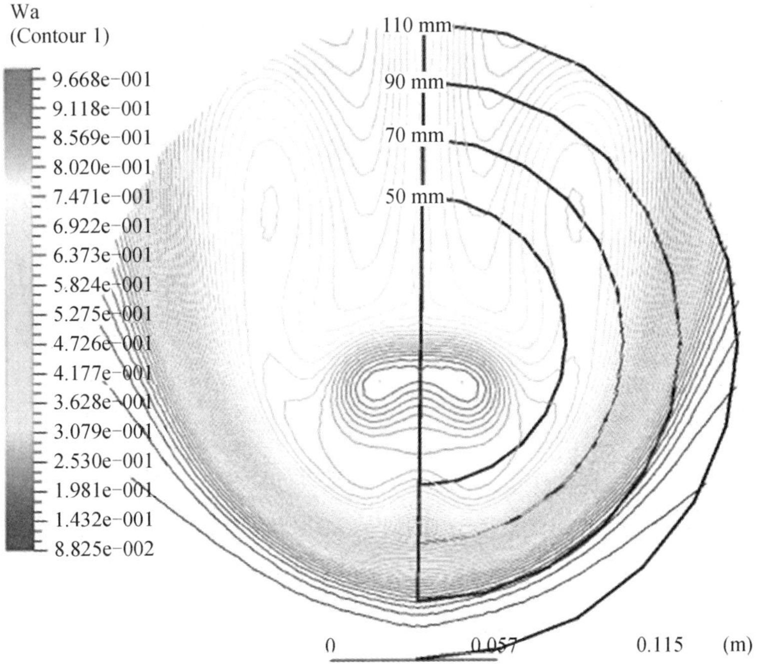

图 7.30　标准 $\kappa-\varepsilon$ 湍流模型

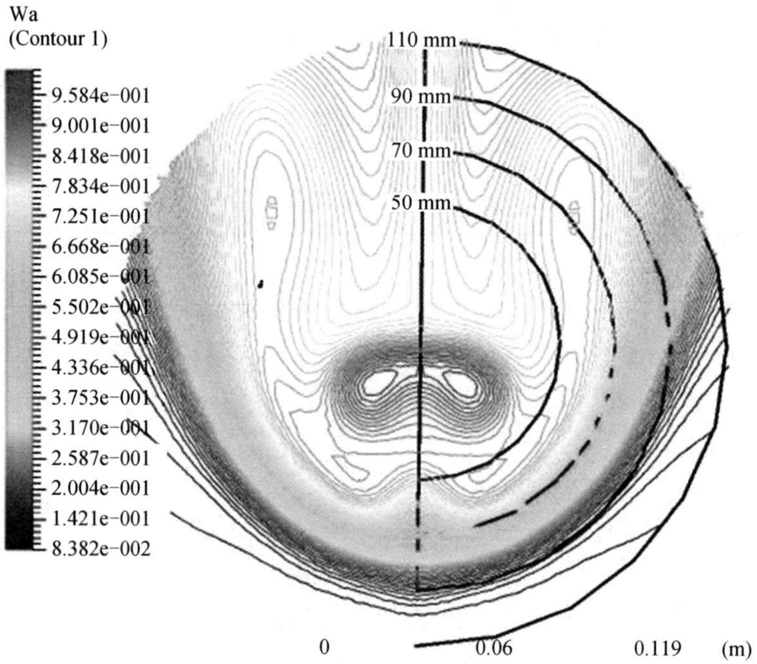

图 7.31 RNG $\kappa-\varepsilon$ 湍流模型

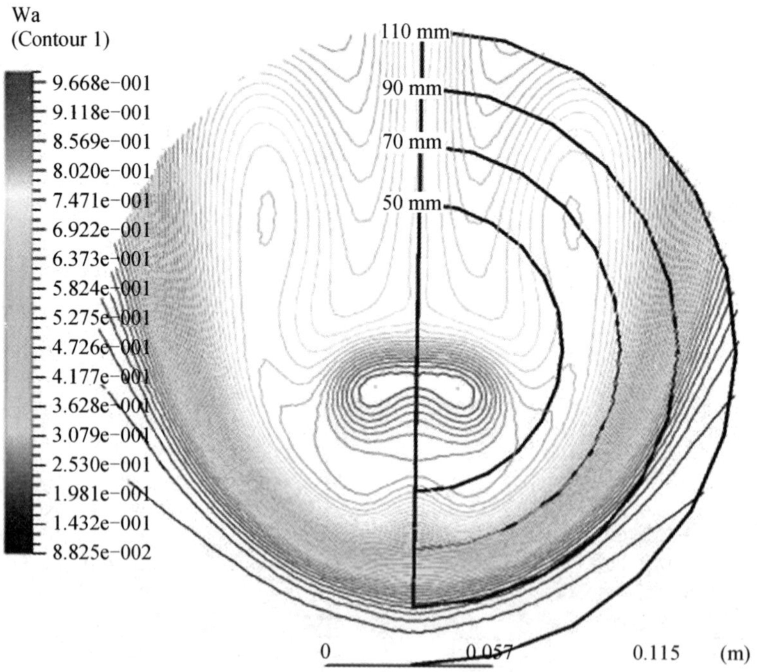

图 7.32 标准 $\kappa-\omega$ 湍流模型

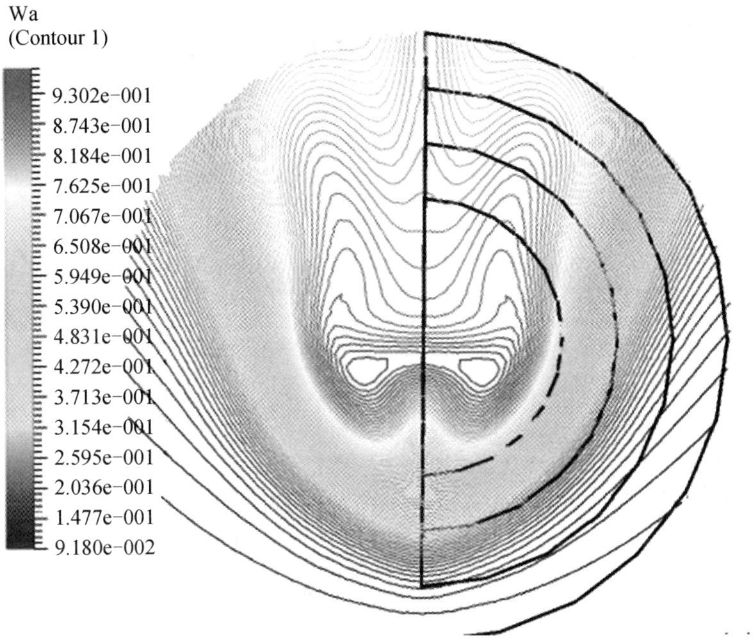

图 7.33　SST $\kappa-\omega$ 湍流模型

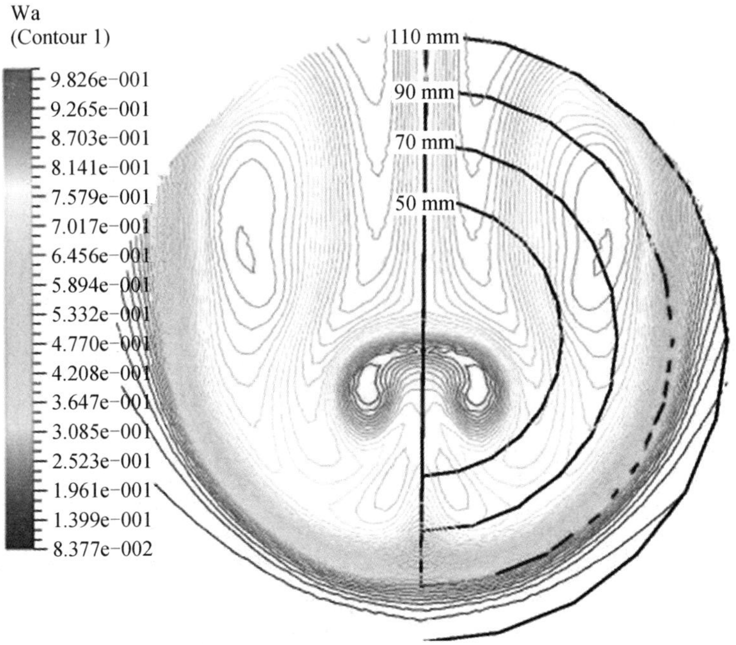

图 7.34　SSG Reynolds stress 湍流模型

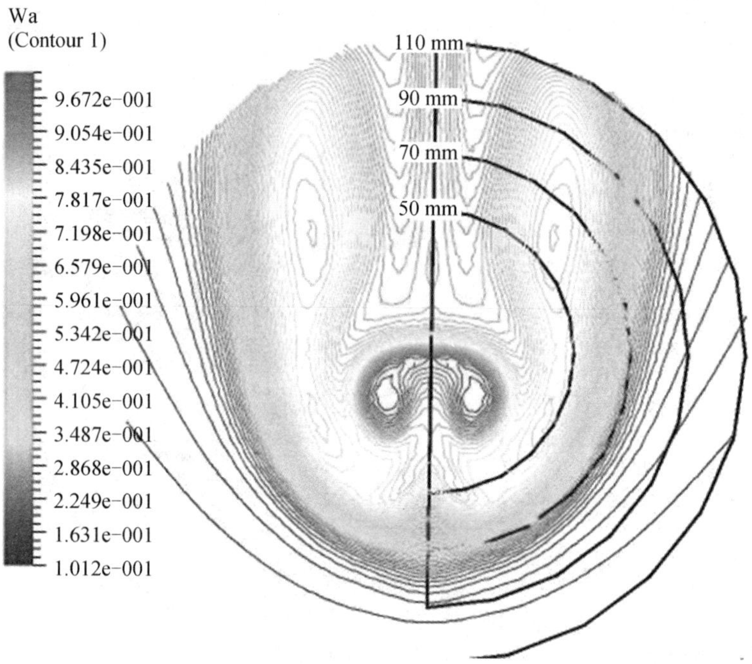

图 7.35　LRR Reynolds stress 湍流模型

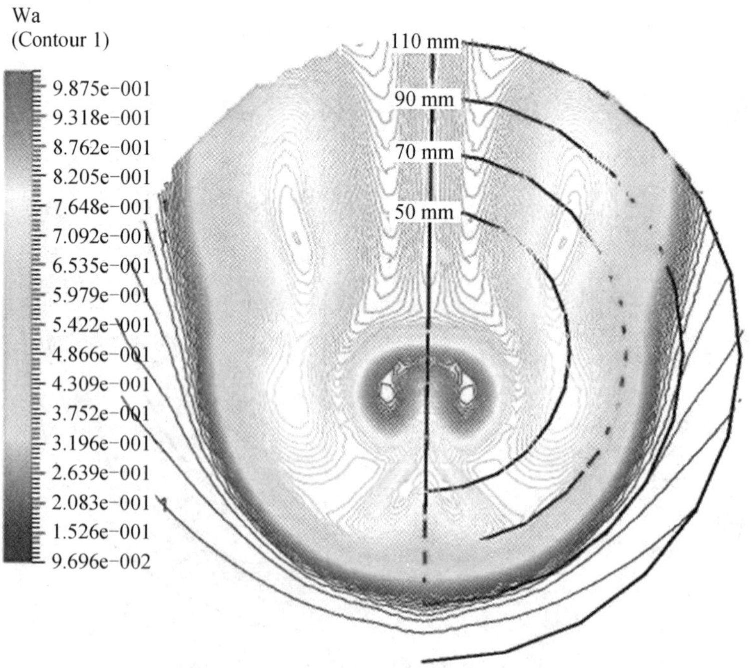

图 7.36　QI Reynolds stress 湍流模型

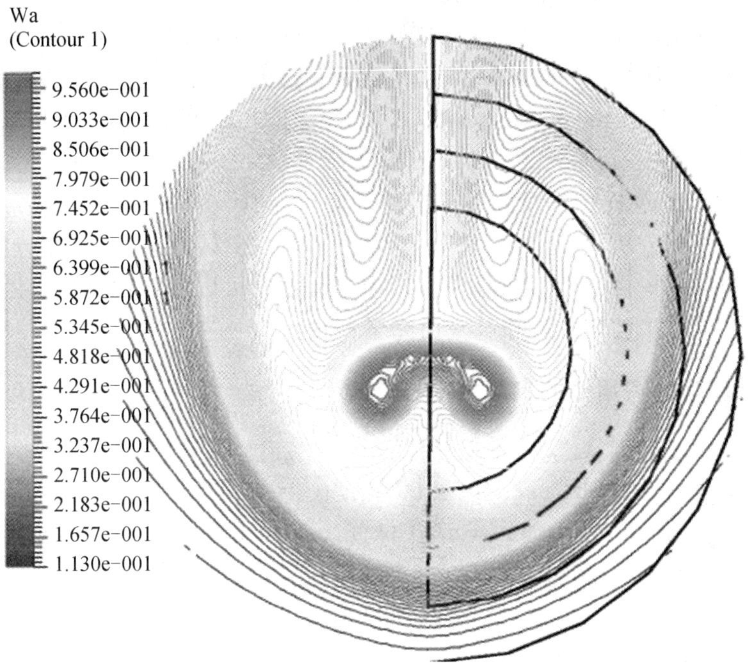

图 7.37　**ω – Reynolds Stress 湍流模型**

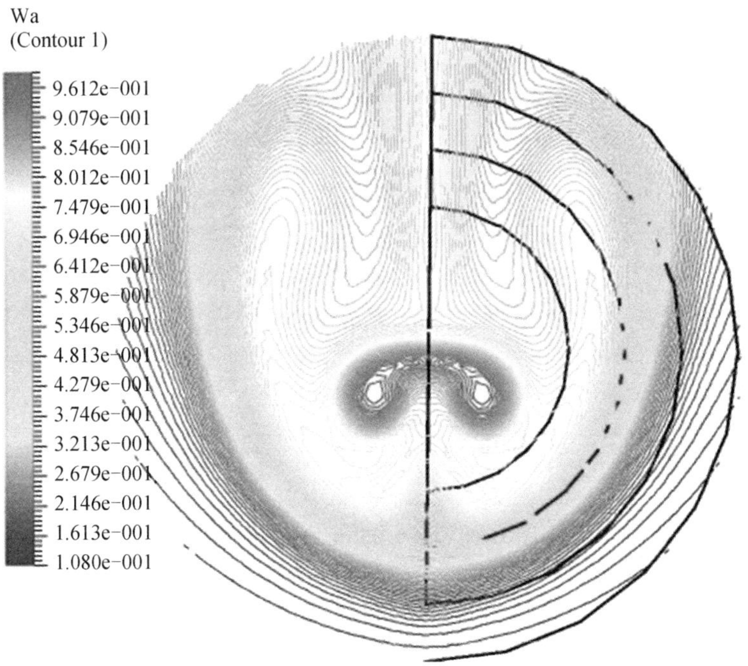

图 7.38　**BSL Reynolds Stress 湍流模型**

比较桨盘面处伴流分数的计算值和试验值可以发现,两方程模式中的标准 $\kappa-\omega$ 湍流模型和 RNG $\kappa-\omega$ 湍流模型,以及七方程模式中的 SSG Reynolds stress 模型都成功地模拟出伴流分数等值线的"钩形"或"岛形",并且其位置和试验值完全一致;七方程模式中的 LRR Reynolds stress 模型和 QI Reynolds stress 模型也模拟出伴流分数等值线的"钩形"或"岛形",但是其位置有明显的失真;标准 $\kappa-\omega$ 湍流模型、SST $\kappa-\omega$ 湍流模型、ω - Reynolds stress 模型和 BSLReynolds stress 模型都没能模拟出伴流分数等值线的"钩形"或"岛形"。

由以上的比较和分析可以得出,在对肥大型船尾流场伴流分数的定性分析上,标准 $\kappa-\omega$ 湍流模型、RNG$\kappa-\omega$ 湍流模型和 SSG 雷诺应力模型都可以成功地模拟出伴流分数等值线的"钩形"或"岛形",并且其位置和试验值完全一致。

7.3.2 湍流模式适用性的定量比较与分析

为进一步比较出标准 $\kappa-\omega$ 湍流模型、RNG $\kappa-\omega$ 湍流模型和 SSG 雷诺应力模型这三种湍流模型的模拟精度,在桨盘面处取半径为 $r=0.05$ m,$r=0.07$ m,$r=0.09$ m,$r=0.11$ m 的多个圆环,在每个圆环上选取 24 个点,比较这些点上伴流分数。计算得到的轴向伴流分数与试验值的比较如图 7.39 至图 7.42 所示,图中 0°在桨盘面正上方,相应的 180°在其正下方。

由图 7.39 至图 7.42 可知,在半径为 $r=0.05$ m 的圆环上,三个湍流模型的数值模拟结果和试验结果都较为吻合;在 $r=0.07$ m 的圆环上,三种湍流模型的结果与试验值误差较大;在 $r=0.09$ m 的圆环上,SSG 雷诺应力模型的结果要比标准 $\kappa-\omega$ 模型和 RNG$\kappa-\omega$ 模型更接近试验值;在 $r=0.11$ m 的圆环上,三个湍流模型的数值模拟结果和试验结果都极为吻合。综合比较标准 $\kappa-\omega$ 模型、RNG$\kappa-\omega$ 模型和 SSG 雷诺应力模型的计算结果,SSG 雷诺应力模型在预报肥大型船尾流场上具有更高的精度。

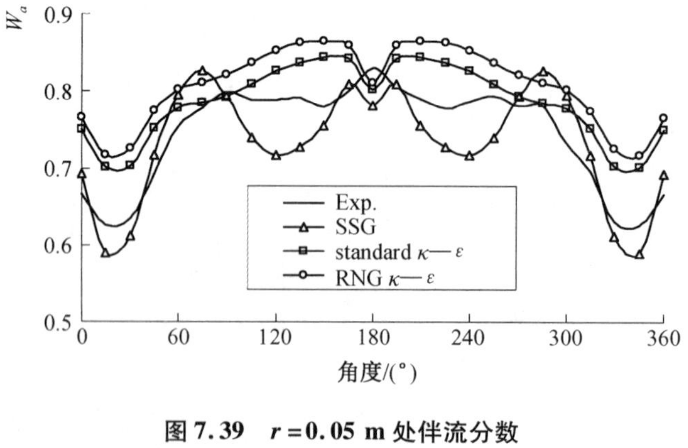

图 7.39 $r=0.05$ m 处伴流分数

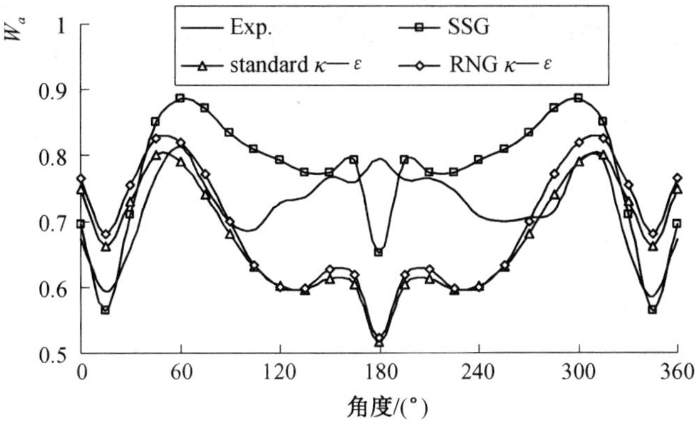

图 7.40　$r = 0.07$ m 处伴流分数

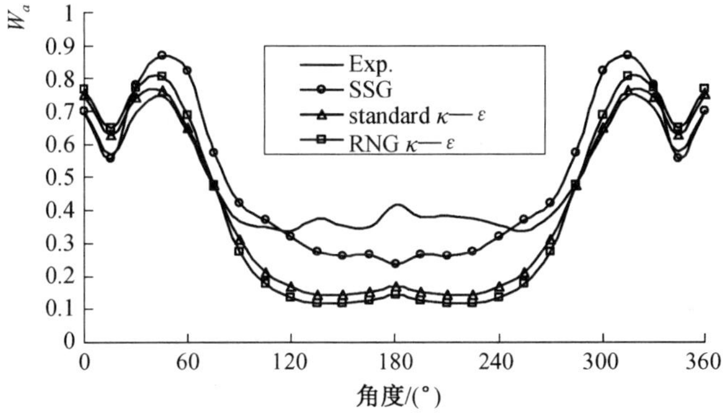

图 7.41　$r = 0.09$ m 处伴流分数

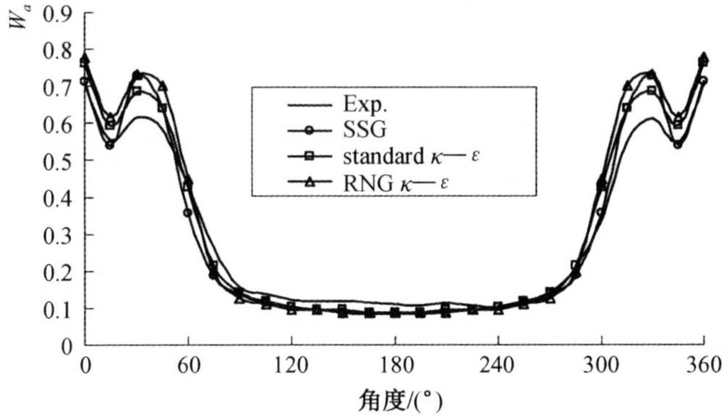

图 7.42　$r = 0.11$ m 处伴流分数

7.4 船体伴流场的预报方法验证算例

为检验预报船体伴流场的网格划分方法和湍流模式的适用性,本节以方形系数不同的三条船作为验证算例。

7.4.1 算例模型与网格划分以及边界条件的设置

作为验证算例的三条船依次为某散货船、某化学品运输船和某集装箱船,船型参数如表 7.3 所示。这三条船的艉部几何外形分别如图 7.7、图 7.43 和图 7.44 所示,网格划分参照肥大型船网格划分方法的 5 个要点。计算区域的边界分为进口边界,出口边界,壁面,远场边界和对称面边界。在进口边界上,给定来流速度和压力,出口边界上给定出口压力,远场条件给定自由滑移壁面,船体表面给定无滑移壁面,由于采用重叠模计算,静水面和对称面处都使用对称边界条件。数值计算采用 CFX 求解器,SSG 雷诺应力湍流模型。

表 7.3 算例模型参数

船体参数	某散货船	某化学品运输船	某集装箱船
船长/m	283.40	123.36	124.69
船宽/m	45.00	19.60	19.20
吃水/m	16.50	8.00	7.46
方形系数	0.82	0.78	0.672
缩尺比	1/38.18	1/20.67	1/22

图 7.43 某化学品运输船的船尾

图 7.44 某集装箱船的船尾

7.4.2 桨盘面轴向伴流分数等值线图

众所周知，船舶绕流是一种高度复杂的三维流动，肥大型船从船舯到船艉，船舶的横剖面形状及其面积变化剧烈，理论上认为，在艉部容易出现流线的聚散和流线曲率较强烈的变化，存在逆压梯度、流动的纵向、横向分离和强的纵向涡（舭涡），从而会在桨盘面处产生“钩”状或“兔耳”状的等值伴流曲线。因此能否预报出这些典型的流动特征成为数值模拟成功与否的标志。图7.45至图7.50为这三条船桨盘面伴流分数等值线图的试验值和计算值。

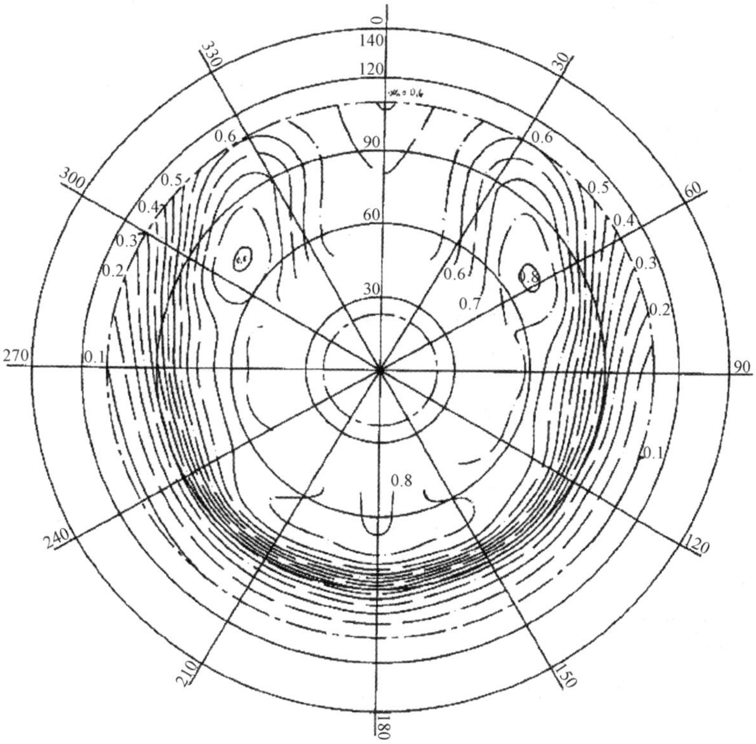

图7.45 某散货船的试验值

从图中可以看出，使用这种网格划分方式和湍流模式，可以很好地预报出在试验中观察到的船舶黏性流动中的一些典型的流动特征，如桨盘面处轴向伴流分数等值线的“岛形”和“钩形”，这些是衡量数值模拟是否成功的标志。并且，定性分析而言，计算值和试验值完全吻合，计算所得“岛”的位置和试验测得“岛”的位置完全一致。

7.4.3 某散货船桨盘面伴流分数的定量分析

为了从定量上对计算结果和试验结果做进一步的比较，在某散货船桨盘面上分别取$r/R=0.454$，$r/R=0.636$，$r/R=0.818$，$r/R=1.0$的四个圆环，在每个圆环上等角度选取24个点，比较这些点上的伴流分数。计算值与试验值的比较如图7.51至图7.54所示，图中0°在桨盘面正上方，相应的180°在其正下方。

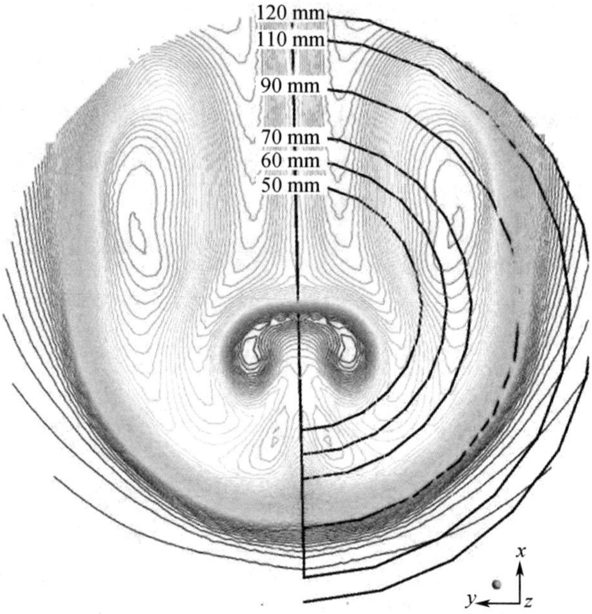

图 7.46　某散货船的计算值

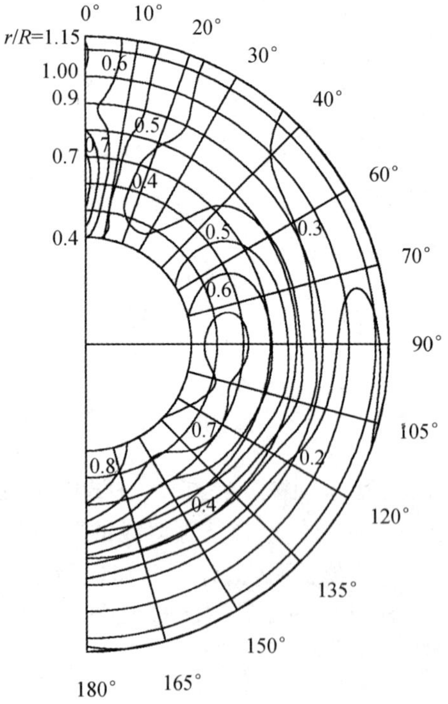

图 7.47　某化学品运输船的试验值

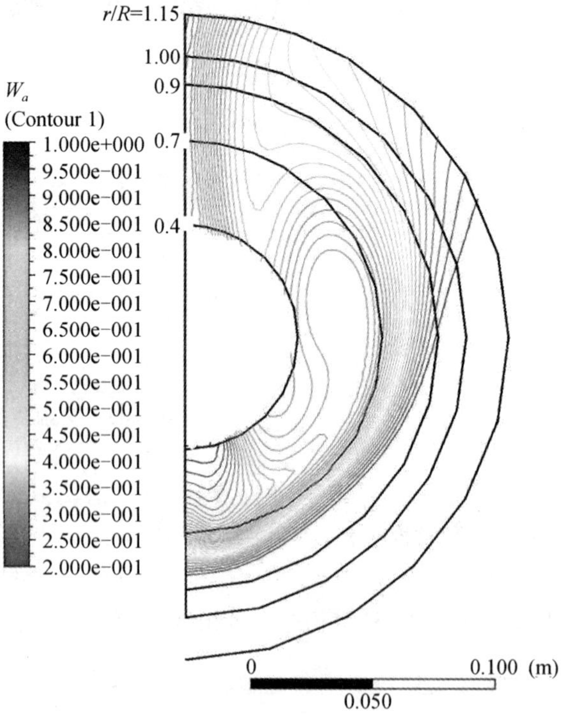

图 7.48　某化学品运输船的计算值

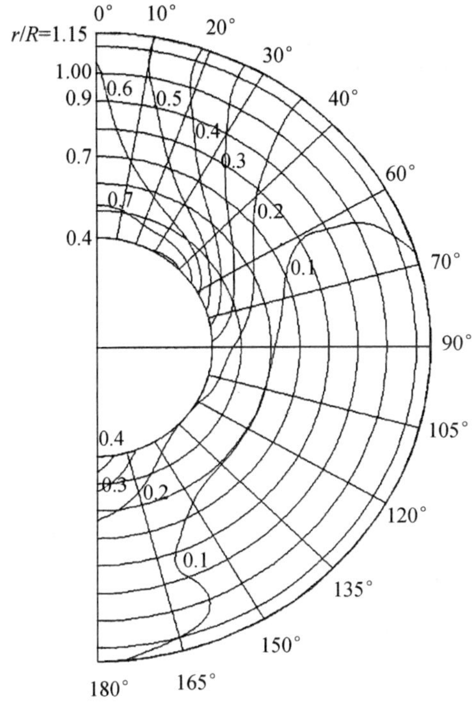

图 7.49　某集装箱船的试验值

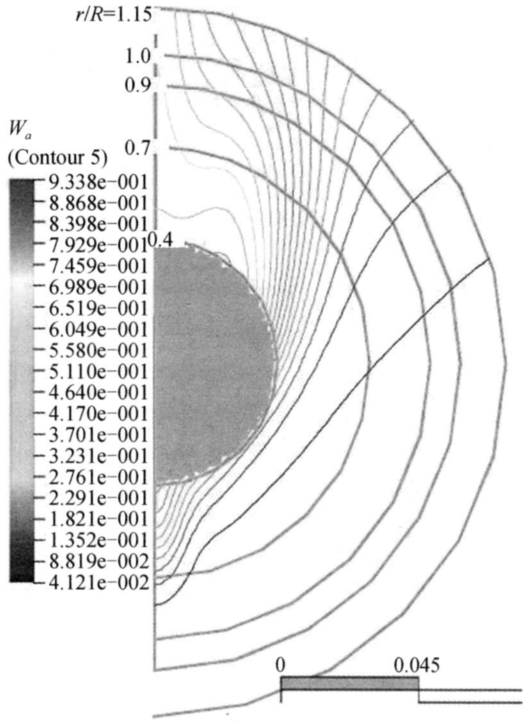

图 7.50　某集装箱船的计算值

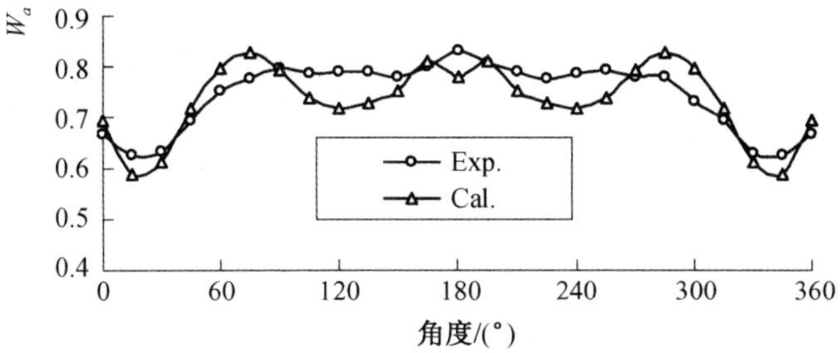

图 7.51　$r/R=0.454$ 处伴流分数

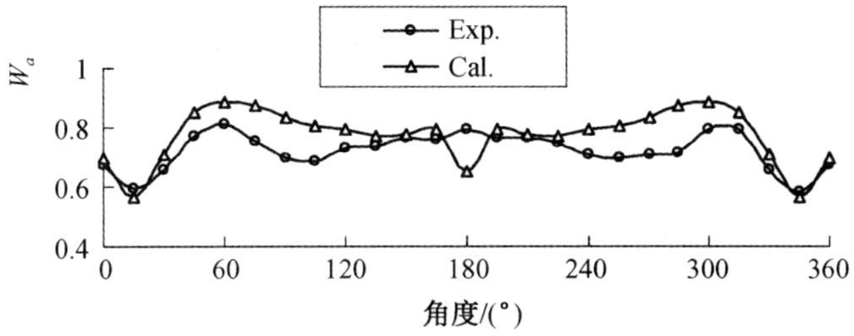

图 7.52　$r/R=0.636$ 处伴流分数

从定量分析而言，除个别区域误差较大外，总体的计算值和试验值吻合良好，达到了工程运用的精度。

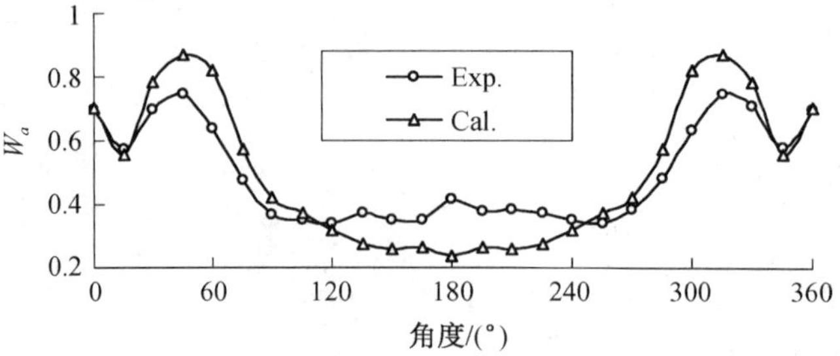

图 7.53　$r/R=0.818$ 处伴流分数

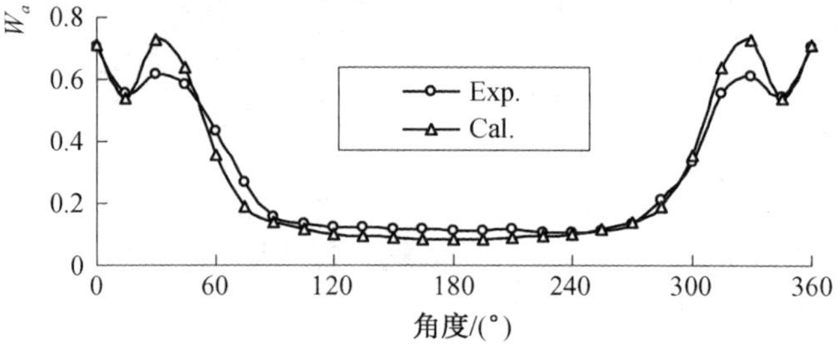

图 7.54　$r/R=1.0$ 处伴流分数

7.4.4　某化学品运输船桨盘面伴流分数的定量分析

在某化学品运输船桨盘面上分别取 $r/R=0.4$, $r/R=0.7$, $r/R=0.9$, $r/R=1.0$, $r/R=1.15$的五个圆,在每个圆上选取 26 个点,比较这些点上的伴流分数。计算值与试验值的比较如图 7.55 至图 7.59 所示,图中 0°在桨盘面正上方,相应的 180°在其正下方。

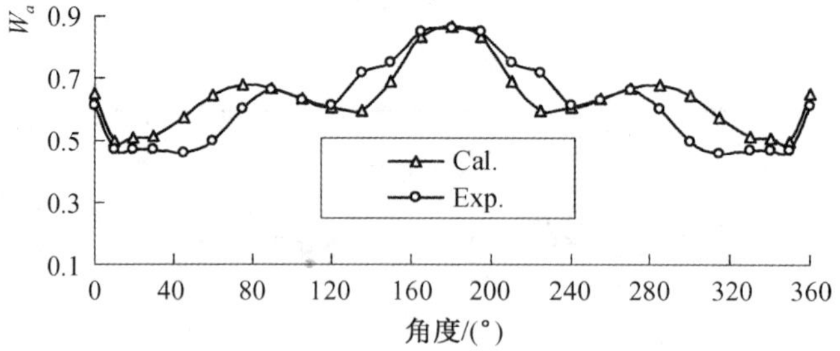

图 7.55　$r/R=0.4$ 处的伴流分数

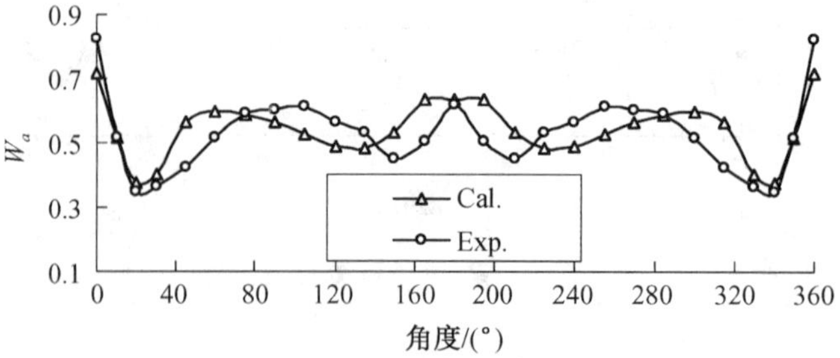

图 7.56　$r/R=0.7$ 处的伴流分数

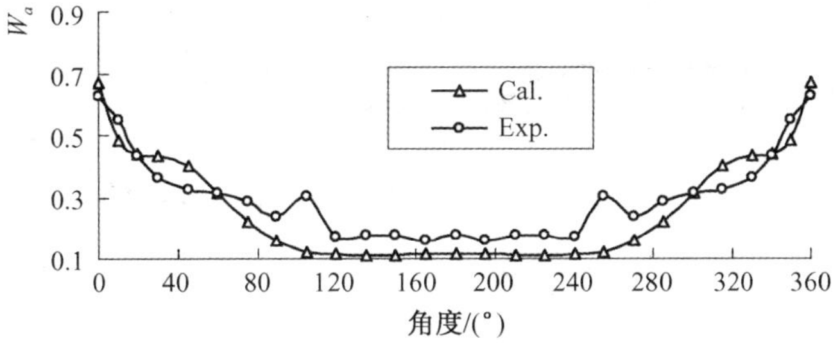

图 7.57　$r/R = 0.9$ 处的伴流分数

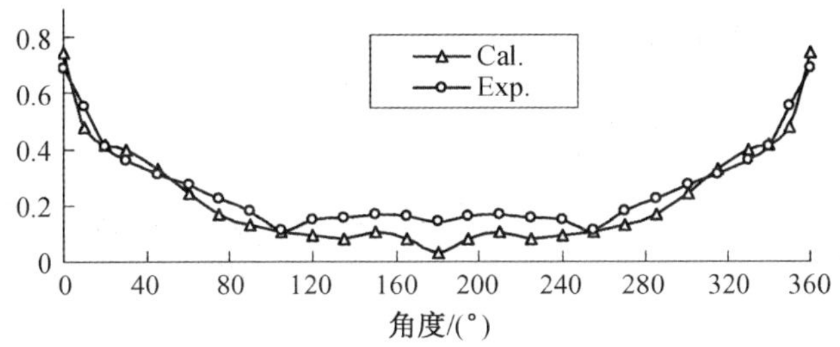

图 7.58　$r/R = 1.0$ 处的伴流分数

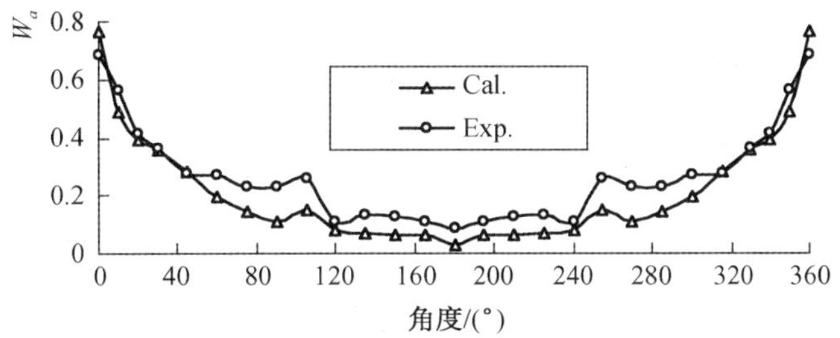

图 7.59　$r/R = 1.15$ 处的伴流分数

从定量分析而言，除个别区域误差较大外，总体的计算值和试验值吻合良好，达到了工程运用的精度。

7.4.5　某集装箱船桨盘面伴流分数的定量分析

在某集装箱船桨盘面上分别取 $r/R = 0.4$，$r/R = 0.7$，$r/R = 0.9$，$r/R = 1.0$，$r/R = 1.15$ 的五个半圆，在每个半圆上等角度选取 14 个点，比较这些点上的伴流分数。计算值与试验值的比较如图 7.60 至图 7.64 所示，图中 0°在桨盘面正上方，相应的 180°在其正下方。

从比较的结果上可以看出，总体的计算值和试验值吻合良好，从而证实使用 ICEM CFD 划分网格，并且网格划分参照肥大型船网格划分方法的五个要点这种网格划分方式和使用 SSG 雷诺应力湍流模型在研究肥大型船尾流场上具有较强的适用性。

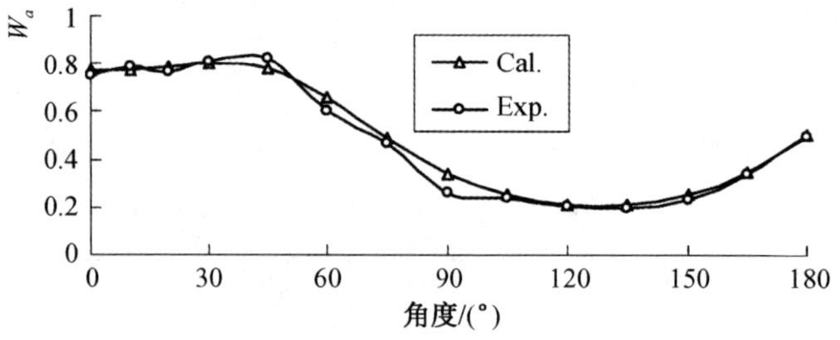

图 7.60　$r/R=0.4$ 处的伴流分数

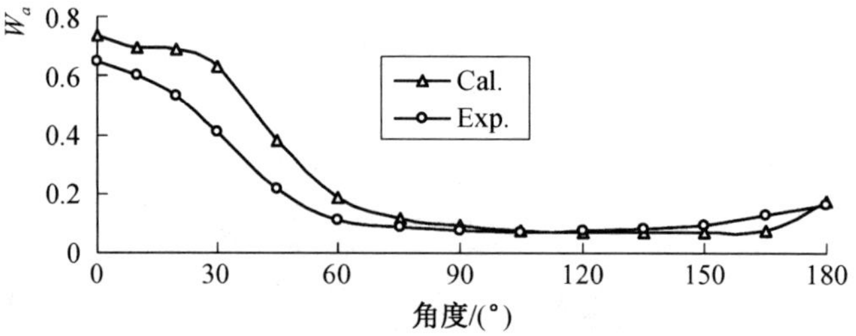

图 7.61　$r/R=0.7$ 处的伴流分数

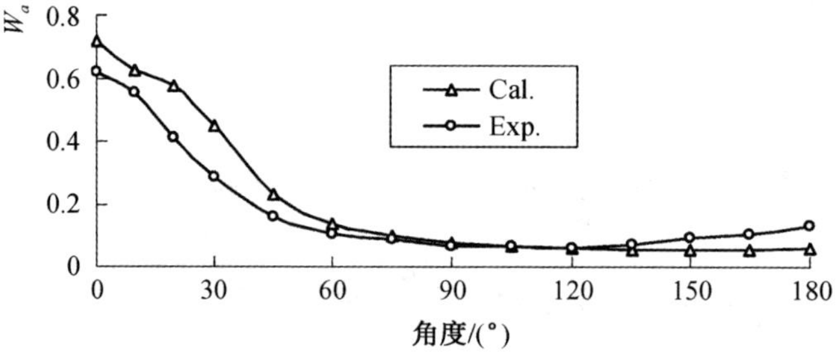

图 7.62　$r/R=0.9$ 处的伴流分数

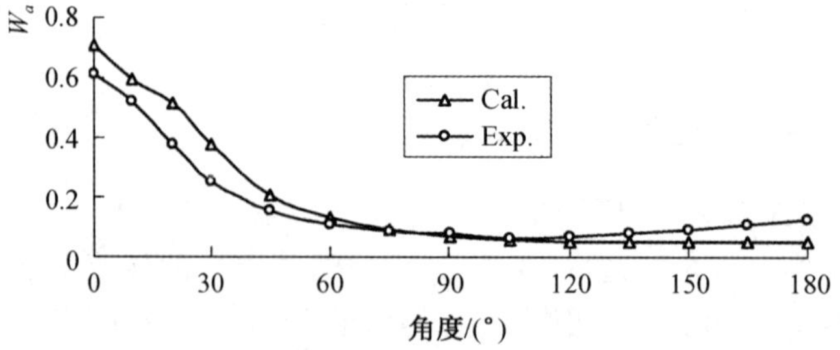

图 7.63　$r/R=1.0$ 处的伴流分数

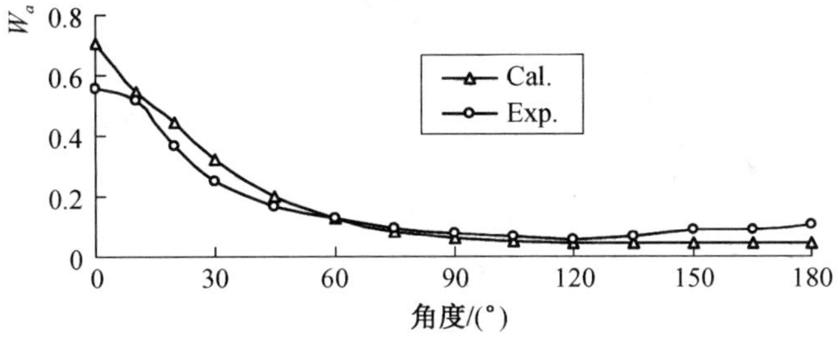

图 7.64　$r/R=1.15$ 处的伴流分数

7.4.6　桨盘面横向速度矢量图

桨盘面横向速度也是船体尾流场的重要研究对象，文献所给出横向速度矢量图和计算所得结果如图 7.65 和图 7.66 所示。

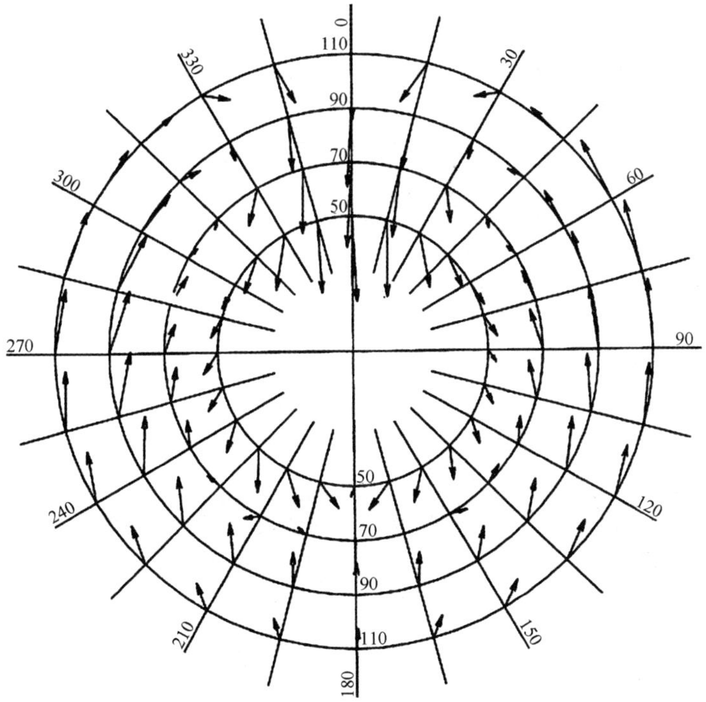

图 7.65　试验矢量图

比较两图可以发现，计算所得矢量图在 $r/R=0.454$ 处和 $r/R=1.0$ 处的圆环上和试验图符合良好，两者的矢量大小和方向完全一致，但是在 $r/R=0.636$ 处和 $r/R=0.818$ 处的圆环上，局部区域矢量方向失真。不过从整体而言，达到了数值预报的目的。

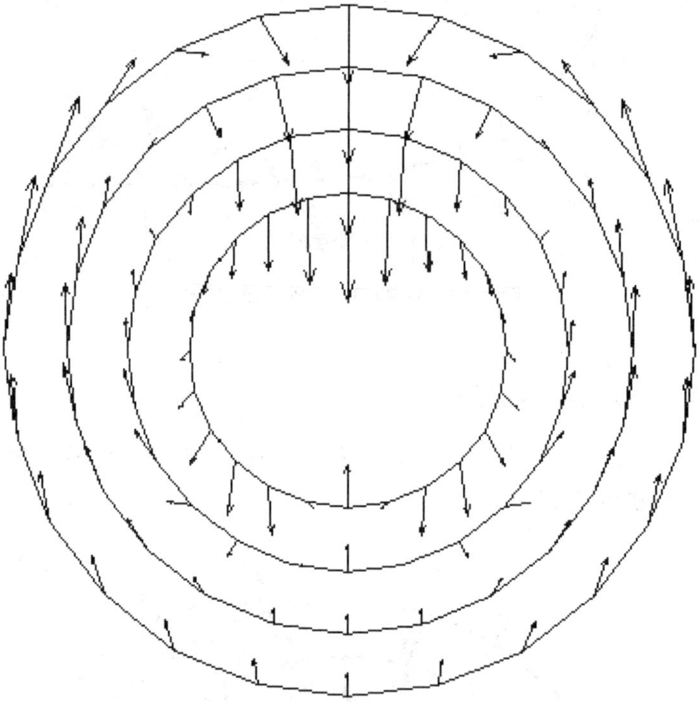

图 7.66　计算矢量图

7.4.7　三维"岛"状等值线成因直观图

图 7.67 给出了尾涡轨迹的侧视图和正视图，由图可以直观地看到沿船体的流线在艉部形成的两个漩涡，而这两个漩涡正是产生"钩"状或"岛"状等值伴流曲线的根源，进而对"钩"状或"岛"状等值线形成的理论分析做出了直观的验证。

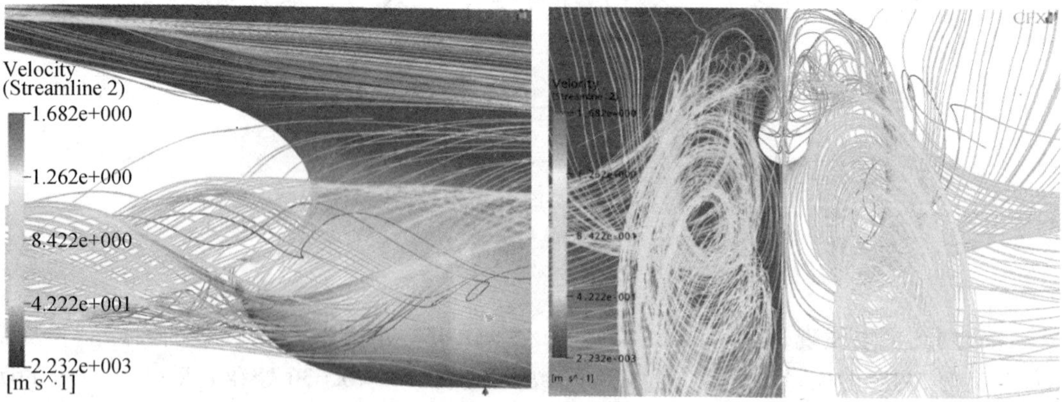

图 7.67　尾涡轨迹图

第8章　桨前节能附体对船体伴流场影响的预报

船舶水动力附加节能装置最早在20世纪70年代被应用于实船。目前,国内外出现了多种船舶水动力附加节能装置,依据其和螺旋桨的相对位置,可分为桨前附加节能装置和桨后附加节能装置,其中节能效果较显著的桨前附加节能装置有前置导管、补偿导管、整流、SSD节能导管、桨前导流叶轮、桨前扇形整流鳍等。我国从20世纪80年代初开始致力于水动力节能技术的开发,到目前为止,其研究的主要方法仍然是水池模型试验和实船试验。在采用试验方法研究节能附体的同时,国内外学者也尝试采用CFD方法研究节能装置,希望从流动细节上解释节能装置的节能机理。但是,由于节能装置多适用于方形系数大于0.6的丰满船型,船体绕流复杂,桨盘面伴流预报困难,因而采用CFD方法研发节能装置仍受限制。因此,对于节能附体的研究,无论是机理性的探讨,还是外形及尺度的设计优化都还停留在模型和实船的试验上,而且节能附体的前期设计大多凭借设计者的经验和模型试验确定,往往周期长,成本高,不利于这种低成本装置的研发。本章基于CFD技术,分别设计并研究了螺旋桨前置导管、补偿导管和整流鳍对船体伴流场的影响,并从流动细节上分析了其节能机理。

8.1　桨前节能附体的设计

8.1.1　桨前节能附体切面的几何形状

节能附体的几何形状直接影响节能附体的节能效果,因此,节能附体几何形状的设计十分重要,而设计节能附体首先要解决附体切面的几何形状。目前,螺旋桨前置导管和补偿导管的切面形状以机翼形、机翼形和弓形的组合以及类似机翼型剖面的折角线型为主;整流鳍的切面形状则有三角形、四边形、机翼形、弓形、月牙形、折角线形以及它们的组合等多种形式。它们各有优缺点,在实船上都有实际的运用。

本章所设计的螺旋桨前置导管、补偿导管和整流鳍都使用相同的切面几何形状,其外形如图8.1所示,其切面弦长为螺旋桨半径的一半,切面由两条控制线组成,一条是拱弧线,构成切面的上表面,一条是直线,构成切面的下表面,显然,这是机翼型剖面,它可以极大地减少尾部涡流的分离现象(称“稳流效应”),同时各翼型剖面产生的升力可以汇总为船舶的推力,这两个因素可使船舶的总阻力减少。

8.1.2　桨前节能附体安装位置的分析

为了使设计的节附体能更有效地改善桨盘面处的伴流分布,节能附体的安装位置应尽可能实现以下目标:

(1)改善螺旋桨进流,使桨盘面处的船体伴流更加均匀;

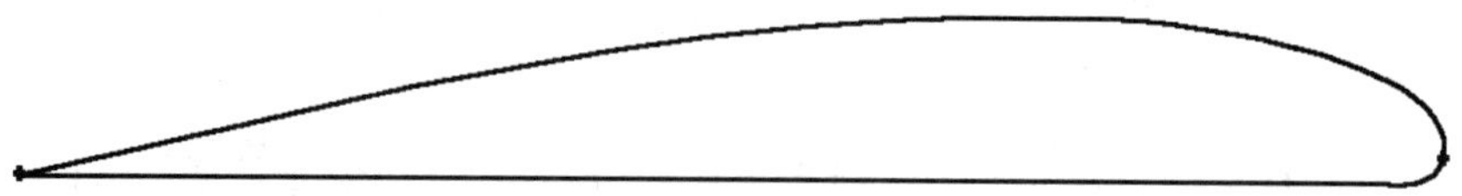

图 8.1　切面几何形状

(2)减少船尾的水流分离现象;

(3)使桨前来流预旋,把原来尾流中损失的旋转能转化为推力功。

为此,这里特考察了流经桨盘面的流体质点绕船体的三维轨迹线,如图 8.2 所示。由图可知,在桨盘面正前方及桨轴上方 1 倍螺旋桨直径范围内的舭部位置,适合安装节能附体。

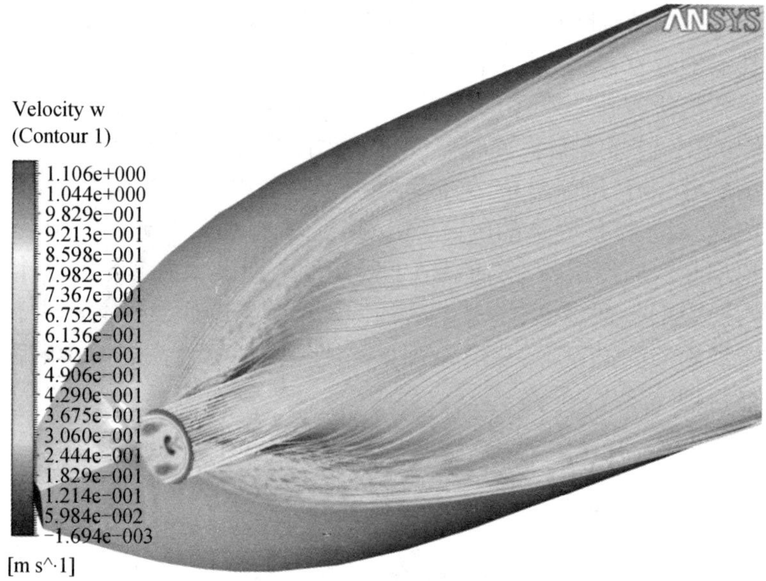

图 8.2　流体质点轨迹

8.1.3　桨前节能附体的生成及其在船体上的安装位置

螺旋桨前置导管和补偿导管外形的生成方式可以分为以下三步:

第一步,在建模软件里将切面的弦长方向调整为和桨轴平行,并且首缘朝向船首方向,尾缘朝向船尾方向,切面的直线部分和桨轴中心线重合;

第二步,将切面旋转一定的角度,并使切面的拱弧线部分处于导管内壁,使切面的直线部分处于导管外壁;

第三步,将切面沿船体吃水方向平移预定的距离,然后以切面为控制面,以桨轴中心线为旋转轴,将切面沿桨轴中心线旋转 360°,构成导管,其控制线如图 8.3 所示,导管外形如图 8.4 所示。整流鳍的生成方式与导管类似,并且是从导管上截取一部分圆弧,并在导管截断处做特殊的处理,以改善其水动力性能从而构成整流鳍,其所截取的圆弧导管与螺旋桨前置导管和补偿导管生成方式的唯一不同点是其切面的拱弧线部分处于导管外壁,切面的直线部分处于导管内壁,从而使其整流效果更明显,整流鳍的控制线如 8.5 所示,外形如图 8.6 所示。

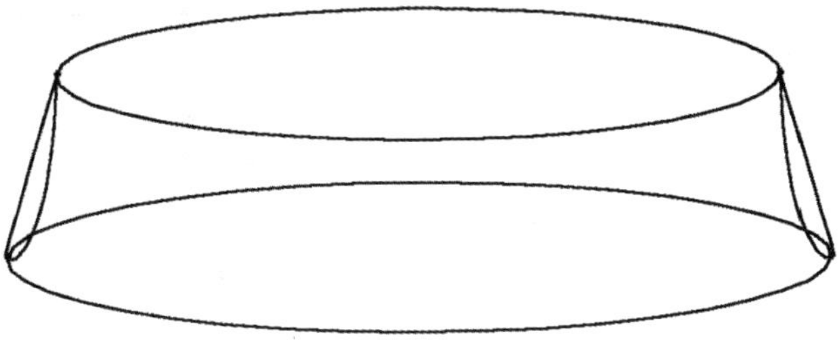

图 8.3　导管控制线

图 8.4　导管外形

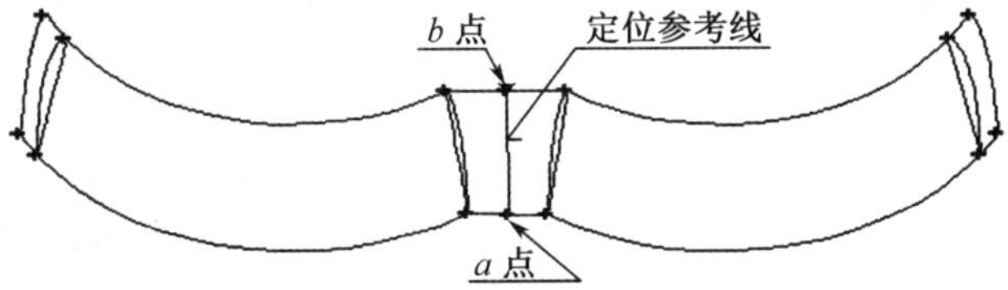

图 8.5　整流鳍控制线

图 8.6　整流鳍外形

螺旋桨节能附体的安装位置直接决定它对桨盘面伴流分布的改变效果,合适的安装位置可以明显改善桨盘面处的伴流分布,从而达到预期的节能效果,不合适的安装位置会使桨盘面处的伴流分布更加复杂,可能会降低螺旋桨的效率,因此不同的节能附体,其安装位置也不相同。经节能附体切面旋转后得到的螺旋桨前置导管,其具体尺寸可以由切面的首缘点和尾缘点与桨轴中心线的距离确定,首缘点距离桨轴中心线 4.5 m,尾缘点距离桨轴中心线 4 m。其在船体上的位置可以由前置导管的任意切面来确定,其切面的首缘点距离桨盘面 3.2 m,尾缘点距离桨盘面 1.1 m,前置导管的中心线与桨轴中心线重合。经节能附体切面旋转后得到的螺旋桨补偿导管,其具体尺寸可以由切面的首缘点和尾缘点与桨轴中心线的距离确定,其切面的首缘点距离桨轴中心线 3.9 m,尾缘点距离桨轴中心线 4.4 m。实际安装在船体上的是两个导管的一部分,由于船体的对称性,这两个导管完全相同,分别安装在船体的两侧。建模时先将两个导管固定在所设计的船体对应位置上,使其任意切面的首缘点距离桨盘面 10 m,尾缘点距离桨盘面 8 m,使两个导管的中心线位于桨轴中心线上方 4.2 m 处,并且分别使两个导管的中心线在船体中线面两侧各偏离船体中线面 1 m 的距离,然后通过布尔运算保留其在船体之外的部分,从而得到最终的计算模型。整流鳍在船体上的位置可以通过位于船体中线面上的定位参考线以及定位参考点 a 和 b 确定,其中 a 点距离桨盘面 13 m,在桨轴中心线上方距离桨轴中心线 0.04 m;b 点距离桨盘面 15 m,在桨轴中心线上方距离桨轴中心线 0.5 m。在整流鳍的位置确定后,通过布尔运算保留其在船体之外的部分,从而得到最终的计算模型。本章所设计的螺旋桨前置导管、补偿导管和整流鳍在船体上的安装位置以及安装节能附体后的计算模型分别如图 8.7、图 8.8 和图 8.9 所示。

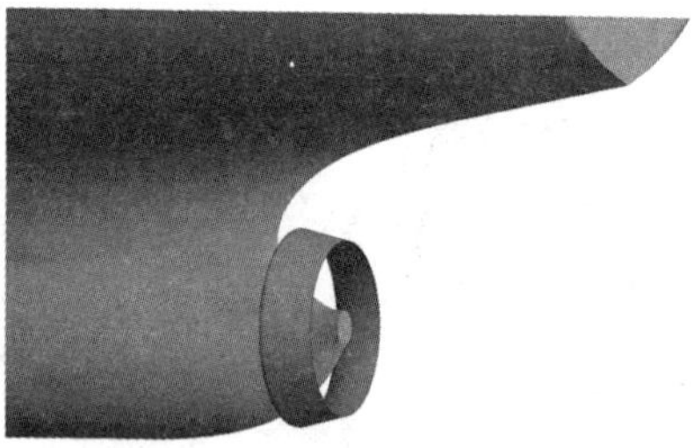

图 8.7 前置导管及其在船体上的位置

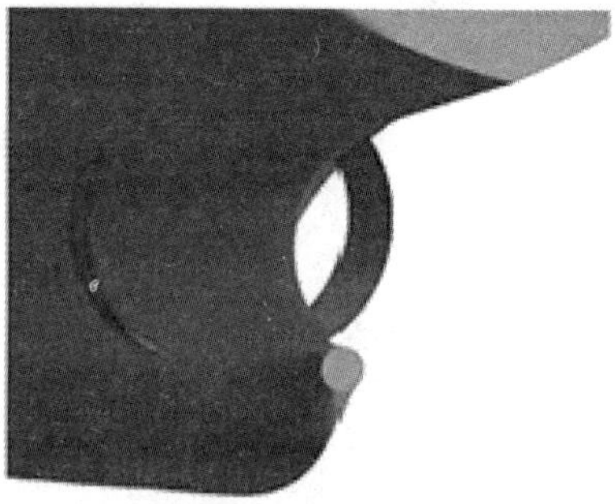

图 8.8 补偿导管及其在船体上的位置

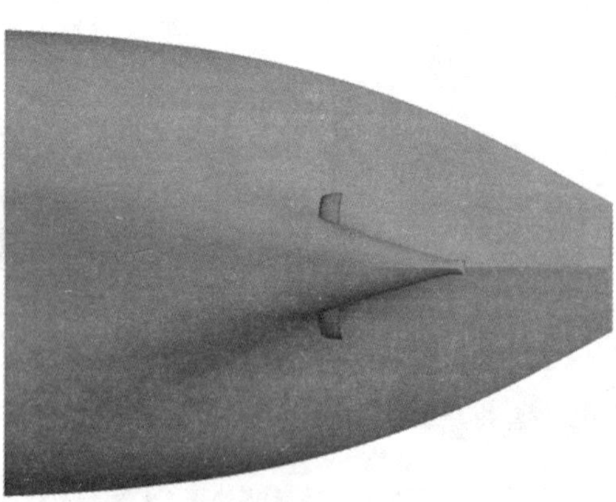

图 8.9 整流鳍及其在船体上的位置

8.2　桨前节能附体对船体伴流场的影响及其工作机理分析

8.2.1　计算域的生成及流场网格的划分

由于本章所使用的肥大型船船体模型和船体伴流场的预报所采用的船体模型相同，安装节能附体后，其计算域的生成以及流场网格的划分可以概括为以下五点。

第一，计算域从船首向上游延伸 1 个船长，从船尾向下游延伸 4 个船长，沿宽度方向延伸 5 个半宽，沿深度方向延伸 7 个吃水。

第二，为了控制网格总数，同时使近壁区域网格有较好的分辨率，需要对整个流场进行分块，并且将计算域分为船体近流场控制域和远流场控制域。由于不考虑自由液面的影响，近流场控制域以设计水线面、中线面和中站面为基准，向外延伸半个船宽的距离，剩余部分为远流场控制域。

第三，在船首及船尾等船体外形较复杂的部位，采用合适的网格尺度，并使网格的尺度由小到大，逐步过渡到船体外形较规则的船中部位。桨盘面和艉封板网格尺度取 0.3 m，并以艉封板为基准，逐渐向船中过渡，船体中部网格尺度取 0.8 m，节能附体的网格尺度取 0.2 m，并逐渐过渡到船体其他位置。

第四，对包含桨盘面和节能附体的流场进行局部加密。包含桨盘面的流场加密范围以桨盘面为基准，沿径向加密到 1.5 倍螺旋桨直径处，沿轴向向船首方向加密到 4.5 倍螺旋桨直径处，沿轴向向船尾加密到 1.5 倍螺旋桨直径处。包含节能附体的流场加密范围以桨盘面中心和节能附体中心为端点连直线作为加密基准，沿桨盘面径向加密到 1.5 倍螺旋桨直径处，沿桨轴轴向向船艏方向加密到 4.5 倍螺旋桨直径处，沿桨轴轴向向船尾加密到 1.5 倍螺旋桨直径处，沿节能附体中心向船首方向加密到 1.5 倍螺旋桨直径处，向船尾方向加密到桨盘面中心位置。

第五，生成近壁区域边界层网格，并且离壁面的第一个节点到壁面的距离为 0.1 m，边界层内的节点数设为 5 个。

8.2.2　船体安装节能附体后桨盘面处的速度场预报

目前，针对船体节能有多种指导思想，依据不同的指导思想所设计的节能装置也各不相同，比如有利用损失在螺旋桨尾涡中的能量而出现的无梢涡螺旋桨、舵附推力鳍、桨后固定叶轮等节能装置。也有通过改变桨盘面的伴流分布从而达到节能目的的螺旋桨前置导管、补偿导管、桨前整流鳍等节能装置，这里的船体节能指导思想就是通过在船体上安装节能附体来改善桨盘面处的伴流分布，从而使螺旋桨工作在更为均匀的伴流场中，提高螺旋桨的效率，进而实现节省能源的目标。

船体安装螺旋桨前置导管、补偿导管和整流鳍后，桨盘面的速度分布分别如图 8.10、图 8.11 和图 8.12 所示，裸船体桨盘面处的速度分布如图 8.13 所示。

将图 8.10、图 8.11、图 8.12 与图 8.13 相比可知，这三种节能附体都能显著地改善桨盘面处的伴流分布，而且安装这三种节能附体后，桨盘面上原来的两个舭涡都消失了，但是桨盘面上桨轴位置处的漩涡依然存在。从图中还可以看出，加装补偿导管后，在桨轴正上方出现一个新的旋涡；加装整流鳍后，桨盘面处流体的速度分布比加装其他两种附体以及不加装附体时都要均匀。加装节能附体后，桨盘面伴流分布的这些变化对螺旋桨的减震降噪和实现船体节能是有益的。

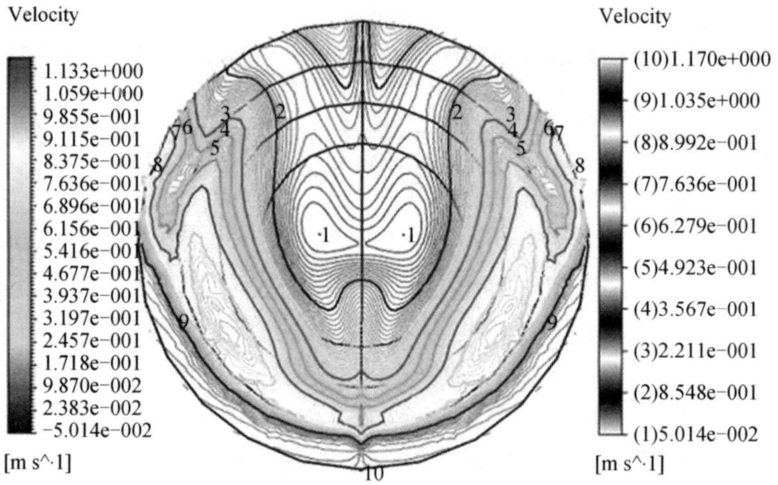

图 8.10　有前置导管船体桨盘面速度分布

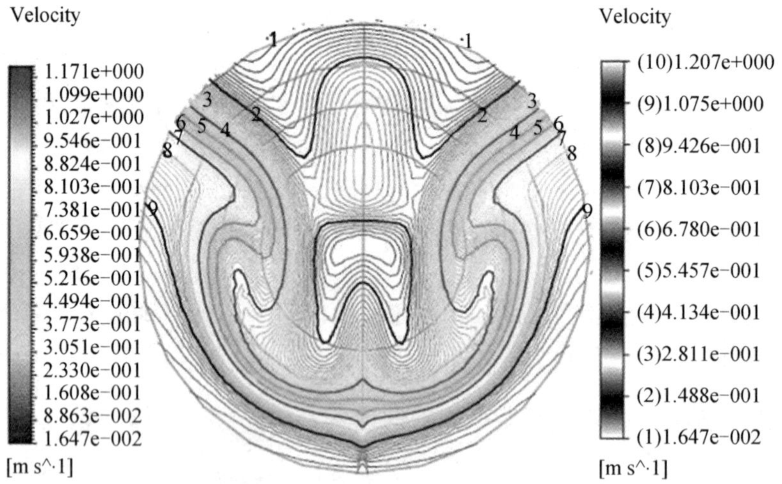

图 8.11　有补偿导管船体桨盘面速度分布

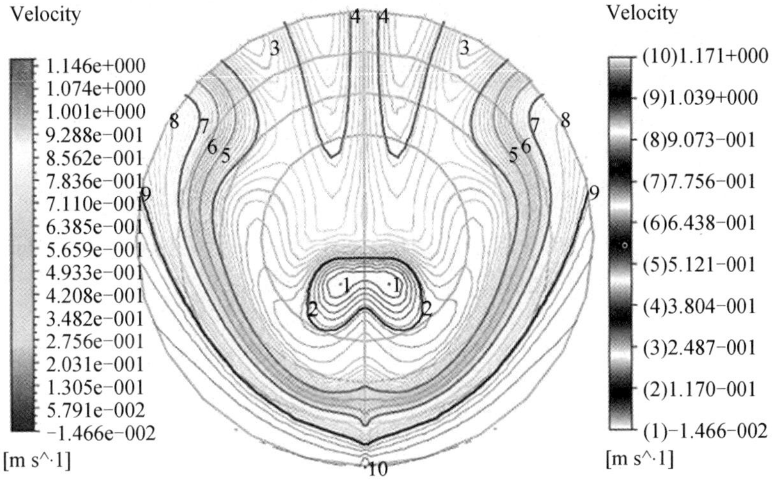

图 8.12　有整流鳍船体桨盘面速度分布

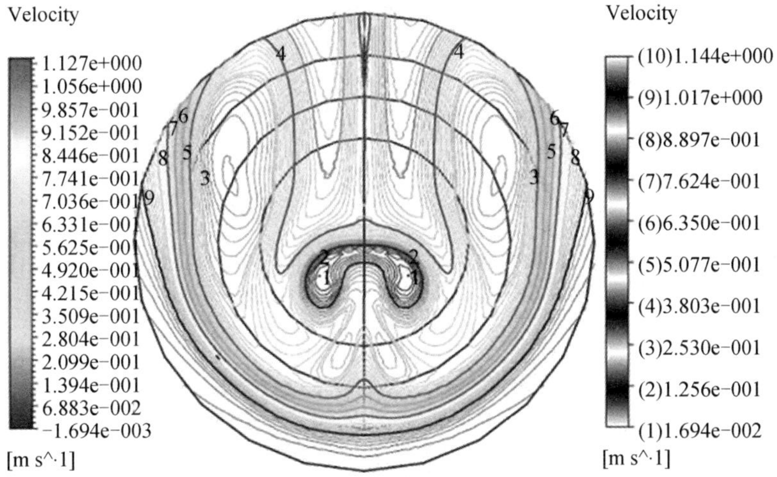

图 8.13　裸船体桨盘面速度分布

8.2.3　节能附体工作机理分析

现有文献对节能附体的工作机理分析大多是在试验现象及试验结果的基础上进行的。由于受试验设备和技术的限制,对节能附体工作机理的解释仅停留在理论分析上,还不能从直观上给出解释。利用 CFD 计算结果信息量大、可显示整个流场流动细节的特点,从流场流动细节上对节能附体的工作机理加以直观的解释。这里所研究的肥大型船绕流场有一个显著特点,就是流入螺旋桨桨盘面的流动受到了由船底诱发的涡的强烈影响,导致一个“兔耳形(岛状)”的速度等高线,并且 0.75 倍螺旋桨半径范围内以及桨盘面上部区域流体进流速度低,桨盘面其他区域流体进流速度高,伴流分布很不均匀,如图 5.2 所示。因此,安装桨前节能装置的主要目标就是改善桨盘面的伴流分布,使其更加均匀,消除舭涡在桨盘面上形成的“兔耳形(岛状)”的速度等高线,减少损失在流体旋涡中的能量,从而达到提高螺旋桨推进效率的目的。本章以整流鳍为例,从流场流动细节的变化来分析节能附体的工作机理。

图 8.14 和图 8.15 分别为船体无节能附体和船体安装整流鳍后桨盘面所在的流场截面速度分布。图 8.16 和图 8.17 是船体无节能附体和船体安装整流鳍后流经桨盘面的流体绕船体的三维轨迹线。

分别比较图 8.14 和图 8.15 以及 8.16 和图 8.17 可知,整流鳍的工作机理就是将流入桨盘面的舭涡引导至桨盘面上方 1.2 倍螺旋桨直径处,同时改变流经桨盘面的部分流体的入流方向和速度大小,从而达到消除桨盘面处的舭涡、改善伴流分布的目的。

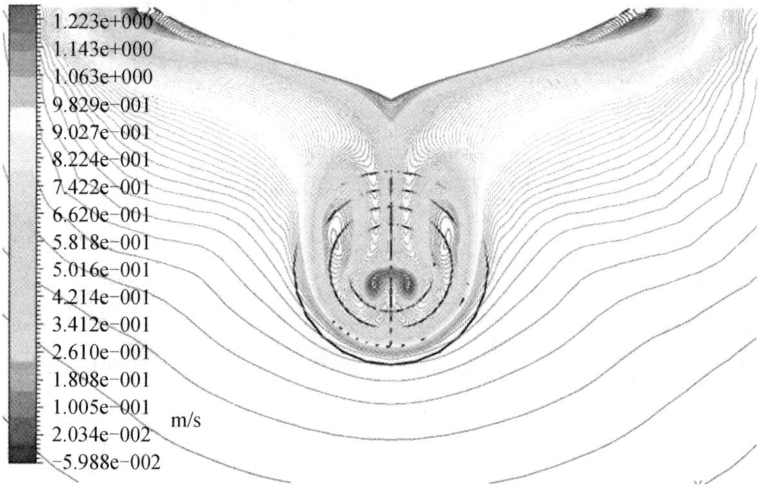

图 8.14　无节能附体的速度分布

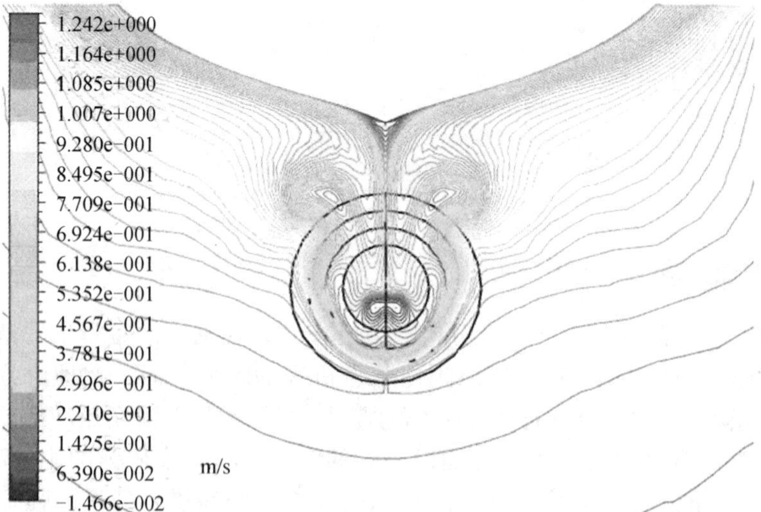

图 8.15　安装整流鳍的速度分布

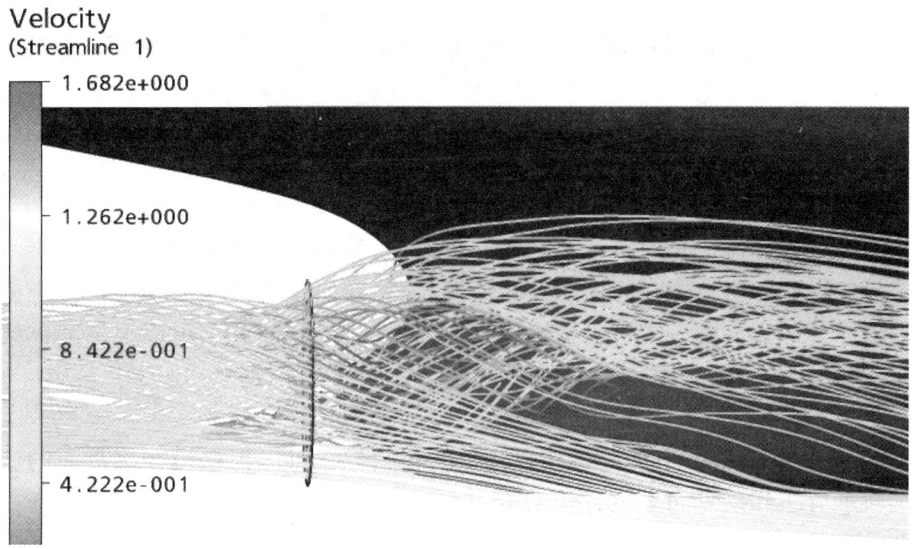

图 8.16　无节能附体时流体流经桨盘面的轨迹

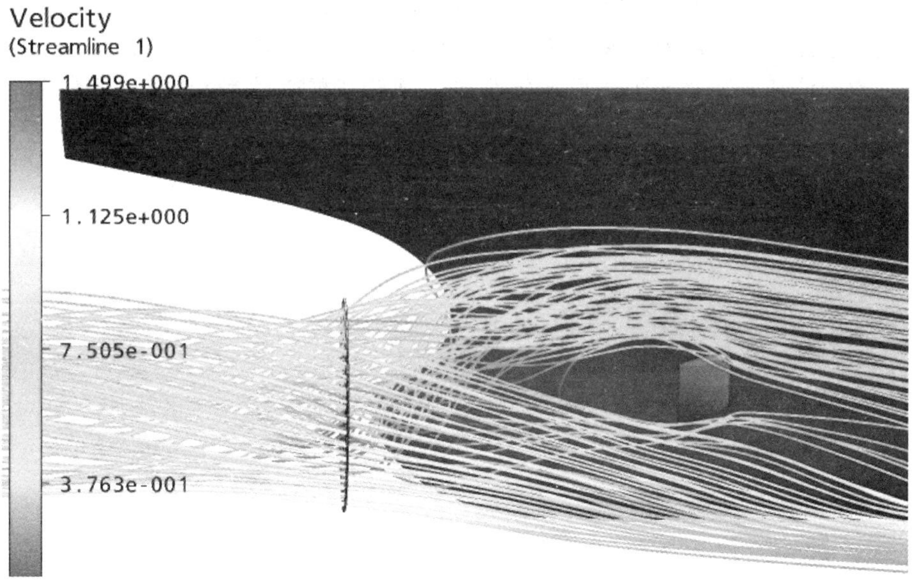

图 8.17　安装整流鳍后流体流经桨盘面的轨迹

由图 8.10、图 8.11、图 8.12 和图 8.13 的对比分析可得，安装三种节能装置后桨盘面的舭涡都消失了，流入桨盘面的流体速度分布更均匀，改善了螺旋桨的进流，实现了桨盘面伴流分布均匀化的目标，减少了损失在流体旋涡中的能量，从而达到提高螺旋桨推进效率的目的。

同时，由以上分析可以得到决定节能附体节能效果的肥大型船伴流场特征：对于肥大型船，所设计的桨前节能装置在消除舭涡的同时，如能使桨盘面的速度分布更均匀，则节能装置的节能效果更为显著。

8.3 节能附体设计安装以及优劣的初步判断总结

由本章的一、二节,可以得出针对一般船型的节能附体设计、在船体上安装的位置和节能附体节能效果优劣的初步判断等具有工程价值的实用方法,可分别表述如下。

(1)节能附体的设计

节能附体的设计包括外形设计和剖面形状设计,目前已有较多的资料可供参考。这部分主要依靠经验和理论猜想来作为设计的依据,往往在初步设计中需要设计多个模型以寻求最佳的附体外形和剖面。在可以精确预报船体伴流场的基础上,可以根据船体绕流场的特点,结合流经桨盘面的流体轨迹,设计合适的节能装置。

(2)节能附体在船体上的安装位置

本章的研究结果表明,节能附体在船体上的安装位置可以根据流经桨盘面的流体绕船体的三维轨迹分布和桨盘面上的伴流分布共同来确定。研究人员可根据需要查找桨盘面某处速度分布的流体在船体及流场中的三维分布位置,分析其速度的大小和方向,从而确定节能附体的安装位置以及安装角度。

(3)节能附体节能效果的初步判断

为缩短研发周期,减少人力和物力的付出,结合节能附体对船体伴流场影响的预报结果,根据决定节能效果的伴流场特征来初步判断所设计的节能附体优劣,可以分为两个步骤:首先是裸船体和安装节能附体后船体桨盘面伴流场的数值预报;然后比较两者的预报结果,根据决定节能效果的伴流场特征,初步评估节能附体的节能效果,剔除节能效果不明显和起反作用的节能附体。

第9章　桨前节能附体节能效果的预报

目前国内外研究人员在开发船舶节能附体和预报其节能效果时，主要采用理论和试验相结合的方法。在船舶节能附体的开发阶段主要采用升力线、升力面、面元法等方法来预报附体的水动力性能。节能附体节能效果的预报涉及到船体与节能附体及螺旋桨的非定常干扰，其流场比单独的船体伴流场或螺旋桨的绕流场都要复杂，目前国内外学者除采用试验方法预报其节能效果外，也一直尝试采用数值方法来解决这一复杂问题。数值方法中可用于预报节能装置节能效果的主要有激励盘模型、势流理论与黏性流理论耦合的求解方法、周向平均的混合面方法以及基于CFD技术的船体与节能附体及螺旋桨的整体求解方法。在预报节能附体节能效果的数值方法中，基于CFD技术的船体与节能附体及螺旋桨整体求解方法是目前国内外研究的热点和难点，这一方法涉及到船体伴流场和螺旋桨水动力性能的准确预报，由前几章的研究内容可知，运用该方法预报节能附体的节能效果需要大量的计算网格，计算量大、计算时间长，需要并行计算机或超级计算机才能完成数值计算，因此其实用性受到限制。对于低成本的节能附体开发及其节能效果的预报，在普通PC机上就可以实现的数值研究方法更具有现实意义和工程价值，因此，本章将研究基于面元法理论和CFD技术的节能附体节能效果的数值预报方法。

9.1　桨前节能附体节能效果预报的研究思路

采用基于面元法理论和CFD技术预报桨前节能附体的节能效果，其研究的基本思路可以描述如下。

首先，是非均匀伴流场中螺旋桨非定常水动力性能预报方法的验证和基于CFD技术的船体桨盘面伴流场预报方法的验证。目前，非均匀伴流场中螺旋桨非定常水动力性能的预报方法有基于势流理论的面元法和基于黏性流理论的CFD技术，可以通过两种方法的计算结果与试验值的对比来判断两种方法的可靠性和优越性，选择可靠性和优越性好的方法预报裸船体和安装节能附体后船体伴流场中螺旋桨的效率。

然后，建立节能附体节能效果的数值预报模型，包括节能附体、裸船体、螺旋桨和安装节能附体后船体几何模型的建模，以及流场网格的划分、螺旋桨及其尾流场面元的划分；在此基础上，预报裸船体桨盘面伴流场和安装节能附体后船体桨盘面伴流场，在得到桨盘面伴流分布后，通过后处理分别提取裸船体桨盘面伴流分布和船体安装节能附体后桨盘面伴流分布。

最后，选择预报非均匀伴流场中螺旋桨非定常水动力性能时可靠性和优越性较好的方法，来预报无节能附体和有节能附体时非均匀伴流场中螺旋桨的效率，通过分析两种伴流场中螺旋桨的效率来确定节能附体的节能效果，选取节能效果相对较好的节能附体开展水池模型试验，进一步通过试验验证数值预报的结果。

9.2 基于面元法理论的螺旋桨水动力性能预报

9.2.1 面元法概述

面元法(Surface Panel Method)又称边界元方法(Boundary Element method),是被广泛应用于船舶螺旋桨理论分析和计算的方法。面元法最先由汉斯和史密斯提出,并应用于无升力体,其基本方程由格林公式导出。它将物体表面分割成多个面元,并在其上分布源汇、偶极或涡,由物体表面的边界条件及库塔条件封闭基本方程,求得方程的数值解。与船舶螺旋桨升力线理论和升力面理论不同,它不对物体形状做任何假设,并在真实物面上满足边界条件,因此由面元法不仅可以准确计算物体的流体动力系数,而且可以得到较准确的表面压力分布。

经过几十年的不断发展,已出现了多种解物体绕流问题的面元法。这些面元法根据基本公式的形式可分为以速度势为基础的面元法和以速度为基础的面元法;根据所用奇点可分为源汇分布方法、偶极分布方法、涡分布方法及混合分布方法;根据奇点的分布方式可分为低阶面元法和高阶面元法;根据面元的形状又可分为三角形面元方法和四边形面元方法等。每一种方法都有其各自的特点和适用性。

由于速度势是一个标量,而速度是矢量,如取同样数量的面元,以速度势为基础的面元法的未知数将是以速度为基础的面元法的未知数的1/3,并且单位强度奇点分布的面元的速度影响函数的计算比速度势影响函数的计算复杂,因此以速度势为基础的面元法的数值计算量及所需内存空间要小得多。另一方面,速度势影响函数的奇异性比速度影响函数的奇异性低一阶,所以以速度势为基础的面元法受形状不规则的面元的影响更小。但是,在得到速度势之后,由速度势求取速度时将面临数值求导的问题,需谨慎处理。

低阶面元法将面元上的奇点分布假设为均匀分布,高阶面元法将奇点分布假设为线性分布或曲面分布。一般地,取同样数量的面元,由高阶面元法将得到比低阶面元法更精确的结果。但是,高阶面元法的数值计算复杂得多,也更耗费时间。对于不同的特定问题,它们的计算精度和有效性也是不同的。

源汇分布方法、偶极分布方法、涡分布方法及混合分布方法的选用,取决于所研究物体的形状及绕流情况。一般对于无升力体的绕流问题,采用源汇分布方法,既简明易算,又可得到合理的计算结果,而对于形状复杂的有升力体的绕流问题,如机翼机身的组合体、风帆赛艇与舵的组合体、螺旋桨等,则多采用源汇与涡的混合分布方法或源汇与偶极的混合分布方法。

三角形面元方法和四边形面元方法的区别在于,三角形面元方法的面元顶点总在同一平面上,面元间没有缝隙,而四边形平面面元方法的面元顶点不一定在同一平面上,这样数值计算时,需将面元顶点投影到平面上,导致面元间出现缝隙,使数值计算产生误差。为此人们又发展了采用曲面面元的面元方法。

本节主要介绍以速度势为基础的、采用源汇和偶极混合分布的、采用双曲面元的低阶面元法在船舶节能附体节能效果预报上的应用,包括无节能附体和有节能附体的船体非均匀伴流场中螺旋桨非定常水动力性能的预报。

9.2.2　面元法求解的基本公式

假设螺旋桨工作在无旋、无黏性、不可压缩流体中，并以常角速度 ω 转动，来流为非均匀的，其速度为 $\boldsymbol{V}_a(x,y,z,t)$，取图9.1所示的坐标系，图中 $O-XYZ$ 是空间固定坐标系，$O-xyz$ 是固定于桨叶的直角坐标系，$O-xyz$ 是固定于桨叶的柱坐标系，θ 为从 Z 轴起始的沿螺旋桨旋转方向的转角，则螺旋桨的相对进流速度为

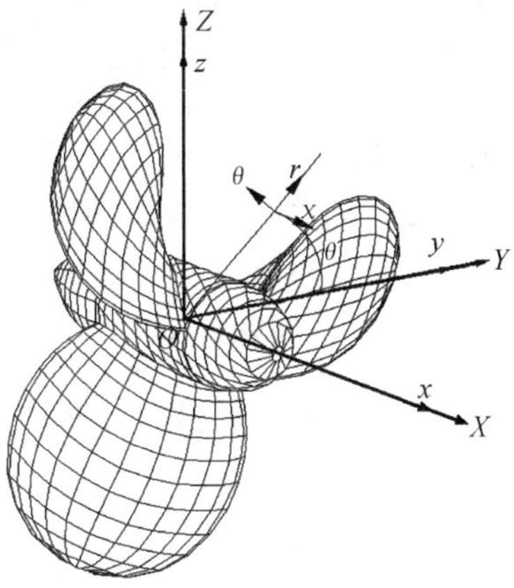

图9.1　螺旋桨坐标系

$$\boldsymbol{V}_0(x,y,z,t)=\boldsymbol{V}_a(x,y,z,t)+\omega r \tag{9-1}$$

这样螺旋桨的扰动速度场可由扰动速度势 $\varphi(t)$ 来描述，$\varphi(t)$ 满足拉普拉斯方程，即

$$\nabla^2\varphi(t)=0 \tag{9-2}$$

根据格林公式，任意一点的速度势可以表示为

$$4\pi E\varphi(P,t)=\iint_S\left[\varphi(Q,t)\frac{\partial}{\partial n_Q}\left(\frac{1}{R_{PQ}}\right)-\frac{\partial\varphi(Q,t)}{\partial n_Q}\frac{1}{R_{PQ}}\mathrm{d}S\right] \tag{9-3}$$

其中

$$\begin{matrix}P\text{在}S\text{之内}\\P\text{在}S\text{之上}\\P\text{在}S\text{之外}\end{matrix}\quad E=\begin{cases}0\\1/2\\1\end{cases} \tag{9-4}$$

扰动速度势 $\varphi(t)$ 同时满足下述条件

$$\nabla\varphi(t)\to0\ \text{当}\ S_\infty\to\infty \tag{9-5}$$

$$\frac{\partial\varphi(t)}{\partial n_Q}=-\boldsymbol{V}_0(x,y,z,y)\cdot\boldsymbol{n}_Q\ \text{在}\ S_B\text{上} \tag{9-6}$$

$$p^+-p^-=0$$

$$\left(\frac{\partial\varphi(t)}{\partial n_{Q_1}}\right)^+-\left(\frac{\partial\varphi(t)}{\partial n_{Q_1}}\right)^-=0\ \text{在}\ S_W\text{上} \tag{9-7}$$

此处 S_∞，S_B，S_W 分别表示外边界面、物面和尾涡面。将它们代入式(9-3)得到

$$2\pi\varphi(P,t)=\iint_{S_B}\varphi(Q,t)\frac{\partial}{\partial n_Q}\left(\frac{1}{R_{PQ}}\right)\mathrm{d}S+\iint_{S_W}\Delta\varphi(Q_1,t)\frac{\partial}{\partial n_{Q_1}}\frac{1}{R_{PQ_1}}\mathrm{d}S+$$
$$\iint_{S_B}(V_0(t)\cdot n_Q)\left(\frac{1}{R_{PQ}}\right)\mathrm{d}S \tag{9-8}$$

上式中 $\Delta\varphi(Q_1,t)$ 是尾涡面上速度势的跳跃，即

$$\Delta\varphi(Q_1,t)=\varphi(Q_1,t)^+-\varphi(Q_1,t)^- \tag{9-9}$$

它是时间和位置的函数，在任意时刻 t，其最靠近尾缘处的数值可由下述压力库塔条件来确定

$$(\Delta p)_{TE}(t)=p_{TE}^+(t)-p_{TE}^-(t)=0 \tag{9-10}$$

这样在每一时刻，可以求得方程式(9-8)的数值解，即螺旋桨表面的扰动速度势，对该速度势求数值导数，则得到螺旋桨表面的扰动速度 $\boldsymbol{V}(x,y,z,t)$。螺旋桨表面的总速度为扰动速度与进流速度的合速度

$$\boldsymbol{V}_t(x,y,z,t)=\boldsymbol{V}_0(x,y,z,t)+\boldsymbol{V}(x,y,z,t) \tag{9-11}$$

根据伯努利定理，螺旋桨表面的压力可表示为

$$p(t)=p_0+\frac{1}{2}[\,|\boldsymbol{V}_0(t)|^2-|\boldsymbol{V}_t(t)|^2\,]-\rho\frac{\partial\varphi(t)}{\partial t} \tag{9-12}$$

在任意时刻求解基本方程式(9－8)的过程与解定常问题时相似，但基本方程中尚有未知的量 $\Delta\varphi(Q_1,t)$，作为时间和位置的函数，不能像在定常问题中那样，由库塔条件全部确定，而只能确定最靠近桨叶随边处的值。所以，必须发展在时域中按时间步长进行计算的方法来解非定常问题。

9.2.3　面元法的数值计算过程

对于在非均匀流中以一定转速 ω 旋转的螺旋桨，可从任意时刻 t 开始进行计算，取时间步长 Δt，相应的旋转角步长为 $\Delta\theta=\omega\Delta t$。假设初始时间为 $t_0=0$，此时第一个叶片在 $\theta=0$ 处，那么在第 k_t 步时，时间为 $k_t\Delta t$，第一个叶片的角位置为 $k_t\Delta\theta$。沿 θ_1 方向将桨叶编号，则第 k 个叶片在 $k_1\Delta\theta-\pi(k-1)/2$ 处。

将螺旋桨表面及尾涡面分成多个小单元，由双曲面元近似替代每一单元。在一个叶片及 $1/Z$ 桨毂上的面元数取为 $N_P=2N_CN_R+N_H$，在一个尾涡面上的面元数取为 N_RL_W。L_W 为沿着尾涡流线的面元数，应趋于无穷大，但在实际计算中，一般取为足够大的数。

将扰动速度势 $\varphi(t)$、速度势跳跃 $\Delta\varphi(t)$ 及 $\boldsymbol{V}_0(t)\cdot\boldsymbol{n}$ 看作在每一个面元上均匀分布，取面元的形心为控制点，则在步长 k_t 时，在每一个控制点上，基本积分方程式(9－8)可以写为

$$\sum_{k=1}^{Z}\sum_{j=1}^{N_P}(\delta_{ij}^k-C_{ij}^k)\varphi_j^k(k_t\Delta t)-\sum_{k=1}^{Z}\sum_{m=1}^{N_R}\sum_{l=1}^{L_W}W_{iml}^k\Delta\varphi_{ml}^k(k_t\Delta t)$$
$$=-\sum_{k=1}^{Z}\sum_{j=1}^{N_P}B_{ij}^k[\boldsymbol{V}_{ij}^k(k_t\Delta t)\cdot\boldsymbol{n}_j^k]\qquad i=1,2,\cdots,ZN_p \tag{9-13}$$

其中，δ_{ij}^k是 Kronecker delta 函数，C_{ij}^k，W_{iml}^k及 B_{ij}^k是由下式定义的影响系数

$$\begin{cases}C_{ij}^k=\dfrac{1}{2\pi}\iint_{S_j^k}\dfrac{\partial}{\partial n_j^k}\left(\dfrac{1}{R_{ij}^k}\right)\mathrm{d}S_j^k\\[2ex] W_{iml}^k=\dfrac{1}{2\pi}\iint_{S_{ml}^k}\dfrac{\partial}{\partial n_{ml}^k}\left(\dfrac{1}{R_{iml}^k}\right)\mathrm{d}S_{ml}^k\\[2ex] B_{ij}^k=\dfrac{-1}{2\pi}\iint_{S_j^k}\dfrac{\partial}{\partial n_j^k}\left(\dfrac{1}{R_{ij}^k}\right)\mathrm{d}S_j^k\end{cases} \tag{9-14}$$

式中，S_j^k 和 S_{ml}^k是第 k 个叶片和尾涡面上面元的面积；R_{ij}^k和 R_{iml}^k分别是第 i 个面元上的控制点到面元 S_j^k 和 S_{ml}^k上积分点的距离。这些影响函数都可由蒙瑞诺的解析公式计算。

方程(9－13)是关于未知数 $\varphi_j^k(k_t\Delta t)$的 $ZN_p\times ZN_p$ 阶线性方程组，求解时需要大量的数值计算和内存空间，为了减少数值计算时间和所占用的内存，取第一个叶片为主叶片，于是方程(9－13)可以改写为主叶片和 $1/Z$ 桨毂的线性方程组

$$\sum_{j=1}^{N_P}(\delta_{ij}^1-C_{ij}^1)\varphi_j^1(k_t\Delta t)=\sum_{k=2}^{Z}\sum_{j=1}^{N_P}C_{ij}^k\varphi_j^k(k_t\Delta t)+\sum_{k=1}^{Z}\sum_{m=1}^{N_P}\sum_{l=1}^{\infty}W_{iml}^k\Delta\varphi_{ml}^k(k_t\Delta t)-$$
$$\sum_{k=1}^{Z}\sum_{j=1}^{N_P}B_{ij}^k[V_{ij}^k(k_t\Delta t)\cdot n_j^k]\qquad i=1,2,\cdots,N_p \tag{9-15}$$

在上式中，将 $\varphi_j^1(k_t\Delta t)(k=2,\cdots,Z)$看作是已知的，则 $\varphi_j^1(k_t\Delta t)$为未知量，方程简化成为 $N_p\times N_p$ 阶线性方程组。尾涡面上的速度势跳跃 $\Delta\varphi^1k_{ml}(k_t\Delta t)$中主叶片尾涡面最靠近叶

片随边处面元的 $\Delta\varphi^1 k_{ml}(k_t\Delta t)$ 可由库塔条件确定，此后它将保持强度沿尾涡面的流线方向运动，这样速度势跳跃中的其他项 $\Delta\varphi_{ml}^1(k_t\Delta t)(l=2,\cdots,L_W)$ 可由该时刻以前的计算推知。

螺旋桨尾涡面的几何形状是未知的，一般为一扭曲的螺旋面，特别是在非均匀流中，其形状更加复杂，它与螺旋桨的几何特征、转速及来流速度分布密切相关。这里选用线性尾涡模型，即某半径处的尾涡沿剖面弦向流出，并等螺距地向后运动。这样每个叶片的水动力性能以相同的规律周期性变化，相邻叶片间的相位差为 $2\pi/Z$。

计算时选择时间步长 Δt 使角度 $360/Z$ 可以被角度步长 $\Delta\theta$ 整除，那么当进行了 $360/(Z\Delta\theta)$ 步计算之后，叶片正处于前一个叶片的初始位置，而当 $k_t=360/\Delta\theta$ 时，叶片回到原来的初始位置，时域中的计算进行了一周。以 $\Delta\theta$ 代替方程(9－15)中的 Δt，得到

$$\sum_{j=1}^{N_P}(\delta_{ij}^1-C_{ij}^1)\varphi_j^1(k_t\Delta\theta)=\sum_{k=2}^{Z}\sum_{j=1}^{N_P}C_{ij}^k\varphi_j^k(k_t\Delta\theta)+\sum_{k=1}^{Z}\sum_{m=1}^{N_P}\sum_{l=1}^{\infty}W_{iml}^k\Delta\varphi_{ml}^k(k_t\Delta\theta)-\sum_{k=1}^{Z}\sum_{j=1}^{N_P}B_{ij}^k[V_{ij}^k(k_t\Delta\theta)\cdot n_j^k]\quad i=1,2,\cdots,N_p \tag{9-16}$$

由于叶片间存在上述关系，其他叶片上的速度势与主叶片上的速度势有如下关系

$$\varphi_j^k(k_t\Delta\theta)=\begin{cases}\varphi_j^1[(k_t-l_k)]\Delta\theta] & l_k\leqslant k_t\\(\varphi_j^1)_0[(L-l_k+k_t)\Delta\theta] & l_k>k_t\end{cases} \tag{9-17}$$

其中

$$L=360/\Delta\theta l_k=\frac{360}{Z\Delta\theta}(k-1)$$

(φ_j^1) 是前一周计算出的主叶片上的速度势。

当螺旋桨旋转一个步长 $\Delta\theta$ 时，尾涡也向后拖出 $\Delta\theta$ 角，为了方便推导尾涡面上速度势跳越的值，划分尾涡面上的面元时，在 θ 方向上取等间距，长度为 $\Delta\theta$，这样考虑到运动的周期性及主叶片与其他叶片的关系，则尾涡面上的速度势跳越的值可由下式递推求出：

主叶片

$$\Delta\varphi_{ml}^l(k_t\Delta\theta)=\begin{cases}\Delta\varphi_{ml}^1[(k_t-l+1)\Delta\theta] & l<l\leqslant k_t\\(\Delta\varphi_{ml}^1)_0[(L-l+k_t+1)\Delta\theta] & L\geqslant l>k_t\\\Delta\delta_{m(l-nL)}^1(k_t\Delta\theta) & (n+1)L\geqslant l>nL,n=1,2,\cdots\end{cases} \tag{9-18}$$

其他叶片

$$\Delta\varphi_{ml}^k(k_t\Delta\theta)=\begin{cases}\Delta\varphi_{m(l+l_k)}^1(k_t\Delta\theta) & (l+l_k)\leqslant k_t\\\Delta\varphi_{m(l+l_k-L)}^1(k_t\Delta\theta) & 2L\geqslant(l+l_k)>L\\\Delta\varphi_{m(l-nL)}^k(k_t\Delta\theta) & (n+1)L\geqslant l>nL,n=1,2,\cdots\end{cases} \tag{9-19}$$

$(\Delta\varphi_{ml}^1)_0$ 是前一周计算出的主叶片的尾涡面上的速度势跳跃值。

进行螺旋桨的非定常水动力性能的计算前，先计算螺旋桨的定常水动力性能，以定常的计算结果作为非定常计算的初值。在每一时间步长，由式(9－15)能够求得主叶片表面的速度势的数值解，求解计算中都要进行数值迭代计算以满足库塔条件。

螺旋桨表面的扰动速度仍可由对速度势进行求导的方法确定，而压力分布由伯努利方程式(9－12)计算，其中速度势对时间的导数项用三点向后差分来替代，即

$$\frac{\partial\varphi(t)}{\partial}=\frac{\partial\varphi(k_t\Delta\theta)}{\partial(k_t\Delta\theta)}\omega=\frac{3\varphi[(k_t-2)\Delta\theta]-4\varphi[(k_t-1)\Delta\theta]+\varphi(k_t\Delta\theta)}{2\Delta\theta}\omega \tag{9-20}$$

沿整个螺旋桨表面进行积分,则可获得螺旋桨在各个方向的水动力和力矩,数值计算中各方向的水动力和力矩的计算式为

$$\begin{cases}F_X(k_t\Delta\theta)=-T(k_t\Delta\theta)=\sum_{k=1}^{Z}\sum_{j=1}^{N_p}p_j^k(k_t\Delta\theta)n_{Xj}^kS_j^k\\F_X(k_t\Delta\theta)=\sum_{k=1}^{Z}\sum_{j=1}^{N_p}p_j^k(k_t\Delta\theta)n_{Yj}^kS_j^k\\F_X(k_t\Delta\theta)=\sum_{k=1}^{Z}\sum_{j=1}^{N_p}p_j^k(k_t\Delta\theta)n_{Zj}^kS_j^k\end{cases} \tag{9-21}$$

$$\begin{cases}M_X(k_t\Delta\theta)=Q(k_t\Delta\theta)=\sum_{k=1}^{Z}\sum_{j=1}^{N_P}P_j^k(k_t\Delta\theta)(n_{Yj}^kZ_j^k-n_{Zj}^kY_j^k)S_j^k\\M_X(k_t\Delta\theta)=\sum_{k=1}^{Z}\sum_{j=1}^{N_P}P_j^k(k_t\Delta\theta)(n_{Zj}^kX_j^k-n_{Xj}^kZ_j^k)S_j^k\\M_X(k_t\Delta\theta)=\sum_{k=1}^{Z}\sum_{j=1}^{N_P}P_j^k(k_t\Delta\theta)(n_{Zj}^kX_j^k-n_{Xj}^kZ_j^k)S_j^k\end{cases} \tag{9-22}$$

式中 $(n_{Xj}^k,n_{Yj}^k,n_{Zj}^k)$——$O-XYZ$ 坐标系下第 k 个叶片第 j 个面元上的单位法向量;

(X_j^k,Y_j^k,Z_j^k)——$O-XYZ$ 坐标系下第 k 个叶片第 j 个面元上的控制点的坐标;

S_j^k——第 k 个叶片第 j 个面元的面积。

以计入相当平板摩擦阻力的方法考虑黏性对水动力和力矩的影响。时域中的计算进行到螺旋桨的水动力达到收敛为止。

9.2.4 面元法计算的算例

以“Seiun - Maru”大侧斜螺旋桨作为面元法程序的算例。“Seiun - Maru”大侧斜螺旋桨是第 22 届 ITTC 推进器技术委员会于 1998 年组织的面元法和 CFD 讨论会上所选定的两个标准桨之一,其伴流为典型的商船伴流,用来作为非定常面元法的考核实例。为了考核面元法程序预报非均匀伴流场中螺旋桨非定常水动力性能的计算精度,将计算结果与试验值和文献值做了比较,并和 FLUENT 软件的计算结果做了比较以进一步分析两种方法的计算差异。Seiun - Maru HSP 螺旋桨的具体参数以及桨盘面处的伴流分布可参考本书相关内容,面元法计算时 Seiun - Maru HSP 螺旋桨的桨叶和桨毂面元的布置如图 9.2 所示,试验和计算工况如表 9.1 所示。

表 9.1 Seiun - Maru 螺旋桨的试验和计算工况

船速/kn	转速/(r/min)	进速系数	推力系数	力矩系数
9.0	90.7	0.851	0.172	0.026 8

如图 9.3 所示为螺旋桨在一个周期内不同转角下的推力系数和力矩系数;如图 9.4 所示为非均匀伴流场中一个桨叶的推力系数和力矩系数在一个周期内不同转角下的波动变化,并和文献值做了比较,文献值是 Tetsuji Hoshino 采用面元法计算得到的。图 9.5 给出了

非均匀伴流场中一个桨叶位于桨盘面 90°位置时 0.7 倍半径剖面弦向压力分布的计算值和试验值的比较，图 9.6 给出了非均匀伴流场中一个桨叶 0.7 倍半径剖面上 0.8 倍弦长位置压力在一个旋转周上变化的计算值和试验值的比较，图中除给出试验值外还给出了 Hoshino 的计算结果。图中 0°在桨盘面正上方，相应的 180°在其正下方。

图 9.2　Seiun - Maru 螺旋桨的桨叶和桨毂面元布置

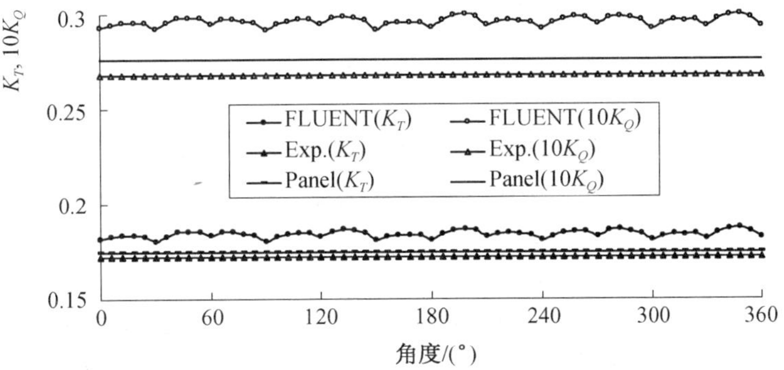

图 9.3　$J = 0.85$ 时螺旋桨的性能曲线

从图 9.3 可以看出，在非均匀伴流场中螺旋桨的非定常数值计算中，FLUENT 计算得到的整个桨的推力系数和力矩系数呈周期性变化，变化周期为 30°，且推力系数的最大值比试验值大 7%，力矩系数的最大值比试验值大 10%；面元法计算得到的推力系数比试验值偏大 1.7%，力矩系数比试验值偏大 3%。图 9.4 中，FLUENT 的预报值在 36° ~ 78°和 210° ~ 318°这两个区间内和文献值相比，推力系数和力矩系数都偏大，但总体的趋势是一致的；面元法的预报值除 45°位置附近的力矩系数比文献值偏小外，其他位置的计算值和文献值吻合得很好。由图 9.5 和图 9.6 可知，计算结果和试验值以及文献值吻合良好。因此，本章的面元法程序具有较高的计算精度，可以满足预报节能装置节能效果的需求。

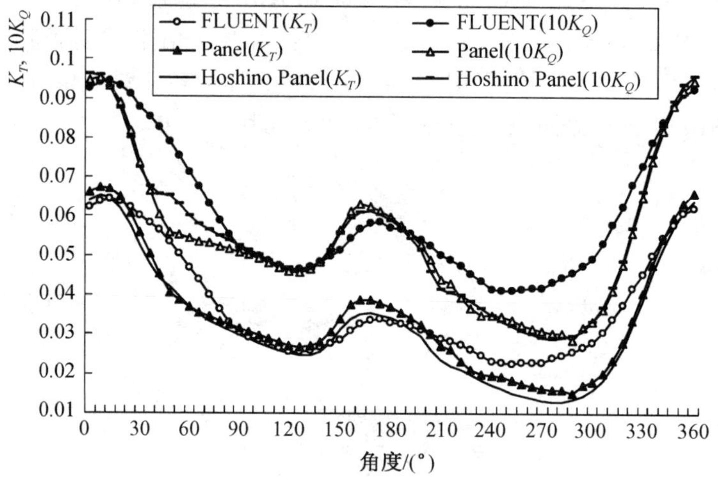

图 9.4　一个桨叶的推力系数和力矩系数在一个旋转周上不同位置处的波动变化

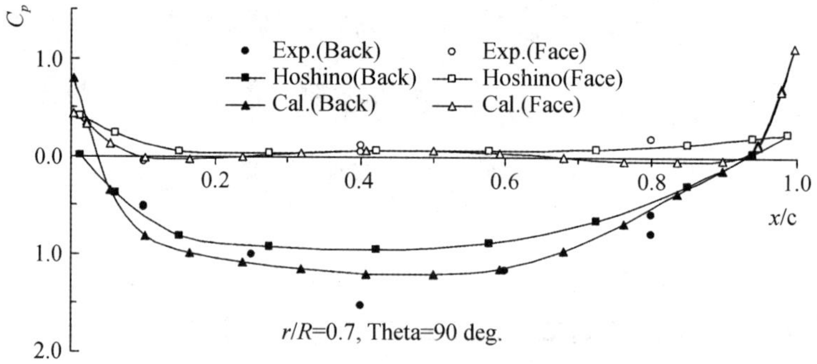

图 9.5　0.7 倍半径剖面弦向压力分布比较

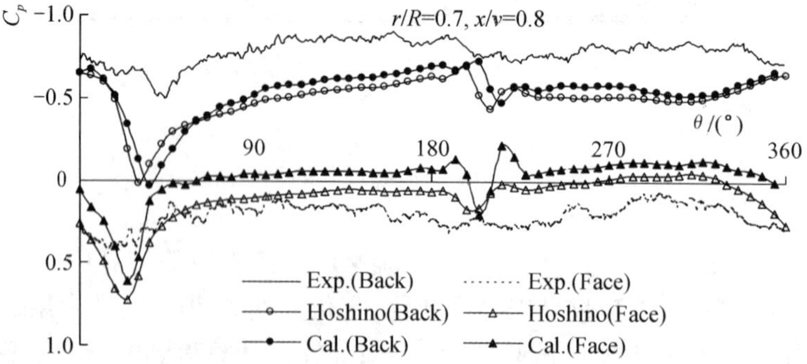

图 9.6　0.7 倍半径剖面弦向压力在一个旋转周上的变化比较

9.3　节能附体对船体伴流场影响的预报

在第8章中，通过船体伴流场的变化可以定性分析桨前节能装置是否有节能效果，但是无法对节能装置的节能效果进行定量比较与分析。为实现节能装置节能效果的定量比较与分析，需要通过后处理来提取船体安装三种节能装置后桨盘面轴向、径向和切向的伴流大小。

在处理桨盘面的伴流时，既要保证处理后的速度场能代表桨盘面的伴流分布特征，又要使数值计算顺利进行，这就要求处理后的数据既不能过于庞大，又要具有代表性。因此，利用船体伴流场的对称性，在某散货船桨盘面上分别取 $r/R=0.3$，$r/R=0.5$，$r/R=0.7$，$r/R=0.9$ 和 $r/R=1.1$ 的5个半圆环，在每个半圆环上间隔10°选取19个点，分别提取安装螺旋桨前置导管、补偿导管和整流鳍后船体桨盘面上这些点的伴流分数，作为基于面元法理论和CFD技术预报螺旋桨水动力性能时的边界条件，桨盘面其他位置的速度可以通过这些点插值得到。安装螺旋桨前置导管、补偿导管和整流鳍后船体桨盘面轴向伴流分数分别如图9.7至图9.11所示，图中0°在桨盘面的正上方，相应的180°在桨盘面的正下方。

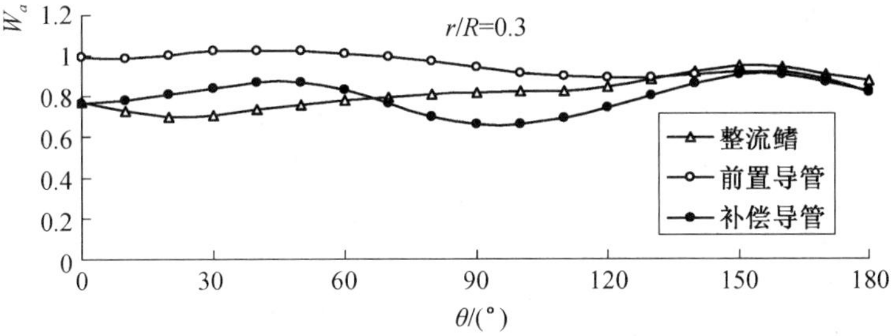

图9.7　$r/R=0.3$ 处伴流分数

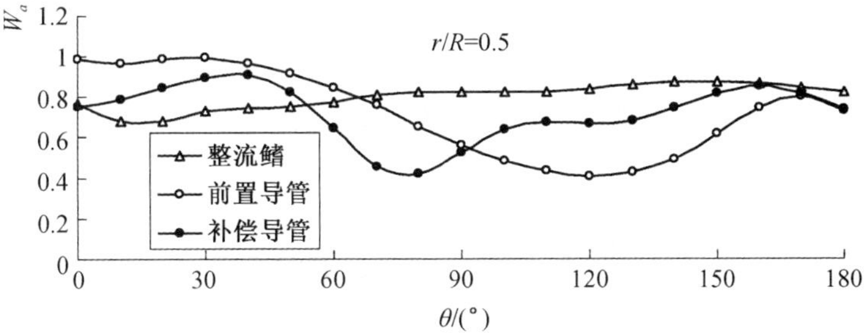

图9.8　$r/R=0.5$ 处伴流分数

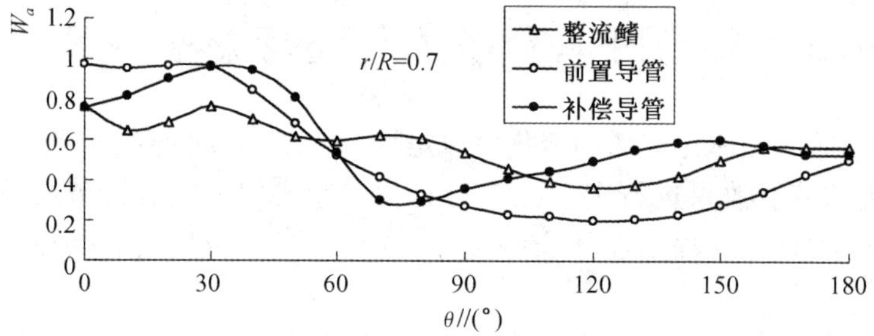

图 9.9　$r/R=0.7$ 处伴流分数

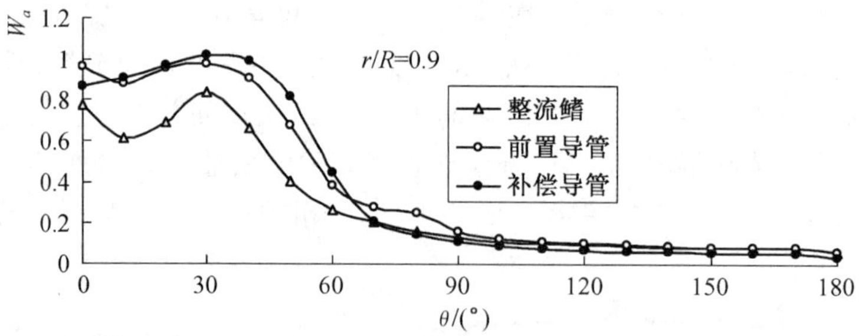

图 9.10　$r/R=0.9$ 处伴流分数

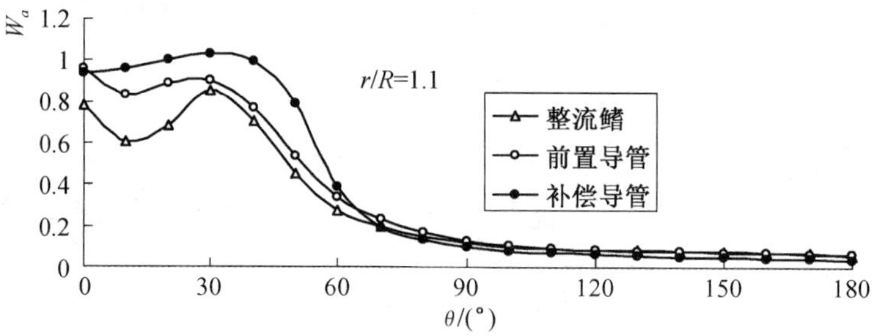

图 9.11　$r/R=1.1$ 处伴流分数

9.4　节能附体节能效果的数值预报结果

为使节能附体的节能效果更符合工程实际，在某肥大型船满载设计状态下（航速15 kn，进速系数 $J=0.427\ 1$），结合该船裸船体桨盘面伴流分数的试验值和经过后处理的安装螺旋桨前置导管、补偿导管、整流鳍后船体伴流分数，基于面元法理论和 CFD 技术预报了在这四种伴流中非定常状态下螺旋桨的效率，该肥大型船的螺旋桨相关参数可参考文献。

9.4.1　基于面元法理论的数值预报结果

基于面元法理论预报裸船体伴流场中和安装螺旋桨前置导管、补偿导管、整流鳍后船体伴流场中螺旋桨的非定常水动力性能，其计算原理和本章第二节完全一样，这里不再重复,图 9.12 为面元法计算时该船螺旋桨桨毂、桨叶以及尾流场的面元分布。表 9.2 是面元法的计算结果。

表 9.2　面元法的计算结果

螺旋桨的效率	船体无附体	船体加装前置导管	船体加装补偿导管	船体加装整流鳍
面元法计算值	0.660	0.729	0.707	0.669
效率的提高/%	/	10.45	7.12	1.36

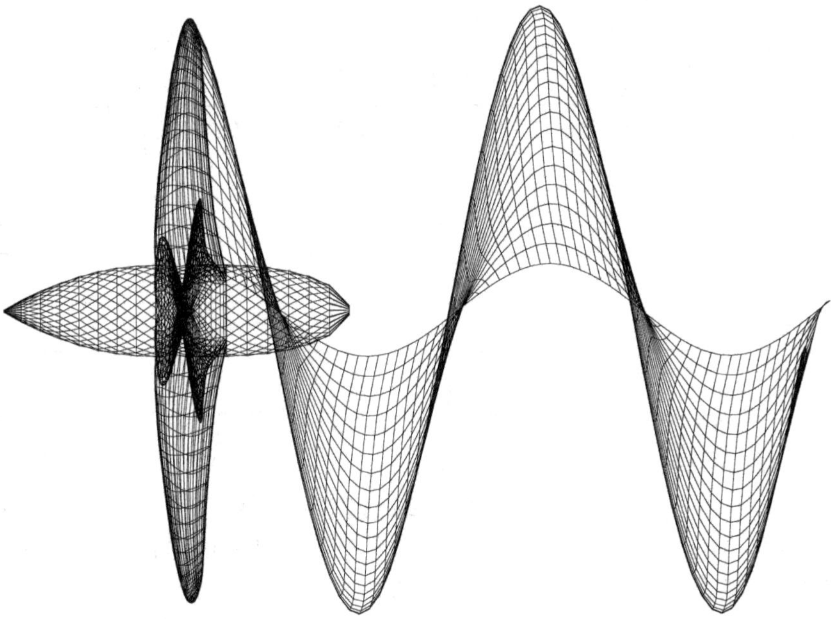

图 9.12　面元分布

9.4.2　基于 CFD 技术的数值预报结果

基于 CFD 技术预报裸船体伴流场中和安装螺旋桨前置导管、补偿导管、整流鳍后船体伴流场中螺旋桨的非定常水动力性能,其螺旋桨几何模型的建模、流场网格划分的处理方法、螺旋桨旋转模型的选取、湍流模型的选取、边界条件的设置、非均匀伴流场的实现等求解策略和本书的前面章节完全一样,这里不再重复。图 9.13 为基于 CFD 技术预报螺旋桨水动力性能时该船螺旋桨的几何外形。表 9.3 是基于 CFD 技术预报螺旋桨水动力性能的计算结果。

图 9.13　螺旋桨几何形状

表 9.3　FLUENT 的计算结果

螺旋桨的效率	船体无附体	船体安装前置导管	船体安装补偿导管	船体安装整流鳍
FLUENT 计算值	0.662	0.718	0.701	0.671
效率的提高/%	/	8.46	5.89	1.36

9.4.3　两种预报方法及其预报结果的比较

表 9.4 给出了基于面元法理论和 CFD 技术计算得到的这四种伴流中螺旋桨的效率以及安装节能附体后效率的提高。

表 9.4　螺旋桨的效率比较

螺旋桨的效率	船体无附体	船体安装前置导管	船体安装补偿导管	船体安装整流鳍
FLUENT 计算值	0.662	0.718	0.701	0.671
效率的提高/%	/	8.46	5.89	1.36
面元法计算值	0.660	0.729	0.707	0.669
效率的提高/%	/	10.45	7.12	1.36

由表 9.4 可得，船体安装这三种节能装置后，螺旋桨的效率都得到了提高，其中螺旋桨前置导管改善螺旋桨效率的效果最为显著。在船体无节能附体和船体安装整流鳍时，面元法计算得到的效率比 FLUENT 软件计算得到的效率偏低，其他情况下得到的效率比 FLUENT 软件计算得到的效率偏高，两种方法计算得到的结果的总体趋势是一致的。船体加装三种节能附体后的效率与船体无节能附体时的效率相比，面元法计算得到的效率提高值比 FLUENT 软件计算得到的值偏高，但是总体的趋势是一致的。这说明面元法和 CFD 技术都能较好地预报出桨前节能附体的节能效果。

由表 9.3 的比较可知，在预报螺旋桨的效率上，基于面元法理论得到计算结果的精度比基于 CFD 技术得到的结果精度要高。实际计算时，对同样的非均匀伴流场中螺旋桨的非定常水动力性能预报问题，面元法程序从开始计算到得到结果所花费的时间不到 1 个小时，而使用 CFD 软件则要花费 1 个多星期。综合考虑计算精度和计算时间，认为在目前的状况下，针对这里所研究的问题，基于面元法理论预报螺旋桨的水动力性能比基于 CFD 技术预报螺旋桨的水动力性能更具有优越性。同时，计算结果进一步验证了决定节能效果的伴流场特征，即对于肥大型船，所设计的桨前节能装置在消除舭涡的同时，如能实现使桨盘面的速度分布更均匀，则节能装置的节能效果更为显著。

9.5　桨前节能附体节能效果的数值预报方法

由本章以上各节的研究结果,可以得到一种基于面元法理论和 CFD 技术的桨前节能装置节能效果的数值预报方法:首先是基于面元法理论的非均匀伴流场中螺旋桨非定常水动力性能预报方法的验证和基于 CFD 技术的船体桨盘面伴流场预报方法的验证,在此基础上,基于 CFD 技术预报裸船体伴流场和安装桨前节能附体后船体的伴流场,然后对这两种伴流场做必要的处理,基于面元法理论预报船体伴流场中螺旋桨的效率,通过比较两种伴流场中螺旋桨的效率得到节能附体的节能效果。综合上述基于面元法理论和 CFD 技术预报桨前节能附体节能效果的计算步骤,可以将桨前节能附体节能效果的数值预报方法用一个框图表示,如图 9.14 所示。

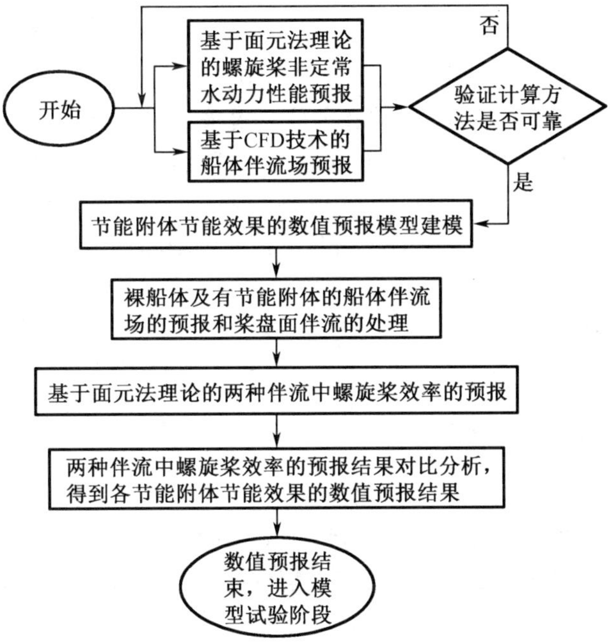

图 9.14　节能效果的数值预报方法

本章得到的这种基于面元法理论和 CFD 技术的桨前节能装置节能效果的数值预报方法,除可用于本文提到的三种节能装置外,还可适用于其他类型的桨前节能装置节能效果的预报,在桨前节能装置的前期研究中具有成本低、周期短、方便快捷、可多个方案同时进行的特点,可为定型设计和模型试验提供可靠的理论依据和技术支持。

第10章　船体与螺旋桨及舵的干扰研究

目前,国内外研究人员主要通过理论研究和模型试验来开发船舶推进节能装置、预报其节能效果,在节能装置的设计上,基本上都是依据模型和实船试验的经验来完成初步设计,在初步设计的基础上,通过大量模型试验进行方案优选,并最终完成定型设计。在节能装置节能效果的预报上,目前国内外学者除采用试验方法预报其节能效果外,理论方法中可用于预报节能装置节能效果的除了升力线、升力面和面元法外,主要有激励盘模型、势流理论与黏性流理论耦合的求解方法、周相平均的混合面方法,以及基于 CFD 技术的船体、螺旋桨、舵和节能装置整体求解方法。在这些数值方法中,只有基于 CFD 技术的船体、螺旋桨、舵和节能装置完整模型整体求解方法考虑了船体、螺旋桨、舵对节能装置节能效果的影响,预报精度相对较高,对于桨前节能装置和桨后节能装置均具有较强的适应性。

基于 CFD 技术求解船体、螺旋桨、舵和节能装置来预报节能装置节能效果,需要先精确预报船桨舵相互干扰的水动力性能。本章使用 CFD 前处理软件 ICEM CFD,GAMBIT 和 Tgrid 划分流场网格,基于滑移网格技术,采用 Detached Eddy Simulation(DES)湍流模型,实现了船体、螺旋桨、船桨组合、船桨舵组合相互干扰的水动力性能预报的主要过程。

10.1　船体和螺旋桨相互干扰研究

10.1.1　船体和螺旋桨的相互作用

螺旋桨是在船后工作的,螺旋桨和船体成为一个系统,两者之间必然存在相互作用。这种相互作用表现为船体所形成的速度场和螺旋桨所形成的速度场之间的相互影响。在船后工作的螺旋桨因受到船体的影响,故进入桨盘面处的水流速度及其分布情况与均匀来流不同,而船体周围的水流速度分布及压力分布受螺旋桨的影响与裸船体不同。如何把船体和螺旋桨联系起来,正是研究螺旋桨和船体相互影响的目的。严格来说,应该把船体与螺旋桨作为统一的整体来考虑,本章基于整体考虑的思路,将螺旋桨置于船后,来研究船体和螺旋桨的相互作用。

10.1.2　研究对象及网格划分

船体和螺旋桨非定常干扰的研究对象是哥德堡 2000 计算船舶流体力学研讨会的比较对象,即 KRISO 的 3600TEU 集装箱船 KCS 模型和它的螺旋桨模型 KP505。船模的主要参数见表 10.1;螺旋桨模型的主要参数见表 10.2。螺旋桨安装在船模上 $x/L=0.4825$ 处,即在艉垂线上游 $0.0175L$(127.3 mm)处,其中 x 为轴向坐标,L 为船模长度,船体和螺旋桨相互干扰的求解模型如图 10.1 和图 10.2 所示。

表 10.1　KCS 船模主要参数

垂线间长/m	型宽/m	吃水/m	湿表面积/m^2	方形系数	雷诺数	傅劳德数	船模速度/(m/s)
7.27	1.01	0.34	9.49	0.65	1.4×10^7	0.26	2.19

表 10.2　KP505 螺旋桨模型主要参数

叶数	剖面形状	缩尺比	桨径/(mm)	毂径比	侧斜角/(°)	后倾角/(°)	转速/(r/s)
5	NACA66	31.6	25	0.18	32	0	9.5

图 10.1　船桨整体求解模型

图 10.2　船桨整体求解模型

根据滑移网格技术模拟螺旋桨旋转运动的特点，需要将流场分为完全静止的部分和绕桨轴旋转的部分。在船桨相互干扰的研究中，将整个流场设置成长方体和包含在长方体内的圆柱体两部分，船体包含在长方体内和长方体一起静止不动，圆柱体包含螺旋桨，并和螺旋桨一起以给定的转速绕桨轴旋转，模拟螺旋桨的实际转动，包含船体的静止部分和包含螺旋桨的旋转部分如图 10.3 所示，整个计算域共生成 697 万个网格，其中转动部分 204 万个网格，静止部分 493 万个网格。

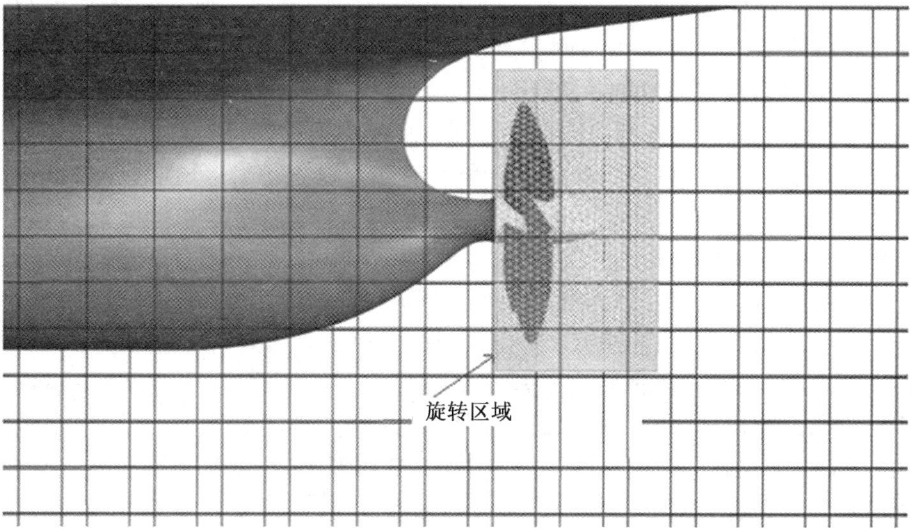

图 10.3　船桨相互干扰模型

由于受国内计算机性能和网格生成软件功能的限制，生成近 700 万个网格单元是一个极大的挑战。考虑到计算机性能和网格生成软件包的升级需要花费大量的财力和时间，那么如何在现有软件和硬件资源的基础上完成研究任务，生成数值计算所必需的网格成为研究人员首先要解决的问题。由于在船体和螺旋桨的非定常干扰计算中，船体和螺旋桨的几何模型都很复杂，而且两者的尺寸相差很大，在计算中既需要准确求解船体的黏性伴流场，又需要准确预报船体实际伴流场中螺旋桨的水动力性能和船体本身的水动力性能，这对计算网格的质量提出了很高的要求。实际研究也表明，共同决定网格质量的四个基本因素（网格节点的聚集程度、网格的光顺程度、网格的扭曲程度、网格的长宽比）在网格划分过程中都必须加以考虑，对任何因素的忽略和轻视都会导致计算因网格质量差而出错或因网格质量问题得到不可接受的计算结果。

针对目前流行的网格划分软件的特点，以及数值模拟对网格质量的要求，最终选择三种网格划分软件共同完成船体和螺旋桨的非定常干扰研究的网格划分，这三种软件分别是 GAMBIT、Tgrid 和 ICEM CFD。对于面网格划分，GAMBIT 具有独特的优点，它在实现网格局部加密的同时可以很好地保证相邻面网格尺寸变化的光顺过渡，当然，相邻面网格其两个节点尺寸变化的递增因子也不能过大，一般不超过 1.2，这里根据实际需要将其控制在 1.1 以内。由于用 GAMBIT 软件可以很方便地实现在船体曲率较大的表面加密网格，在曲率较小的表面使用较为稀疏的网格，并且在高度扭曲的螺旋桨表面可以方便的生成三角型面网格，故船体、螺旋桨桨叶和桨毂的面网格由 GAMBIT 软件生成。由于船体、螺旋桨桨叶和桨毂外形复杂，并且同一个船体模型和螺旋桨模型表面的网格尺度不同，GAMBIT 软件生成的面网格扭曲度往往超过 0.5，直接由这样的面网格生成体网格，其体网格的质量将无法满足计算的要求，故需要对面网格的网格质量做必要的修正，以确保所有面网格的扭曲度控制在 0.3 以下。作为 GAMBIT 软件生成面网格的必要补充，Tgrid 软件可以很好地完成面网格质量的修正，经过一系列的光顺修正，Tgrid 软件可以大幅降低多数面网格的扭曲度，当然，部分扭曲度超过 0.5 的面网格需要人工干预，通过合并网格节点、面网格单元的再分割、网格节点的移动和重新定位等干预措施可以保证最终的面网格扭曲度控制在 0.3 以下。

高质量的面网格保证了生成高质量的体网格所必需的前提。但是生成多达 700 万个体网格单元，对目前所流行的单机版网格划分工具来说是一个不可完成的任务，庆幸的是 CFD 软件的求解器对网格的数量并没有明确的限制，它所提供的合并网格功能为解决生成多达 700 万个网格单元提供了解决问题的办法。借助于滑移网格对静止部分和滑动部分计算域网格的要求，可以将计算域的静止部分和滑动部分独立起来，分别划分网格，然后一起导入求解器中合并两部分网格，实现问题的求解。经分解后，船体和螺旋桨的非定常干扰计算所需的网格数量可以分解为转动部分的 204 万个网格单元和静止部分的 493 万个网格单元，这样的网格数量，任何一款网格划分软件都可以完成。

实际生成体网格时发现，使用 ICEM CFD 软件可以得到很好的体网格质量，然而在划分包含螺旋桨转动部分的体网格时，由于螺旋桨桨叶的高度扭曲，在生成桨叶和桨毂表面周围的边界层网格时会出现一些困难，Tgrid 软件却可以很好地生成桨叶和桨毂表面周围的边界层网格，并能保证很好的体网格质量。鉴于 ICEM CFD 软件和 Tgrid 软件在划分包含船体的静止部分和包含螺旋桨的转动部分的体网格时各自的特点，充分利用各软件的优点共同完成船体和螺旋桨的非定常干扰计算的网格划分任务。

包含船体静止部分的网格划分完全参考前面章节的方法。包含螺旋桨的旋转部分首先在桨叶及桨毂表面附近生成棱柱体边界层网格单元,然后再以四面体网格单元填充内圆柱剩余部分,并以金字塔形体网格作为过渡连接结构化网格和非结构化网格。在单独研究船体和螺旋桨时,各相关计算条件和船桨相互干扰研究完全相同,唯一不同点是单独研究船体时,把桨去掉,单独研究螺旋桨时,将船体去掉。船体的非定常水动力性能研究中,船体表面网格、湍流边界层网格以及桨盘面周围流场网格如图 10.4 所示,整个计算域流场网格如图 10.5 所示。

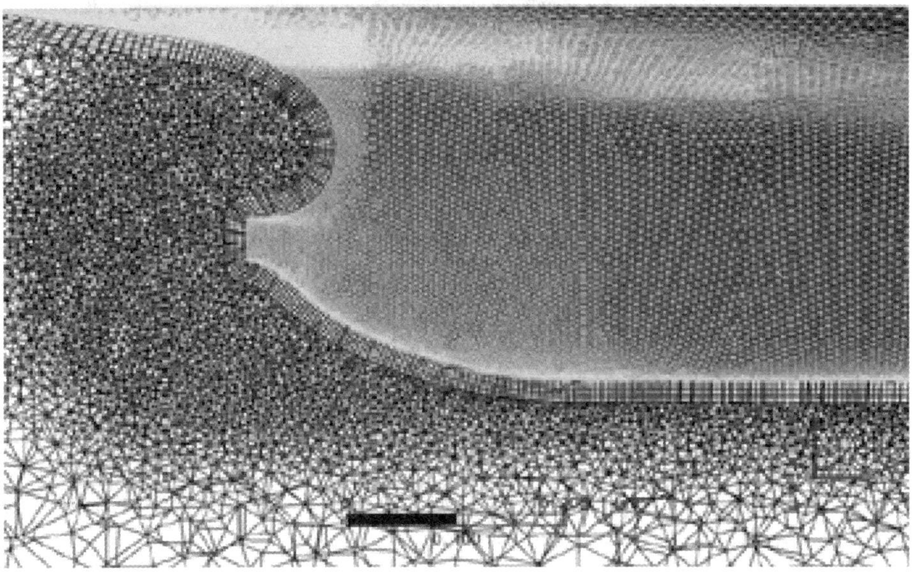

图 10.4　船体局部详细网格

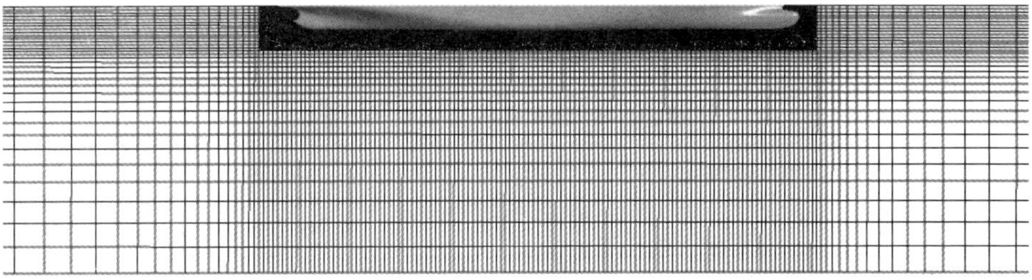

图 10.5　流场网格

在划分船体和螺旋桨壁面附近网格时,为了更好地求解壁面周围的湍流边界层,在船体、桨毂、桨轴及桨叶周围生成 5 至 7 层边界层网格是十分必要的。而且近壁区域网格的质量是湍流模型能否恰当地求解湍流边界层的关键,其中 $Y+$ 值是判断湍流边界层区域网格质量好坏的一个重要标准,图 10.6 给出了实际计算时螺旋桨表面的 $Y+$ 值。

10.1.3　计算结果及分析

为了研究船桨相互干扰时船体和螺旋桨水动力性能与单独研究船体和螺旋桨时的差别,本章也单独研究了螺旋桨和船体的非定常水动力性能。

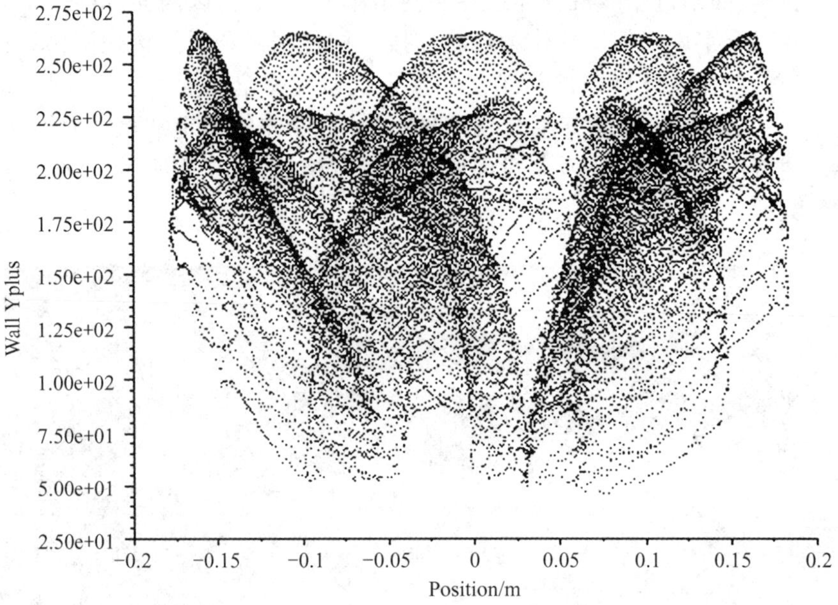

图 10.6　壁面 Y + 值

1. 螺旋桨的非定常数值模拟

在螺旋桨的非定常水动力性能研究中,螺旋桨的转速取 50 r/s,计算中螺旋桨的转速保持不变,采用改变来流速度大小的方式实现进速系数的变化。

表 10.3 给出了 KP505 螺旋桨的推力系数和力矩系数的试验值和计算值,并比较了两者之间的差异。从表可以看出,推力系数的误差可控制在 4.3% 以内,力矩系数的最大误差为 5.9%,两者基本上已经达到了螺旋桨设计要求的精度,图 10.7 给出了推力系数和力矩系数的计算值与试验值比较曲线。

表 10.3　KP505 螺旋桨水动力性能

进速系数	0.1	0.3	0.5	0.7
K_T试验值	0.476 3	0.381 4	0.276 3	0.177
K_T计算值	0.455 8	0.366 9	0.274 2	0.173 3
K_T误差	-4.30%	-3.80%	-0.76%	-2.10%
$10K_Q$试验值	0.672	0.552 7	0.425 8	0.299 2
$10K_Q$计算值	0.705 7	0.580 8	0.45	0.316 8
K_Q误差	5.00%	5.10%	5.70%	5.90%

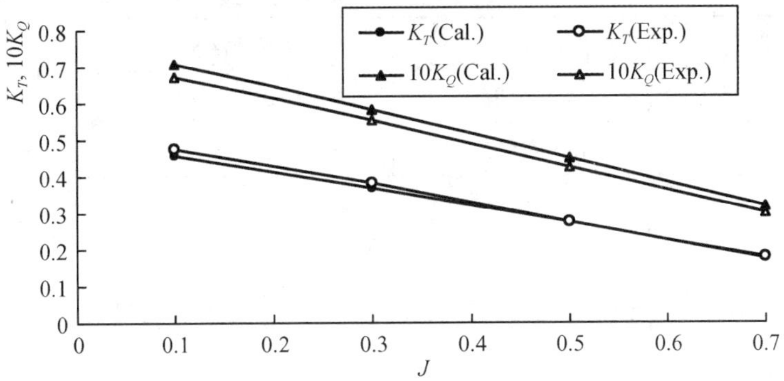

图 10.7　KP505 螺旋桨的推力系数和力矩系数

2. 船后桨的水动力性能分析

理论上认为,工作于船后的螺旋桨,由于进流速度的非均匀性,螺旋桨的每个桨叶在桨盘面的不同位置处,其水动力系数也不相同。为考察船后桨的这一特性,单独考察了 KP505 螺旋桨的一个桨叶在一个周期内处于桨盘面不同位置时的水动力性能。在船桨相互干扰研究中,船速取 2.196 m/s,螺旋桨的转速取 9.5 r/s。

表 10.4 是一个桨叶在桨盘面不同位置处的推力,其中 0°在桨盘面的正上方,180°在桨盘面的正下方。从表 10.4 中可以看出,黏性力在桨盘面不同位置处的变化不大,这说明船体尾流场对桨盘面湍流边界层的厚度改变不大;但是由于桨叶叶背和叶面的压力差而产生的推力变化是非常大的,最大值近似为最小值的 2 倍,这说明船体伴流场对螺旋桨的影响主要体现在进流速度的改变上,由于桨盘面不同位置的进流速度不同,所以导致单个桨叶在桨盘面不同位置处,其推力也不相同。图 10.8 和图 10.9 分别给出了船桨相互干扰时,螺旋桨 1 个桨叶、整个螺旋桨 5 个桨叶的推力系数和力矩系数的计算值与试验值。

表 10.4　KP505 螺旋桨一个桨叶的推力

桨的位置/(°)	压力/N	黏性力/N	合力/N
0	17.220 5	−0.388 2	16.832 4
30	16.553 3	−0.409 0	16.144 3
60	13.965 9	−0.436 5	13.529 4
90	13.955 1	−0.457 2	13.497 8
120	14.168 4	−0.458 0	13.710 4
150	13.815 0	−0.448 3	13.366 7
180	12.535 3	−0.433 6	12.101 8
210	10.463 8	−0.422 2	10.041 6
240	9.121 3	−0.410 6	8.710 7
270	8.912 0	−0.398 6	8.513 4
300	10.704 1	−0.385 1	10.319 0

表 10.4(续)

桨的位置/(°)	压力/N	黏性力/N	合力/N
330	14.073 9	-0.377 3	13.696 6
360	17.220 5	-0.388 2	16.832 4

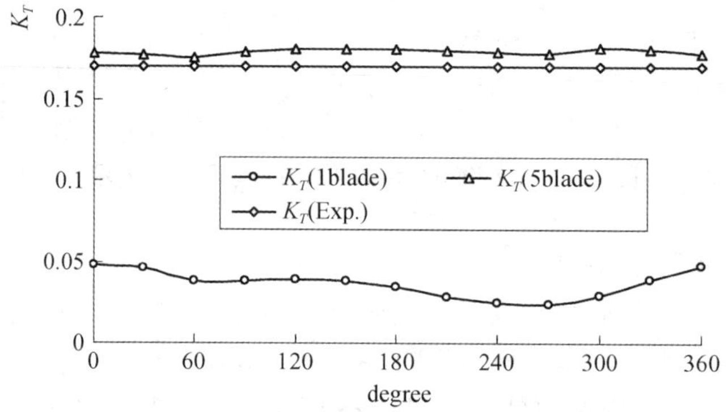

图 10.8　船后 KP505 螺旋桨的推力系数

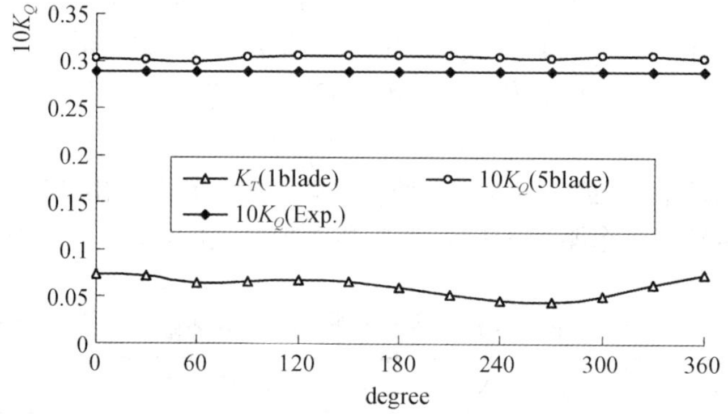

图 10.9　船后 KP505 螺旋桨的力矩系数

从图中可以看出,单独考察 1 个桨叶时,船体尾流场对其推力系数和力矩系数影响明显,桨叶在桨盘面不同位置处,其推力系数和力矩系数明显不同,但是整个螺旋桨的推力系数和力矩系数在桨盘面的不同位置处变化不大,推力系数基本在 0.178 附近波动,力矩系数在 0.3 附近波动,和试验值相比,推力系数误差最大为 6%,力矩系数误差最大为 6.2%。

3. 无桨船体的水动力性能分析

为了分析船桨相互干扰中螺旋桨对船体的作用,同时考察了无桨船体的水动力性能。

如图 10.10 和图 10.11 所示分别为无桨船体表面压力系数的计算值和试验值。和试验值相比,在设计水线面附近的压力分布曲线有明显的失真,这可能是由于没有考虑自由面的影响造成的,其他部分压力分布曲线的位置和大小和试验值吻合得较好。如图 10.12 和图 10.13 所示分别为无桨船体尾流场局部速度分布的计算值和试验值,其位置在桨盘面后 0.25 倍螺旋桨直径处,图中等值线云图是轴向速度和船速的比值,三维矢量箭头是径向速度和周向速度的合速度与船速的比值。从图中可以看出，计算得到的轴向速度、径向速度与周向速度的合速度除个别位置差异较大外，总体来说和试验值吻合得较好。

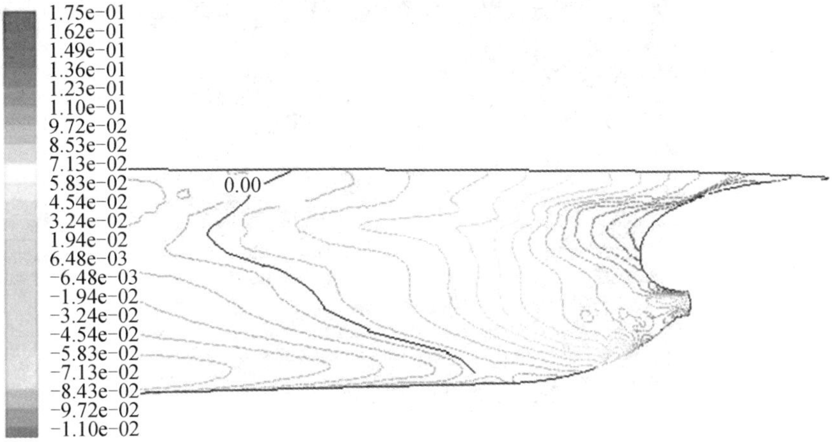

图 10.10　无桨船体表面压力分布的计算值

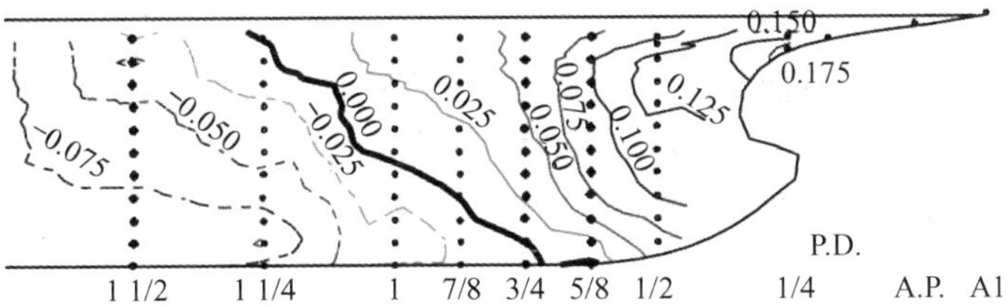

图 10.11　无桨船体表面压力分布的试验值

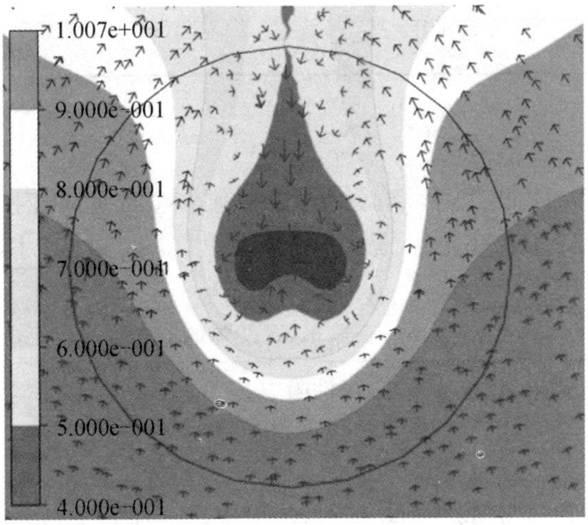

图 10.12　无桨船体桨盘面后 **0.25*D*** 处速度场的计算值

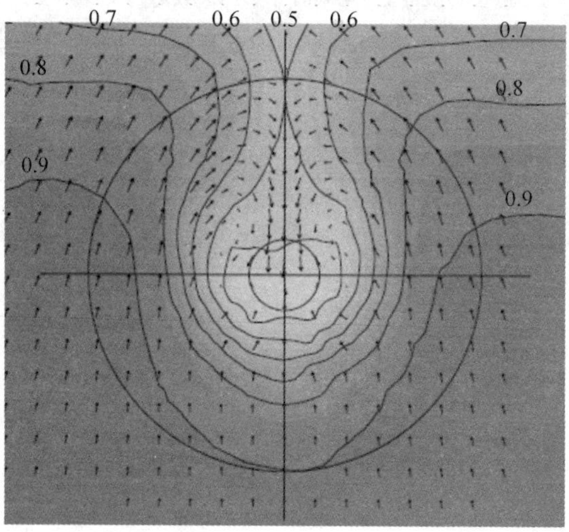

图 10.13　无桨船体桨盘面后 0.25D 处速度场的试验值

表 10.5 给出了无桨船体阻力系数的计算值和试验值，为了和船桨相互干扰研究有一个定量的比较和分析，表中同时也给出了计算所得到的船体压差阻力和黏性阻力以及总阻力。从表可以看出，这里黏性阻力占总阻力的 83.5%。哥德堡 2000 计算船舶流体力学研讨会上，多家机构采用不同的程序得到了不同的计算结果，文献给出了八家机构的计算结果，其预报的阻力系数（不包括兴波阻力）平均值为 0.003 74。

表 10.5　无桨 KCS 船体阻力系数的计算和试验值

裸船体	压差阻力	黏性阻力	总阻力	总阻力系数
计算值	13.458 N	68.02 N	81.478 N	0.003 561
试验值	/	/	/	0.003 534

4. 有桨船体的水动力性能分析

为了分析螺旋桨对船体阻力的影响，给出了螺旋桨一个周期内 1 个桨叶在桨盘面不同位置处船体的阻力值，如表 10.6 所示，表中 0°在桨盘面的正上方，180°在桨盘面的正下方。

表 10.6　有桨 KCS 船体的阻力值

桨叶位置/(°)	压差阻力/N	黏性阻力/N	总阻力/N	总阻力系数
0	20.425	68.341	88.767	0.003 883
30	20.614	68.329	88.944	0.003 891
60	20.634	68.324	88.958	0.003 891
90	20.760	68.327	89.087	0.003 897
120	20.507	68.326	88.833	0.003 886

表 10.6(续)

桨叶位置/(°)	压差阻力/N	黏性阻力/N	总阻力/N	总阻力系数
150	20.795	68.319	89.114	0.003 898
180	20.500	68.320	88.820	0.003 885
210	20.607	68.319	88.926	0.003 890
240	20.394	68.311	88.705	0.003 880
270	20.616	68.304	88.920	0.003 890
300	20.634	68.310	88.944	0.003 891
330	20.446	68.313	88.758	0.0038 82
360	20.425	68.341	88.767	0.003 883

由表 10.6 可以看出,螺旋桨对船体的影响主要体现在压差阻力上,其最大值与最小值相差 1.97%,而对黏性阻力的影响很小,黏性阻力的最大值和最小值仅相差 0.05%,由此可见,船桨相互干扰时,船体表面压力的不断变化是引起船体震动的原因之一,黏性力的变化对船体震动的贡献很小,同时由表 10.6 可以求得船体总阻力系数的平均值为 0.003 888。进一步比较表 10.5 和表 10.6 则发现,船桨相互干扰时,螺旋桨对船体的干扰主要体现在压差阻力上,有桨船体表面压差阻力的平均值比无桨船体增加 52.82%,黏性阻力仅增加 0.44%,船体总阻力增加 9.09%。在哥德堡 2 000 计算船舶流体力学研讨会上,仅有三家机构给出了船桨相互干扰的计算结果,其中有两家的计算结果比无桨船体的阻力系数增加 10% 左右,这与预期的趋势是一致的,而另外一家的结果为 0.003 35,比无桨船体的阻力系数偏小 5.25%。

图 10.14 和图 10.15 分别是船桨相互干扰时船体表面压力分布的计算值和试验值。由图可见,计算所得水线面附近的压力分布和试验值误差较大,这主要是由于计算时没有考虑自由面的影响,船体其他部分的压力分布的位置和大小都和试验值吻合得较好。

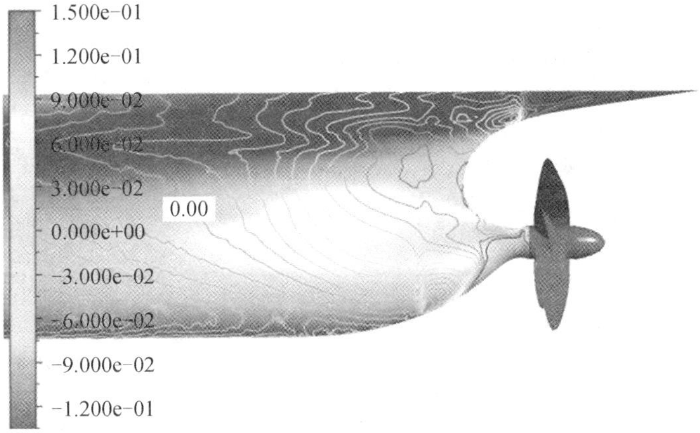

图 10.14　有桨船体表面压力分布的计算值

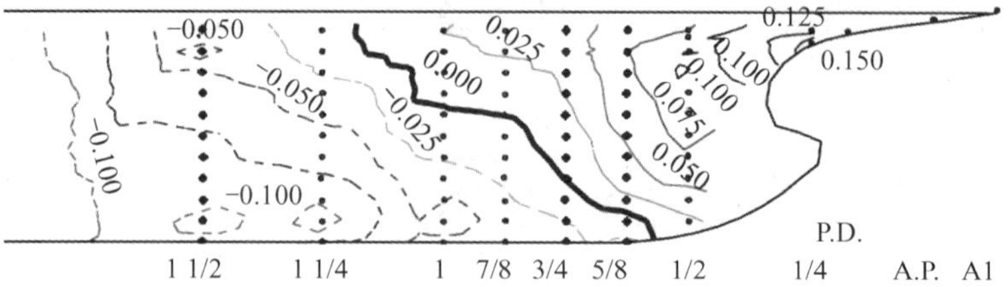

图 10.15　有桨船体表面压力分布的试验值

10.2　船桨舵相互干扰研究

10.2.1　数值计算模型

本研究的模型是某散货船，实船水线长 192.8 m，型宽 32.26 m，设计吃水 11.3 m，方形系数 0.849，螺旋桨直径 6 m，模型缩尺比为 30.753，其他参数可参考相关文献，船模几何外形如图 10.16 所示。

图 10.16　某散货船模型

实际计算时，参照前述处理方法，将整个流场设置成长方体和包含在长方体内的圆柱体 2 个部分，船体包含在长方体内和长方体一起静止不动，圆柱体包含螺旋桨，并和螺旋桨一起以给定的转速绕桨轴旋转，模拟螺旋桨的实际转动，如图 10.17 所示，图中船体艉轴与艉舵之间的圆柱体绕桨轴旋转，剩余部分静止不动。使用相关文献的网格划分方法划分计算域网格，整个计算域共生成 749 万个网格，其中转动部分 189 万个网格，静止部分 560 万个网格。

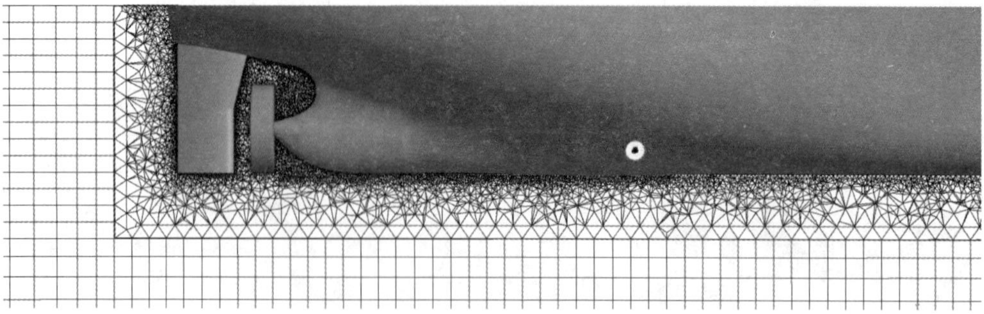

图 10.17 船桨舵相互干扰模型

在划分船体、螺旋桨和舵壁面附近网格时，为了更好地求解壁面周围的湍流边界层，分别在船体、桨毂、桨轴、桨叶及舵的周围生成 5 层边界层网格，并合理设置第一层网格到壁面的距离，使 $Y+$ 值控制在（30 ~ 400）之间。

10.2.2　数值计算结果

在研究船体、螺旋桨和舵整体求解技术的同时，为了考察舵对船体及螺旋桨的水动力性能的影响，同时研究了船体和螺旋桨组合模型的水动力性能。数值计算时，船模的速度取设计航速 1.299 m/s，螺旋桨的转速取 10.72 r/s。数值计算采用 SST K－W 湍流模型，采用湍流强度和长度标度描述湍流，低松弛因子采用默认设置，离散格式均取二阶格式。表 10.7 给出了船桨舵相互干扰的整体求解结果。

表 10.7　船桨舵相互干扰的计算结果

	试验值	计算值	误差
船体阻力/N	/	39.483	/
舵的阻力/N	/	2.094	/
船体与舵的总阻力/N	38.138	41.577	9%
螺旋桨的推力/N	25.947	23.412	-9.8%
螺旋桨的转矩/(N·m)	0.604 3	0.589 8	-2.4%

由表 10.7 可以看出，和试验值相比，螺旋桨推力的预报误差为 -9.8%，螺旋桨转矩的误差为 -2.4%，总阻力的预报误差为 9%。

第 11 章　导流鳍设计与节能效果预报

针对船舶节能减排问题,各相关行业都在开展理论与技术研究,船舶水动力节能技术是其中的一个重要组成部分。通过安装导流附体的方式来改善桨盘面处的伴流分布,对于螺旋桨的减震降噪、螺旋桨推进效率的提高是一种有效的手段。

本章以船体、螺旋桨和舵相互干扰的绕流场的局部流动细节为设计依据,确定了节能附体的主要参数,设计了导流鳍,并采用整体求解技术预报了船体、螺旋桨、舵与导流鳍相互干扰下导流鳍的节能效果,从流场流动细节的变化初步讨论了导流鳍的工作机理。

11.1　导流鳍的设计

20 世纪晚期,船舶节能附体的设计多结合势流理论和水池试验经验来进行,由于当时船舶设计技术较为落后,缺少先进的设计手段,船舶的性能相对较差,因此,设计的节能附体在当时也获得了显著的节能效果。到了 21 世纪,随着计算机技术和船舶先进设计建造技术的快速发展,船舶的水动力性能得到了显著的提升,凭借以往的设计技术已很难设计出有节能效果的节能装置,节能附体的研究开始借助黏性 CFD 技术和流场显示技术来深入开展理论与基础研究。然而,船舶绕流是一种高度复杂的三维流动,船体从船中到船尾,船舶的横剖面形状及其面积变化剧烈,在艉部容易出现流线的聚散和流线曲率较强烈的变化,存在逆压梯度、流动的纵向分离、流动的横向分离和强的纵向涡(舭涡),再加上螺旋桨的抽吸旋转和舵的扰动作用,想要准确预报船舶绕流场和船桨舵相互干扰的水动力性能并非易事。到目前,借助黏性 CFD 技术和流场显示技术设计节能附体,也仅实现了借助裸船体的绕流场设计节能附体,通过考察裸船体桨盘面伴流场的变化来预估节能效果的好坏,以决定是否进一步通过面元法和给定伴流场的螺旋桨性能预报技术来定量分析节能效果。显然,这种设计方法没有计入桨和舵对船舶绕流场的扰动作用,而这种扰动又是不可忽略的。

为了改进目前节能附体的设计技术,本章提出了一种基于船桨舵相互干扰绕流场流动细节的节能附体设计方法:首先借助成熟的船桨舵整体求解技术求解船桨舵相互干扰的绕流场和水动力性能;在此基础上,借助流场显示技术考察船体尾部三维流场的流动细节,寻求可以利用和改善的局部流动;最后,依据可利用的局部流场流动细节确定节能附体的主要参数、在船体上的具体安装位置和基本外形,将节能附体安装在船体上,通过船体、螺旋桨、舵和节能附体的整体求解来预报其节能效果。为检验这种依据流场流动细节来设计节能装置的设计思路是否有效,本章以船桨舵相互干扰水动力性能预报研究的某散货船为研究对象,直接利用其计算结果。

为了便于说明导流鳍主要参数、在船体上具体安装位置和基本外形的确定过程,这里首先给出了裸船体桨盘面轴向伴流分数等值线的试验值,如图 11.1 所示。由图 11.1 可得,在桨盘面内 30°~330°之间的区域与 0.4~0.8 倍螺旋桨直径所夹的区域内,螺旋桨的进流速度相对其他区域更小,如果能通过在船体上安装节能附体,使伴流分数大于 0.4 的区域水流加速,则可有效改善桨盘面的伴流分布,使流入螺旋桨的水流速度分布更加均匀,从而提高螺旋桨的效率,达到节能的目的。图 11.2 是船桨舵整体求解时流经船体尾部的局部流场流线细节。从图 11.2 可以发现,有一股水流沿船体球尾根部从螺旋桨正上方流过,最终成为船舶可见尾流的组成部分。综合考虑图 11.1 和图 11.2,可以设想,如果在船体某部位安装导流装置,使该股水流在该装置的作用下全部或部分流动方向发生改变,流入图11.1所分析的桨盘面低速区域并提高该区域水流的速度,则可有效提高螺旋桨的效率。仔细分析图 11.2 所示的三维流场流线分布细节,本章认为在船体上适当位置安装导流鳍,可实现上述设想。为确定导流鳍的安装位置,在图 11.2 所示的流场中取图 11.3 中所示的 a,b 和 c 三个截面,如图 11.3 所示,图中 a,b 两个横截面决定了导流鳍的纵向长度和纵向安装位置,水平截面 c 决定了导流鳍的垂向安装位置,显然,导流鳍的厚度以满足强度要求越薄越好,导流鳍的宽度由平行船体中纵剖面的流场截面决定,在本图中不便给出。由图11.3的分析可以确定导流鳍的主要参数,即长 6.26 m,a 截面位置宽 3.47 m,b 截面位置宽 1.42 m,其剖面形状如图 11.4 所示。

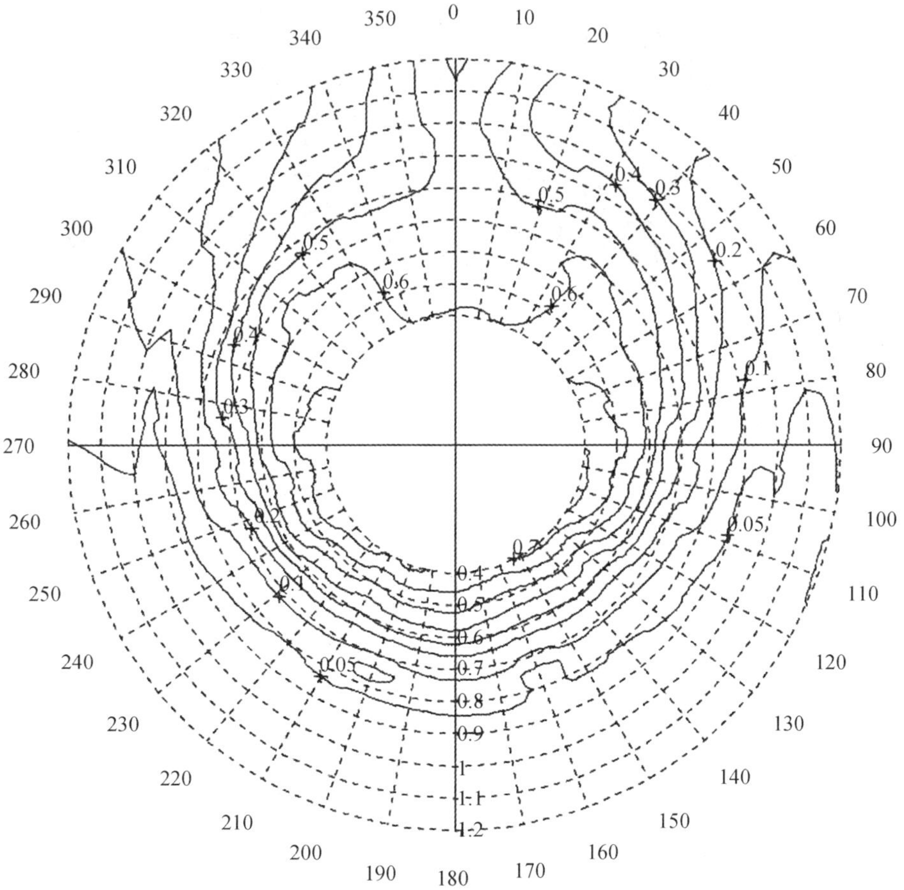

图 11.1　伴流分数的试验值

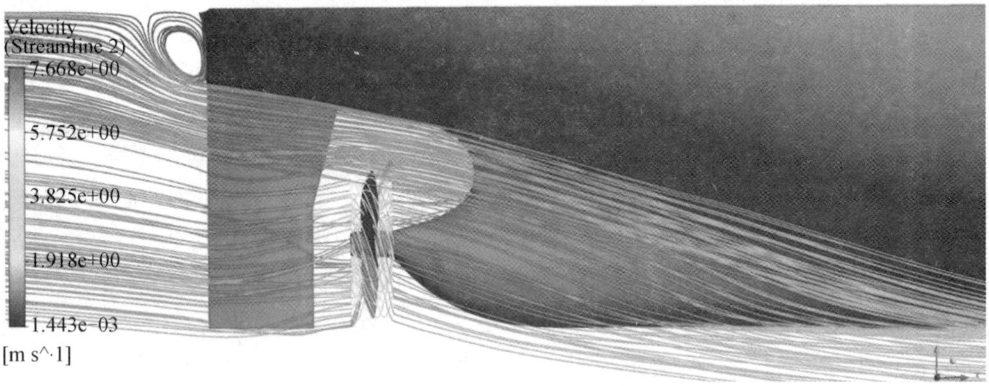

图 11.2　船尾局部流场流线细节

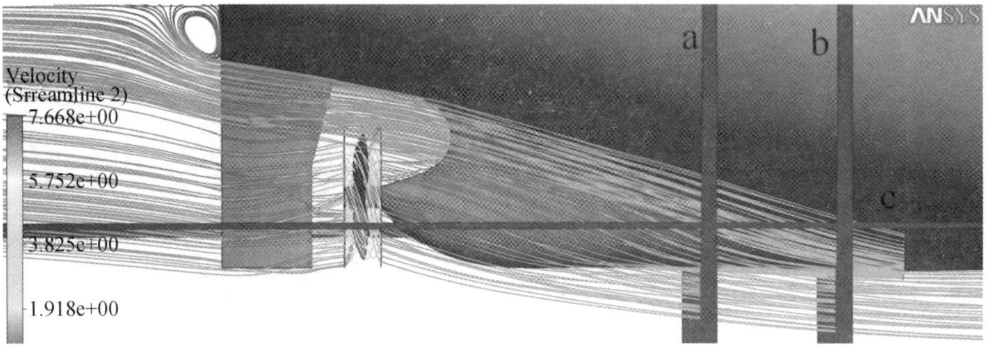

图 11.3　导流鳍主要参数及安装位置的确定

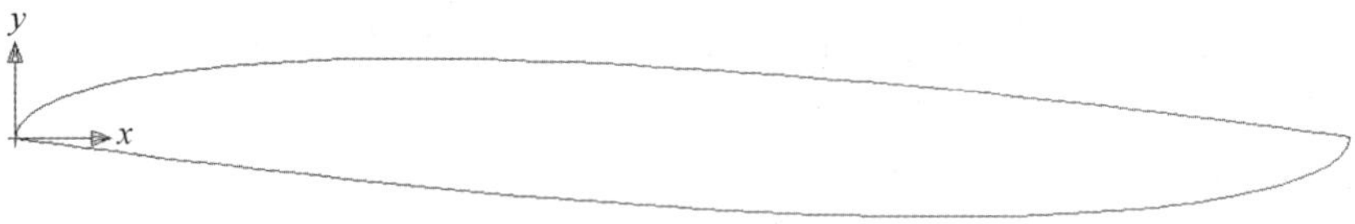

图 11.4　导流鳍剖面形状

11.2　导流鳍节能效果预报

由于船体、螺旋桨、舵与节能附体相互干扰时，螺旋桨工作在节能附体扰动的船体真实绕流场中，与船模的自航试验相比，螺旋桨的伴流场发生了变化，因此，用于计算螺旋桨效率的进速系数也发生了变化，为定量得出导流鳍的节能效果，首先需要确定节能效果的量化考核方法。为此，本章引入了推力与转矩的比值作为考核指标，首先计算出船体、螺旋桨和舵相互干扰时该比值的大小，然后计算船体、螺旋桨、舵和导流鳍相互干扰时该比值的大小，通过比较两种情况下螺旋桨吸收 1 N · m 转矩所发出推力的大小来确定导流鳍有无节能效果，如果有导流鳍时螺旋桨吸收 1 N · m 转矩所发出的推力大于无导流鳍时螺旋桨吸收 1 N · m 转矩所发出的推力，则有节能效果，否则没有节能效果，最后通过有导流鳍时该比值增加的百分比来量化节能效果。

在船体、螺旋桨、舵和导流鳍相互干扰的数值计算中，数值模型、边界条件的设定、网格的划分等求解过程与船桨舵整体求解时完全相同，唯一不同的是静止部分的网格数量为 556 万，转动部分仍使用船桨舵整体求解时的网格，总网格数量为 745 万。表 11.1 给出了有、无导流鳍时的计算结果，并与船体、螺旋桨和舵相互干扰的水动力性能做了比较。从表 11.1 可以看出，船体安装导流鳍后，由于导流鳍对流场的扰动作用，船体的阻力增加了 1.5%，舵的阻力增加了 4.3%，导流鳍自身产生 0.718 N 的阻力，船体、舵、导流鳍的总阻力与无导流鳍的船体、舵相比增加了 3.4%，即总阻力增加了 1.417 N；螺旋桨的推力增加了 4.158 N，即增加了 17.8%，推力增加异常显著，而螺旋桨的转矩也增加了 8.5%。

在计算导流鳍的节能效果时，显然需要考虑船舶总阻力的增加带来的节能效果的降低。为此，本章分别采用两种思路来处理总阻力的增加导致节能效果减小的问题。

第一种思路是分别考虑，首先由推力与转矩的比值得到两种情况下螺旋桨吸收 1 N · m 转矩后发出推力的增加比例，然后减去总阻力增加的比例得到导流鳍的节能效果：无导流鳍时，推力与转矩的比值是 39.69，有导流鳍时，该比值是 43.1，与无导流鳍时相比增加 8.6%，同样吸收 1 N · m 转矩，有导流鳍时螺旋桨所发出的推力增加 8.6%，即可认为螺旋桨的效率提高 8.6%，但同时船舶总阻力也增加 3.4%，扣减掉总阻力增加的比例，可得出导流鳍的节能效果为 5.2%。

第二种思路是直接把船舶总阻力的增加值从螺旋桨的推力中扣减掉，然后由推力与转矩的比值得到两种情况下螺旋桨吸收 1 N · m 转矩后发出推力的增加比例，即为节能效果：有导流鳍时，扣减掉船舶总阻力的增量后螺旋桨的推力变为 26.153 N，推力与转矩的比值变为 40.88，与无导流鳍相比，同样吸收 1 N · m 转矩，有导流鳍时螺旋桨所发出的推力增加 3%，即可认为导流鳍有 3% 的节能效果。两种处理思路下，节能效果的差异明显，究竟哪种处理思路与实际节能效果相符，还需要下一步的水池试验加以验证。

表 11.1　装有导流鳍时的计算结果

	无导流鳍计算值	有导流鳍计算值	有导流鳍增加比例/%
船体阻力/N	39.483	40.093	1.5
舵的阻力/N	2.094	2.183	4.3
导流鳍的阻力/N	/	0.718	/
船体及附体总阻力/N	41.577	42.994	3.4
螺旋桨的推力/N	23.412	27.57	17.8
螺旋桨的转矩/(N · m)	0.589 8	0.639 7	8.5

11.3 导流鳍节能机理初步分析

为进一步探讨导流鳍的节能机理，如图11.5和图11.6所示为船体、螺旋桨、舵和导流鳍相互干扰时船尾局部三维流场经导流鳍“导流”后的流动细节，其中，图11.5为侧视图，图11.6为仰视图。对比分析图11.5、图11.6和图11.2可得，导流鳍的存在实现了最初设想的那股沿船体球尾根部流动的水流方向的变化，使其中的部分水流流入螺旋桨，在桨后形成两股水流，一股从桨盘面上方流走，另一部分流入螺旋桨后从桨轴下方的桨盘面流走。仔细对比图11.5和图11.6中螺旋桨后的两股水流可以发现，导流鳍至少成功“引导”了其中60%的水流进入螺旋桨，而且该部分水流正好流入桨盘面的低速区域，从而提高了该区域的水流速度，使螺旋桨的伴流更加均匀，既增加了螺旋桨的进流速度，又改善了螺旋桨的工作环境，自然就提高了螺旋桨的效率，从而实现节能的目的。由上述分析可初步得到导流鳍的工作机理：通过导流鳍对水流的“引导”作用，改变船体伴流场中部分水流的流动方向和速度大小，使原本流向桨盘面之外的水流流向桨盘面的低速区域，加速该部分水流的速度，从而使螺旋桨的伴流更均匀，改善螺旋桨的工作环境，从而使螺旋桨吸收相同的转矩发出更多的推力，实现船舶在同样航速下每小时消耗更少的燃油，达到节能的目的。

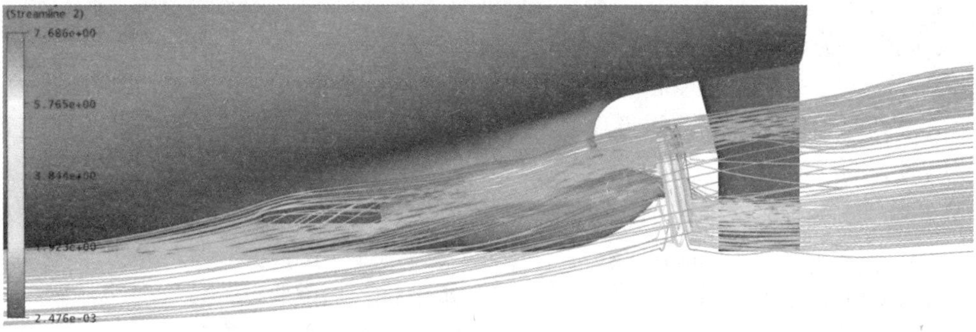

图11.5　有导流鳍时船尾局部流场流线细节侧视图

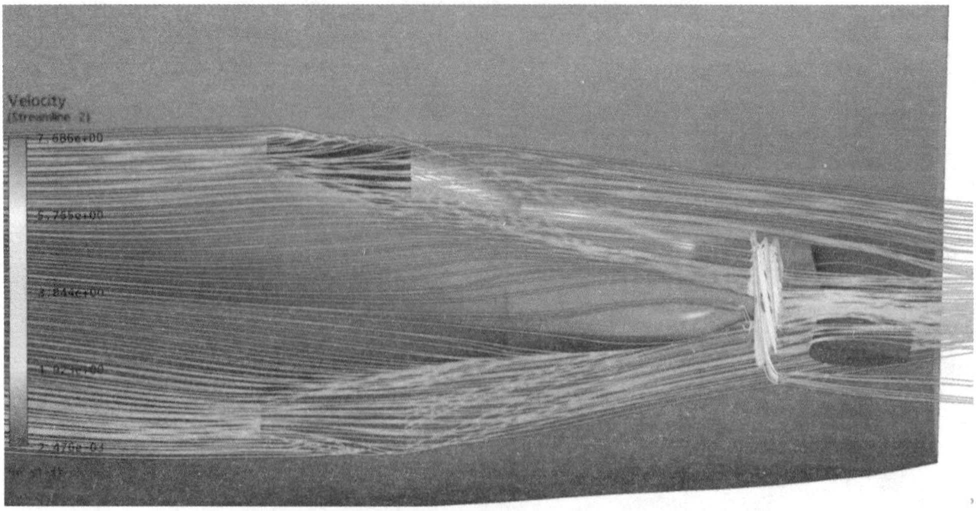

图11.6　有导流鳍时船尾局部流场流线细节仰视图

第 12 章　舵球设计与节能效果预报

船舶推进节能装置种类繁多，每一种都有外形不同的几何形状，不同的几何形状又存在数种设计参数的变换与组合，但是从工作原理上分，船舶推进节能装置大致可归纳为三大类。第一类，装于螺旋桨前，用于改善螺旋桨进流速度，使速度场更均匀或产生预旋，以达到提高螺旋桨效率的目的，同时也减振的效果，如：前置导管、补偿导管、桨前固定导轮、桨前导流鳍、导管前置导流片等，属于桨前节能装置。第二类，装于桨毂后端和桨叶稍部，用以衰减和消除各类漩涡，从而减少或消除推进系统消耗在漩涡中的能量，进而减少漩涡阻力，提高推进效率，如：装于螺旋桨毂帽上的毂帽鳍、消涡助推器（子母桨）；装于螺旋桨叶梢的端板可以抑制梢涡，从而设计出“无梢涡螺旋桨”；装于船尾适当位置的预旋圆柱，可以消除舭涡；装于舵上与桨毂光顺连接的舵球，可以消除螺旋桨的毂涡等。第三类，节能装置位于螺旋桨后，用以回收螺旋桨周向旋转能量，周向旋转能量约占螺旋桨损失能量的一半，如能回收一部分，其效益将是可观的，属于这类装置的有桨后固定导轮、导管后置导流片、舵附推力鳍（助推舵）、反应舵、格林导轮、分节式导管导轮等。

本章依据节能装置的工作原理，首先研究了安装在螺旋桨后具有消除螺旋桨毂涡作用的舵球，以及安装在桨后附着在舵上具有回收螺旋桨周向旋转能量的舵附推力鳍，最后将两者中节能效果较显著的进行组合，进一步研究了舵球与舵附推力鳍组合式节能装置的节能效果。

12.1　无节能装置船桨舵相互干扰水动力整体求解

12.1.1　船桨舵相互干扰水动力整体求解模型

为研究桨后节能装置的节能效果，首先需要预报出无节能装置时船桨舵相互干扰的水动力性能，求出船体与舵的阻力、螺旋桨的推力与转矩，然后预报有节能装置后船体与舵的阻力、螺旋桨的推力与转矩，通过比较安装节能装置之前和之后阻力、推力及力矩的变化来确定节能装置的节能效果。

为使经过理论研究得到的舵球与舵附推力鳍最终设计方案具有一定的应用价值，本章选取 35 K 散货船为目标船舶，针对该散货船开展舵球与舵附推力鳍的方案设计与节能效果预报。该散货船是多艘已投入使用船舶的后续优化船型，已由国内多家研究机构做了多轮次船型优化研究后的定型船型，是一款优秀船型，船体外形如图 12.1 所示，水池试验模型与船桨舵干扰计算模型如图 12.2 所示，该船主要参数见表 12.1。

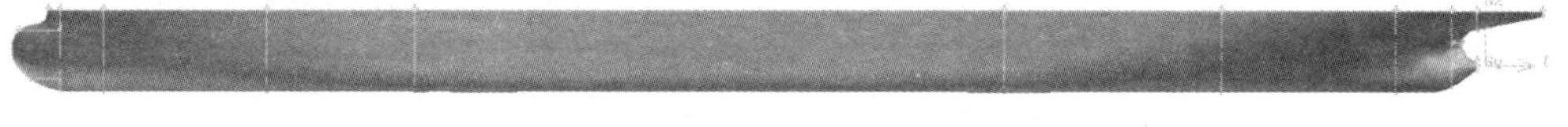

图 12.1　35 K 散货船船体外形

图 12.2　35 K 散货船船桨舵相互干扰计算模型

表 12.1　船模与桨模主要参数

主要参数	符号	单位	实船	模型
船舶水线长	L_{wl}	m	175.720	6.018
船舶垂线间长	L_{pp}	m	172.000	5.891
船舶型宽	B	m	30.000	1.028
船舶艏吃水	T_f	m	10.100	0.346
船舶艉吃水	T_a	m	10.100	0.346
螺旋桨直径	D	m	5.72	0.196
桨叶数目	Z	（个）	4	4
展开面积比	a_e	/	0.51	0.51
侧斜角	θ_S	(°)	24.5	24.5
船模缩尺比	S_{cale}	/	/	29.197

12.1.2　网格划分与边界条件设置

35 K 散货船的船桨舵相互干扰水动力性能的整体求解采用与前面章节船桨舵相互干扰数值计算相同的几何模型建模方法、计算域生成方法、网格划分方法、螺旋桨相对船体运动的处理方法、边界条件设计方法和数值求解参数设置方法。数值计算时，船模航速设定为设计航速 1.333 m/s，螺旋桨模型转速设定为 9.585 r/s。含螺旋桨的转动部分网格数目为 153 万个，剩余部分网格为 390 万个，网格数合计 543 万个。

12.1.3　数值计算结果

计算得到的 35 K 散货船船桨舵相互干扰水动力性能的计算结果见 12.2，流经桨盘面的流体绕船体的三维流线如图 12.3 所示。

从表 12.2 可以看出，螺旋桨的推力误差为 -11.3%，计算得到的桨模推力小于试验值；螺旋桨的力矩误差为 -0.1%，与试验值基本吻合；船体与舵的阻力误差为 14.4%，显著大于试验值，这个误差主要来源于船桨相互干扰造成的船模增阻（也叫作推力减额）。表中，桨模推力和转矩的试验值均是在自航模模型试验中测得的值，而船体与舵模型阻力的试验值是船模阻力试验中测得的值，没有考虑船桨干扰对船体阻力的影响。由于节能装置节能效果的数值预报主要是通过比较无节能装置时预报的船桨舵水动力性能与有节能装置时预报的船桨舵水动力性能的变化得到的，因此，上述数值计算结果与试验结果之间的误差不影响节能装置节能效果的预报，只要两者采用的计算网格与计算参数一样，数值计算的系统误差也基本一样，两者之间水动力性能的差异可以认为是节能装置的存在造成的，可以用来计算节能效果。

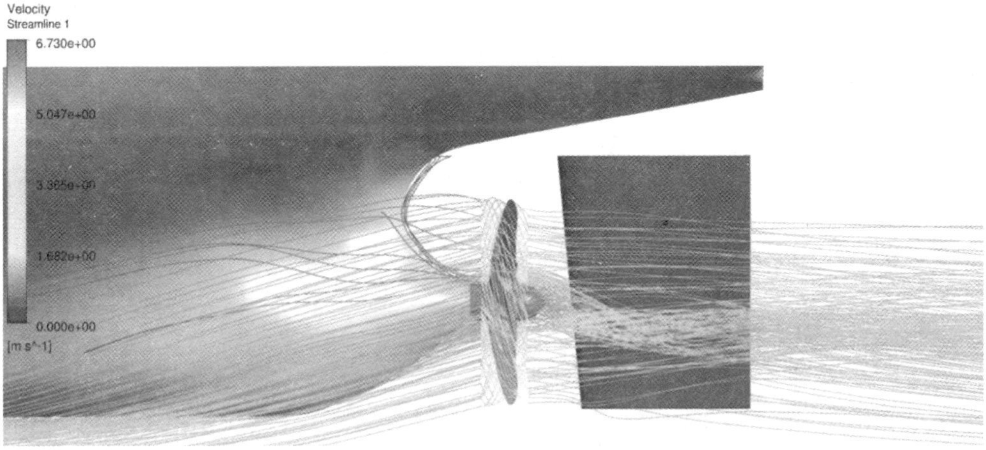

图 12.3　无节能装置时船桨舵流场的局部流线图

表 12.2　船桨舵相互干扰数值计算结果

桨模推力试验值/N	21.792
桨模转矩试验值/(N·m)	0.536
船体与舵模型阻力试验值/N	29.788
桨模推力计算值/N	19.339
桨模转矩计算值/(N·m)	0.535
桨模推力与转矩的比值	36.123
船体与舵模型阻力计算值/N	34.070
桨模推力计算误差	-11.3%
桨模转矩计算误差	-0.1%
船体与舵模型阻力计算误差	14.4%

12.2 节能装置节能效果的评价

由船舶推进知识可知,螺旋桨的推力系数、转矩系数、进速系数以及螺旋桨的效率可以由以下公式表达。

螺旋桨的推力系数为

$$K_T = \frac{T}{\rho n^2 D^4} \tag{12-1}$$

螺旋桨的转矩系数为

$$K_T = \frac{T}{\rho n^2 D^4} \tag{12-2}$$

螺旋桨的进速系数为

$$J = \frac{V_A}{nD} \tag{12-3}$$

螺旋桨的效率为

$$\eta_O = \frac{K_T}{K_Q}\frac{J}{2\pi} = \frac{TV_A}{2n\pi Q} \tag{12-4}$$

由于桨后节能装置的存在对螺旋桨进速的改变可以忽略不计,而数值计算时,安装节能装置前和安装节能装置后,螺旋桨的转速和船体的航速均设置为相同,因此,由节能装置带来的螺旋桨效率的变化可以按下式计算。

$$节能效率 = \frac{\eta_1 - \eta_o}{\eta_o} = \frac{\frac{T_1}{Q_1} - \frac{T_o}{Q_o}}{\frac{T_o}{Q_o}} \tag{12-5}$$

其中,η_1 为加装节能装置之后的螺旋桨效率,η_0 为加装节能装置之前的螺旋桨效率。由式(12-5)可以看出,由节能装置带来的螺旋桨效率的变化只与螺旋桨的推力与转矩的比值有关,如果以无节能装置时该比值作为基准值,那么,当安装节能装置后该比值大于基准值时,就说明设计的节能装置能够有效提高螺旋桨的推进效率,当安装节能装置后该比值小于基准值时,就说明设计的节能装置不能提高螺旋桨的推进效率。

此外,部分节能装置的存在可能会使自身产生一定的阻力,也可能通过对湍流边界层的扰动,导致船体和舵的阻力发生增减变化。由于节能装置的存在导致的船体、舵、节能装置总阻力发生变化对船舶有效功率的影响需要借助试验才能具体确定,这里不做具体讨论。但一般认为,节能装置导致的船体、舵、节能装置总阻力的增加量越小越好,如果节能装置在增加螺旋桨效率的同时能使总阻力减小是最理想的。

12.3　舵球设计及节能效果预报

12.3.1　舵球几何外形的设计

舵球的几何外形十分简单，从外观上看，它是与舵叶相连且位于螺旋桨轴线延伸线上的一个回转体。舵球的作用主要在于减小或消除螺旋桨桨毂尾涡，填补螺旋桨后方的低压区，使桨后尾流变得顺畅。因此，从理论上讲，舵球是一种简易、实用、有效的尾部节能附体，对于舵位于螺旋桨正后方的各类新旧船舶均适用，对船型基本无约束条件，只要桨后存在舵球，都能实现上述功能，而实际上，现有文献对舵球的研究表明，舵球的节能效果与两个设计参数密切相关。第一个参数是舵球的直径，主要与螺旋桨直径或毂径有关，有文献认为舵球直径与螺旋桨直径之比一般取 0.18 ~ 0.3 为好，也有文献认为舵球直径与螺旋桨直径之比取 0.2 ~ 0.216 范围较合适。第二个参数是舵球的安装位置与螺旋桨或桨毂的距离，已有研究结果表明此距离越近越好，距离限制主要出于工艺性的考虑，以方便螺旋桨的拆装为宜。

本章为设计出具有较好节能效果的舵球，充分考虑了影响舵球节能效果的两个设计参数，由于已有文献指出，舵球的安装位置与螺旋桨或桨毂的距离越近其节能效果越好，本章在舵球设计时直接将舵球与桨毂进行整合，使两者无间距融合。由于桨毂直径为螺旋桨直径的 0.18 倍，在设计舵球直径时，本章比较了 8 个不同的舵球直径方案，方案 1 到方案 8 分别使舵球直径为螺旋桨直径的 0.20，0.22，0.24，0.26，0.28，0.30，0.32 和 0.35 倍。并在这里给出了具有代表性的方案 2、方案 4、方案 6、方案 8 这 4 个舵球设计方案的外形图，分别如图 12.4、图 12.5、图 12.6、图 12.7 所示。

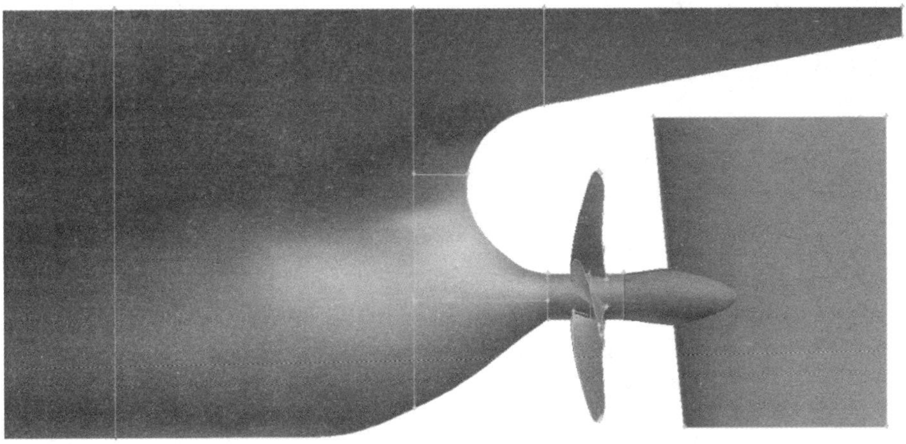

图 12.4　方案 2 的舵球外形

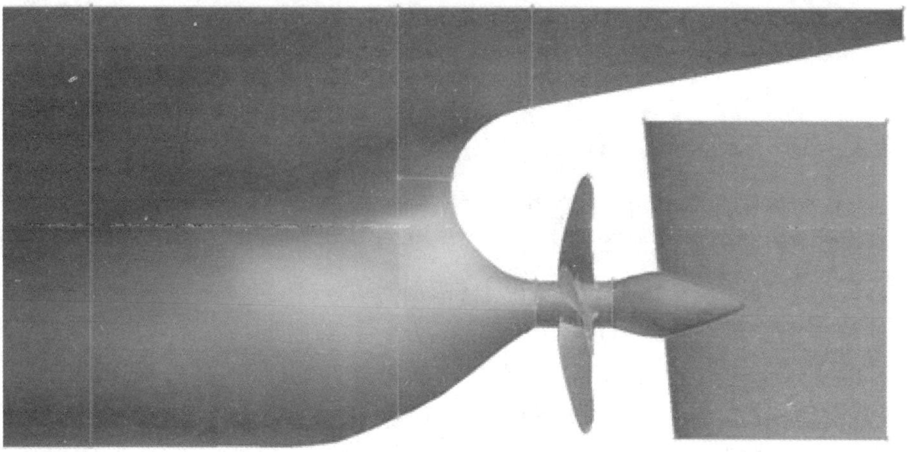

图 12.5　方案 4 的舵球外形

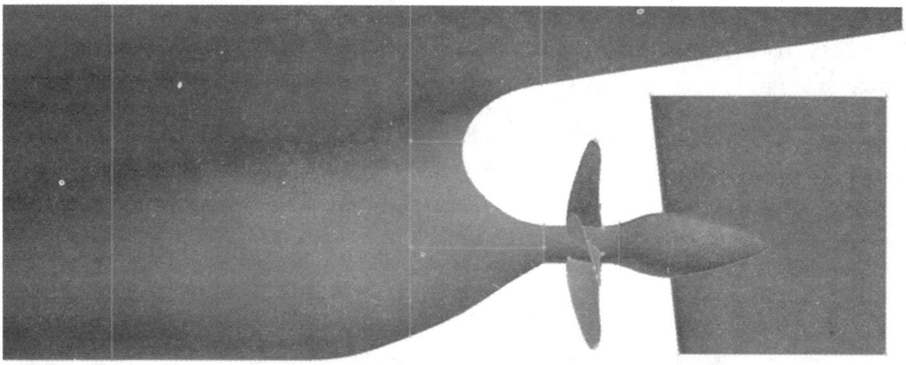

图 12.6　方案 6 的舵球外形

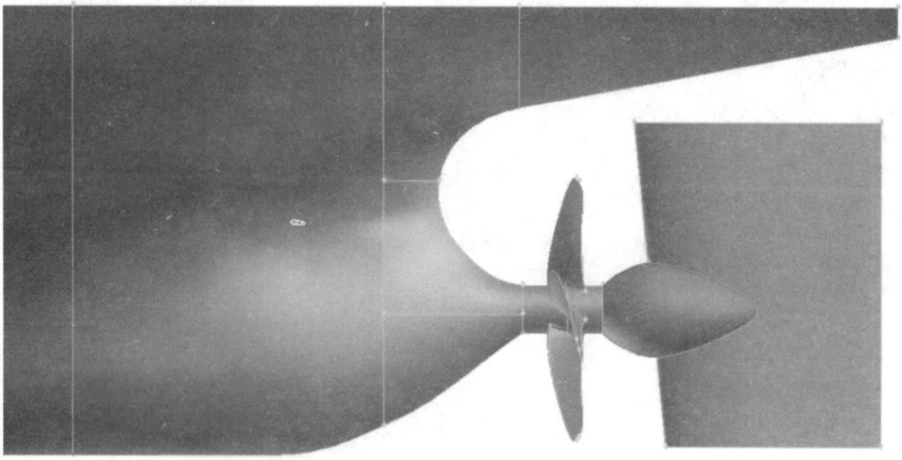

图 12.7　方案 8 的舵球外形

12.3.2　舵球节能效果的预报

有舵球时，求解船体、螺旋桨、舵、舵球的求解模型与无节能装置时的船体、螺旋桨与舵的组合完全相同。在数值计算前，先把 8 个重新设计的桨叶、桨毂、舵球、舵一体化模型分别与船体合并构成完整的计算模型，然后与计算控制域通过布尔运算得到完整的求解模型，采用与无节能装置完全相同的网格划分方法划分流场网格，最终含螺旋桨的转动部分网格数目为 153 万个，剩余部分网格为 412 万个，网格数合计 565 万个。采用与无节能装置时船桨舵干扰相同的计算方法，分别计算安装上述 8 个方案的舵球后船桨舵相互干扰的水动力性能，并计算各方案得到的螺旋桨推力与转矩的比值。经比较推力与转矩的比值，发现当舵球直径为螺旋桨直径的 0.3 倍时该比值具有最大值，即方案 6 的螺旋桨效率最高。安装方案 6 舵球后，船桨舵的水动力性能如表 12.3 所示，为便于比较，表中同时给出了无节能装置时船桨舵的水动力性能。

表 12.3　方案 6 的水动力计算结果

	计算项目	计算结果
无节能装置	桨模推力计算值/N	18.565
	桨模转矩计算值/(N·m)	0.493
	船体与舵合阻力计算值/N	32.668
	推力与转矩的比值	37.695
方案 6	桨模推力计算值/N	19.260
	桨模转矩计算值/(N·m)	0.505
	推力与转矩的比值	38.128
	船体、舵、舵球合阻力计算值	32.380
与无节能装置相比	螺旋桨效率增加的百分比	1.15%
	合阻力增加的百分比	-0.88%

由表 12.3 可得，安装方案 6 的舵球后，螺旋桨的效率提高了 1.15%，同时，船体、舵以及舵球的合阻力比无舵球时船体与舵合阻力减小了 0.88%，节能效果显著。

由理论分析可知，舵球的工作机理主要在于减小或消除螺旋桨桨毂尾涡，回收常规螺旋桨桨毂尾涡的旋转能量，提高推进效率，并且舵球的存在填补了螺旋桨后方的低压区，使桨后尾流变得顺畅，从而进一步提高了螺旋桨推进效率。为从流场流动细节上对上述节能机理进行验证分析，这里分别给出有舵球时和无舵球时船桨舵相互干扰的局部流线图，分别如图 12.8 和图 12.9 所示。在图 12.9 中，很明显在螺旋桨毂帽后有一漩涡朝右下方流向舵，该尾涡将消耗一定的主机功率，造成能源的浪费。将图 12.8 与图 12.3 及图 12.9 进行比较则发现，船体安装舵球后，由于舵球的存在，完全消除了桨毂尾涡，填补了螺旋桨后方的低压区，并且流经桨盘面的水流在桨后变得非常顺畅，改善了螺旋桨的工作环境。因此，舵球的存在一方面消除了尾涡消耗的主机功率，另一方面通过改善螺旋桨的工作环境提高了螺旋桨的效率，进而达到了节能的目的。

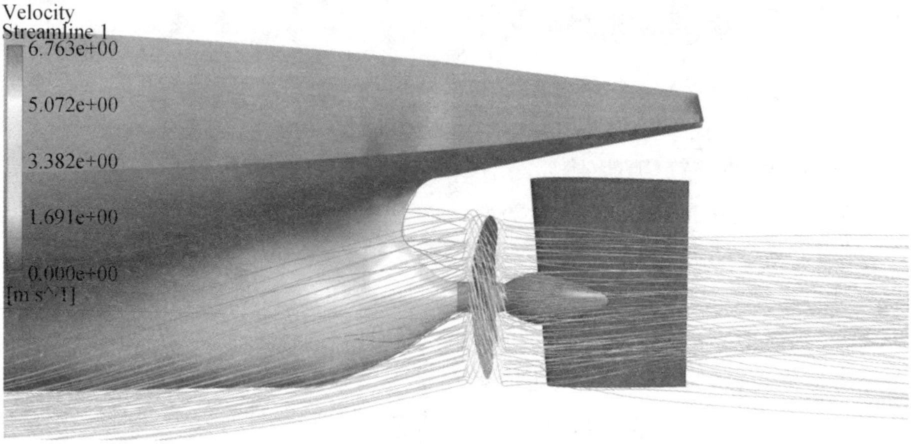

图 12.8　有舵球时流经桨盘面流体的局部流线图

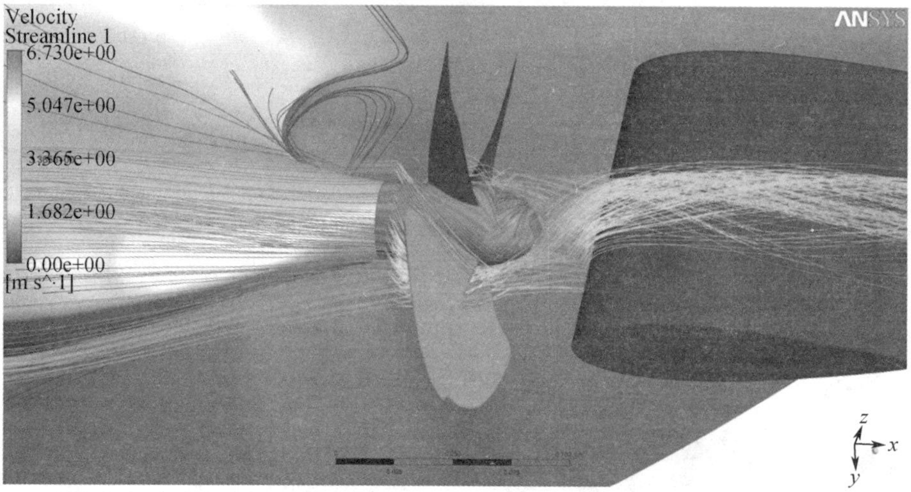

图 12.9　无舵球时流经桨盘面流体的局部流线图

第 13 章　舵球与舵附推力鳍组合设计及节能效果预报

舵球的主要功能在于减小或消除螺旋桨桨毂尾涡，回收常规螺旋桨桨毂尾涡的旋转能量，填补螺旋桨后方的低压区，使桨后尾流变得顺畅，而舵附推力鳍的功能则主要是回收螺旋桨周向流的旋转能量，因此，两者的节能机理具有互补性，可以将两者进行组合，构成组合式节能装置。

在舵球的设计及节能效果的预报研究中，通过研究 8 种不同舵球直径的系列舵球方案，得到了节能效果较为突出的舵球方案。在舵球与舵附推力鳍组合设计中，将不再单独考虑舵球参数的变化对节能效果的影响，而是将方案 6 的舵与舵球作为一个整体来考虑，将舵附推力鳍作为附体来考察它与这个整体的相互作用来预报舵附推力鳍的节能效果。对舵附推力鳍节能效果有影响的设计参数包括翼型、展长、弦长、相对于桨轴轴线的攻角、在舵上的安装位置等，综合已有文献对舵附推力鳍的研究结论，本章只对其中的展长、弦长、相对于桨轴轴线的攻角这三个设计参数开展对比研究，翼型则直接选用 NACA0012，安装位置则选取在螺旋桨轴线中心线上位于舵弦长中间位置处。

为得到具有较好节能效果的舵附推力鳍，同时降低研究难度，缩短研究周期，本章首先以桨－舵－舵球－舵附推力鳍组合模型为研究对象，讨论舵附推力鳍的设计参数对节能效果的影响，然后将船体加入上述模型，进一步预报最优参数组合的节能效果。为比较桨－舵－舵球－舵附推力鳍组合模型中不同舵附推力鳍设计参数对节能效果的影响优劣，同时比较有船体的节能装置的节能效果与无船体时节能装置节能效果的差异，本章首先计算了桨－舵组合模型以及桨－舵－舵球组合模型的水动力性能。

13.1　桨－舵组合

13.1.1　桨－舵组合计算模型的建立与网格划分

本章的桨－舵组合计算模型建模参数与前一章完全一样，桨－舵组合计算模型如图 13.1 所示。

在本章的数值计算中，采用与前一章完全相同的计算域处理方法，将计算域分为一个小域和一个大域两个圆柱体，大域静止不动，小域包含螺旋桨并以给定的转速绕桨轴旋转，如图 13.2 所示。大域直径为 $8D$，D 为螺旋桨的直径，大域的速度入口距螺旋桨母线为 $3D$，压力出口距螺旋桨母线为 $9D$。小域直径取为 $1.2D$，用来模拟螺旋桨旋转时附近流场的旋转。划分网格时，包含螺旋桨的小域采用较密的网格，外围流体域采用较稀疏的网格，这样不仅能够满足精度要求，而且能够降低网格数量，减少计算时间。

桨－舵组合在进行网格划分时，最终网格总数为 2 183 654，螺旋桨和舵的面网格如图 13.3 所示。

图 13.1　桨－舵组合计算模型

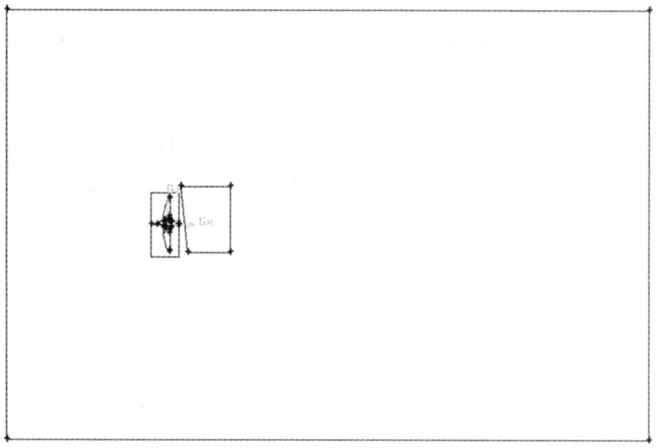

图 13.2　桨－舵组合控制域

图 13.3　桨－舵组合模型面网格

13.1.2　桨－舵组合数值计算结果

参考模型试验，数值计算了进速系数为 0.1，0.2，0.3，0.45，0.5 时的螺旋桨受到的推力 T、转矩 Q 及舵受到的阻力 R，并计算了螺旋桨的推力系数 KT、转矩系数 KQ 和效率 η，如表 13.1 所示。

表 13.1　桨－舵组合数值计算结果

J	T/N	Q/(N·m)	R/N	K_T	$10K_Q$	η
0.1	77.508 32	1.769 517	0.973 549	0.284 7	0.331 8	0.138 4
0.2	69.709 84	1.604 372	1.588 861	0.256 1	0.300 8	0.271
0.3	60.468 69	1.436 289	2.200 07	0.222 1	0.269 3	0.393 8
0.4	49.898 18	1.240 263	2.802 415	0.183 3	0.232 6	0.501 7
0.5	38.247 59	1.017 114	3.409 314	0.140 5	0.190 7	0.594 5

13.2　桨 - 舵 - 舵球组合

在舵球的设计及节能效果的预报研究中，共比较了 8 个舵球设计方案，并得到方案 6 的螺旋桨效率最高的研究结果。为进一步比较船体对舵球节能效果的影响，同时为桨 - 舵 - 舵球 - 舵附推力鳍组合模型节能效果的预报提供比较数据，本节预报了无船体时桨 - 舵 - 舵球组合的水动力性能，并分析了舵球的节能效果。

13.2.1　计算模型

为了保证有船体时的数值计算模型与无船体时的数值计算模型完全相同，桨 - 舵舵球组合模型的建模是在船体 - 螺旋桨 - 舵 - 舵球基础上，通过直接删掉船体后保留螺旋桨、桨毂、舵、舵球方式得到的，由于桨毂与船体连接处为一平截面，为降低其对流场的干扰，将其处理为锥形，如图 13.4 所示。

图 13.4　桨 - 舵 - 舵球组合模型

13.2.2　数值计算结果

桨 - 舵 - 舵球组合模型的计算域、网格划分方式、计算方法等计算过程与桨 - 舵组合完全相同，数值计算时，选取具有代表性的进速系数（J 分别为 0.3 和 0.5 的两个值）开展计算。螺旋桨的推力 T、转矩 Q、推力系数 KT、转矩系数 KQ、效率 η、舵 - 舵球组合体受到的阻力 R、以及与桨 - 舵组合相比桨 - 舵 - 舵球组合增加的效率 $\Delta\eta$ 如表 13.2 所示。由表可知，舵球的存在使得桨 - 舵 - 舵球组合中螺旋桨的推力系数 KT、转矩系数 KQ 及效率 η 较无舵球时都有所增加。当 $J=0.3$ 时，螺旋桨的效率增加了 1.58%；当 $J=0.5$ 时，螺旋桨的效率增加了 1.76%。

表 13.2 桨－舵－舵球组合计算结果

J	符号(单位)	桨－舵	桨－舵－舵球
0.3	T/N	60.469	62.491
	R/N	2.201	2.819
	Q/(N·m)	1.436	1.462
	K_T	0.222	0.229
	$10K_Q$	0.269	0.274
	η	0.394	0.4
	$\Delta\eta$/%	—	1.58
0.5	T/N	38.247	40.445
	R/N	3.409	3.736
	Q/N·m	1.017	1.057
	K_T	0.141	0.149
	$10K_Q$	0.191	0.198
	η	0.586	0.597
	$\Delta\eta$/%	—	1.76

13.3 桨－舵－舵球－舵附推力鳍组合

影响舵附推力鳍节能效果的设计参数包括翼型、展长、弦长、相对于桨轴轴线的攻角、在舵上的安装位置等，本章只对舵附推力鳍的展长、弦长、相对于桨轴轴线的攻角这三个设计参数开展对比研究，通过比较各参数对应的水动力性能的变化得到节能效果显著的设计参数。

13.3.1 展长变化对螺旋桨效率的影响

设螺旋桨的直径为 D，则依据螺旋桨旋转尾流的特点，将舵附推力鳍的展长分别设为 $0.5D$，$0.6D$ 和 $0.7D$。舵附推力鳍的其他设计参数为：翼型剖面为 NACA0012，弦长 L 取为 0.058 m，为螺旋桨直径的 0.3 倍，翼型剖面中心线相对于桨轴轴线的攻角为 0°。其中，展长为 $0.6D$ 的舵附推力鳍在桨－舵－舵球－舵附推力鳍组合中的相对位置及几何外形如图 13.5 所示。

采用与桨－舵组合相同的数值计算方法计算得到的螺旋桨的推力 T、转矩 Q、舵－舵球－舵附推力鳍组合的阻力 R，以及无因次化得到的螺旋桨的推力系数 K_T、转矩系数 K_Q 和效率 η 如表 13.3 所示，为方便比较，同时也在表 13.3 中给出了桨－舵－舵球组合的计算结果。由表可以看出，当舵附推力鳍展长为 $0.6D$ 时，螺旋桨的效率最大，因此舵附推力鳍展长的最终优化结果取为 $0.6D$。

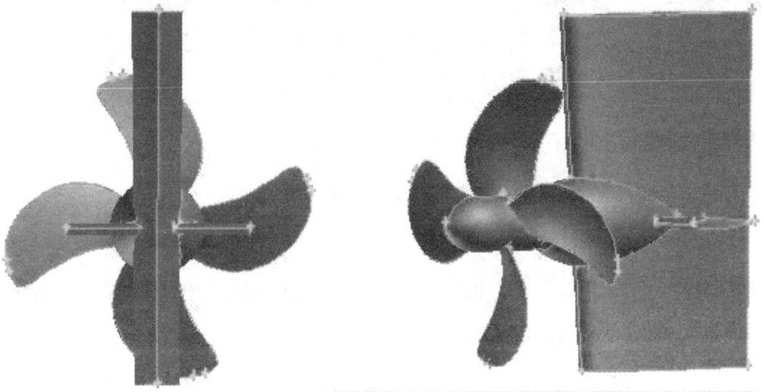

图 13.5　桨－舵－舵球－0.6D 推力鳍组合模型

表 13.3　不同展长的舵附推力鳍计算结果

J	符号/单位	桨－舵－舵球	桨－舵－舵球－0.5D 展长推力鳍	桨－舵－舵球－0.6D 展长推力鳍	桨－舵－舵球－0.7D 展长推力鳍
0.3	T/N	62.49	62.69	62.89	62.72
	R/N	2.82	2.99	2.94	2.97
	Q/(N·m)	1.460	1.459	1.463	1.465
	K_T	0.229	0.230	0.231	0.230
	$10K_Q$	0.274	0.274	0.274 4	0.275
	η	0.4	0.402	0.402	0.401
0.5	T/N	40.45	40.60	40.76	40.60
	R/N	3.74	3.99	3.98	4.05
	Q/(N·m)	1.06	1.05	1.06	1.06
	K_T	0.149	0.149	0.150	0.149
	$10K_Q$	0.198	0.198	0.198	0.199
	η	0.596 6	0.599 8	0.600 4	0.595 9

表 13.4 进一步给出了舵附推力鳍展长为 0.6D 的桨－舵－舵球－舵附推力鳍组合的节能效果，即安装舵附推力鳍后，与无舵附推力鳍的的桨－舵－舵球组合相比，螺旋桨效率增长的百分比 $\Delta\eta$。

表 13.4　有舵附推力鳍与无舵附推力鳍组合的螺旋桨效率比较

J	桨－舵－舵球组合螺旋桨效率	桨－舵－舵球－推力鳍组合螺旋桨效率	$\Delta\eta$/%
0.3	0.4	0.401 9	0.48
0.5	0.596 6	0.600 4	0.64

由表13.4可以看出,桨-舵-舵球-舵附推力鳍组合中螺旋桨的效率较桨-舵-舵球组合有所提高,当 $J=0.3$ 时,螺旋桨效率增加了0.48%;$J=0.5$ 时,螺旋桨效率增加了0.64%,因此,舵附推力鳍具有一定的节能效果。

13.3.2 剖面翼型弦长变化对螺旋桨效率的影响

在确定了舵附推力鳍最终设计展长后,基于该展长进一步研究翼剖面弦长对节能效果的影响。以前一节研究的舵附推力鳍弦长 L 为基础,进一步考察弦长分别为 L,$1.25L$ 和 $1.5L$ 时,舵附推力鳍的节能效果。舵附推力鳍的其他设计参数为:翼型剖面为NACA0012,展长取 $0.6D$,翼型剖面中心线相对于桨轴轴线的攻角为0°。

采用与桨-舵组合相同的数值计算方法计算得到的螺旋桨的推力 T、转矩 Q、舵-舵球-舵附推力鳍组合的阻力 R,以及无因次化得到的螺旋桨的推力系数 K_T、转矩系数 K_Q 和效率 η 如表13.5所示。由表可以看出,当剖面翼型弦长为 L 时,螺旋桨的效率最大。因此,当剖面翼型弦长为 L 时,桨-舵-舵球-推力鳍组合水动力性能最好,舵附推力鳍最终弦长取为 L。

表13.5 舵附推力鳍不同剖面弦长的计算结果

J	符号/单位	舵附推力鳍弦长为 L 的组合	舵附推力鳍弦长为 1.25 L 的组合	舵附推力鳍弦长为 1.5 L 的组合
0.3	T/N	62.892 9	62.757 3	62.847 4
	R/N	2.944 0	2.975 8	3.072 7
	Q/(N·m)	1.462 5	1.468 3	1.469 6
	K_T	0.231	0.230 5	0.230 9
	$10K_Q$	0.274 4	0.275 3	0.275 6
	η	0.401 9	0.399 8	0.4
0.5	T/N	40.761 8	40.667 0	40.751 8
	R/N	3.978 9	4.021 6	4.105 2
	Q/(N·m)	1.058 2	1.064 0	1.065 4
	K_T	0.149 7	0.149 4	0.149 7
	$10K_Q$	0.198 4	0.199 5	0.199 8
	η	0.600 4	0.595 9	0.596 2

13.3.3 安装角度变化对螺旋桨效率的影响

在本章中,舵附推力鳍的最后一个设计参数是其翼型剖面中心线相对于桨轴轴线的攻角,这里分别研究了攻角为-2°,-1°,0°,1°,2°的情况。舵附推力鳍的其他设计参数为:翼型剖面为NACA0012,弦长 L 取为0.058 m,展长取 $0.6D$。

采用与桨-舵组合相同的数值计算方法计算得到的螺旋桨的推力 T、转矩 Q、舵-舵

球 – 舵附推力鳍组合的阻力 R,以及无因次化得到的螺旋桨的推力系数 K_T、转矩系数 K_Q 和效率 η 如表 13.6 所示。由表可以看出,当安装角度为时,螺旋桨的效率最高。因此,舵附推力鳍的最终攻角取 0°。

表 13.6　不同攻角的舵附推力鳍计算结果

J	符号(单位)	舵附推力鳍攻角为 –2°的计算结果	舵附推力鳍攻角为 –1°的计算结果	舵附推力鳍攻角为 0°的计算结果	舵附推力鳍攻角为 1°的计算结果	舵附推力鳍攻角为 2°的计算结果
0.3	T/N	62.616	62.637	62.893	62.625	62.653
	R/N	2.952	2.968	2.944	2.944	2.967
	Q/(N·m)	1.464 6	1.464 9	1.463 5	1.464 7	1.465 3
	K_T	0.23	0.230 1	0.231	0.23	0.230 1
	$10K_Q$	0.274 6	0.274 7	0.274 4	0.274 6	0.274 8
	η	0.399 9	0.399 9	0.401 9	0.399 9	0.399 8
0.5	T/N	40.468	40.510	40.762	40.505	40.543
	R/N	3.995 1	3.999 9	3.978 9	3.980 9	3.994 0
	Q/(N·m)	1.059 4	1.060 1	1.058 2	1.060 1	1.060 8
	K_T	0.148 7	0.148 8	0.149 7	0.148 8	0.148 9
	$10K_Q$	0.198 6	0.198 8	0.198 4	0.198 8	0.198 9
	η	0.595 8	0.595 6	0.600 4	0.595 6	0.595 7

13.3.4　桨 – 舵 – 舵球 – 舵附推力鳍组合最终方案水动力性能的预报

通过研究舵附推力鳍设计参数对螺旋桨效率的影响,最终确定舵附推力鳍的设计参数如下:翼型为 NACA0012,翼型弦长为 L,展长为 $0.6D$,安装角度为 0°。

为进一步比较舵球以及舵球与舵附推力鳍组合节能装置的节能效果,表 13.7 同时给出了桨 – 舵组合、桨 – 舵 – 舵球组合、桨 – 舵 – 舵球 – 舵附推力鳍组合的水动力性能,即螺旋桨的推力 T、转矩 Q、推力系数 K_T、转矩系数 K_Q、效率 η,以及三种组合中舵、舵 – 舵球、舵 – 舵球 – 舵附推力鳍受到的阻力 R、安装节能装置后螺旋桨效率增加百分比 $\Delta\eta$。

由表 13.7 可以看出,在舵上安装舵球以及安装舵球 – 舵附推力鳍组合等节能装置后,螺旋桨的推力系数、转矩系数和效率均有所增加。当 $J=0.3$ 时,舵球使螺旋桨的效率提高了 1.58%,舵球与舵附推力鳍组合使螺旋桨的效率提高了 2.06%;当 $J=0.5$ 时,舵球使螺旋桨的效率提高了 1.76%,舵球与舵附推力鳍组合使螺旋桨的效率提高了 2.4%。

表 13.7　桨后节能装置计算结果

J	符号/单位	桨－舵	桨－舵－舵球	桨－舵－舵球－舵附推力鳍
0.3	T/N	60.469	62.491	62.893
	R/N	2.200	2.819	2.944
	Q/N·m	1.436 3	1.462	1.463 5
	K_T	0.222 1	0.229	0.231
	$10K_Q$	0.269 3	0.274	0.274 4
	η	0.393 8	0.4	0.401 9
	$\Delta\eta$(%)	——	1.58	2.06
0.5	T/N	38.248	40.445	40.762
	R/N	3.409	3.736	3.979
	Q/(N·m)	1.0171	1.057	1.058 2
	K_T	0.140 5	0.149	0.149 7
	$10K_Q$	0.190 7	0.198	0.198 4
	η	0.586 3	0.597	0.600 4
	$\Delta\eta$/%	——	1.76	2.4

13.4　船体－桨－舵－舵球－舵附推力鳍组合

13.4.1　计算模型

为进一步研究上一节得到的舵球与舵附推力鳍组合节能装置在船后的节能效果，将桨－舵－舵球－舵附推力鳍组合按照在船后的实际位置安装在船后，得到的计算模型如图 13.6 所示。

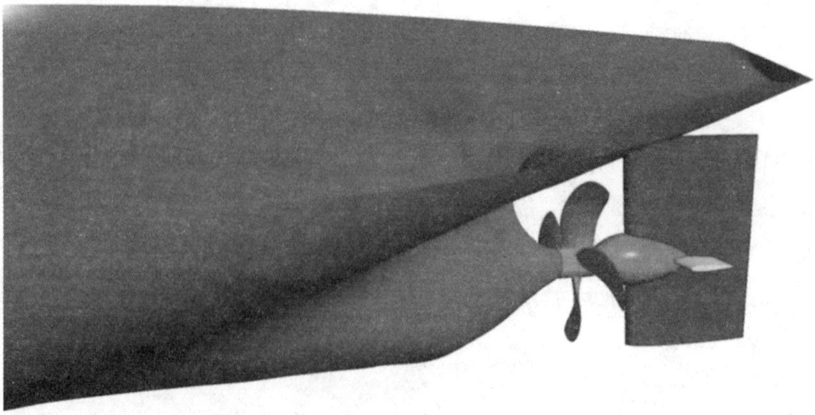

图 13.6　舵球与舵附推力鳍的组合计算模型

13.4.2　舵球与舵附推力鳍组合节能效果预报

舵球与舵附推力鳍组合节能效果的预报采用的预报方法，与舵球节能效果的数值预报方法完全相同。数值计算时采用与无节能装置完全相同的网格划分方法划分流场网格，最终含螺旋桨的转动部分网格数目为 153 万个，剩余部分网格为 417 万个，网格数合计 570 万个，数值计算结果如表 13.8 所示。

表 13.8　舵球与舵附推力鳍组合的节能效果计算

	计算项目	计算结果
无节能装置	桨模推力计算值/N	18.565
	桨模转矩计算值/(N·m)	0.493
	船体与舵合阻力计算值/N	32.668
	推力与转矩的比值	37.695
舵球与舵附推力鳍组合	桨模推力计算值/N	19.554
	桨模转矩计算值/(N·m)	0.510
	推力与转矩的比值	38.369
	船体、舵、舵球合阻力计算值	32.431
与无节能装置相比	螺旋桨效率增加的百分比	1.79%
	合阻力增加的百分比	-0.73%

由表 13.8 可得，安装舵球与舵附推力鳍组合后，螺旋桨的效率提高了 1.79%，同时，船体、舵、舵球、舵附推力鳍的合阻力比无节能装置时船体与舵的合阻力减小了 0.73%，节能效果显著。

第 14 章　舵球与舵附推力鳍组合节能效果的模型试验

虽然通过数值预报的方法可以预报出不同船舶水动力节能装置的节能效果,并为最终节能装置方案的确定提供理论依据和技术支持,但是,节能装置具体的节能效果如何还有待模型试验验证。本章为进一步验证节能效果显著的舵球与舵附推力鳍安装到实船上后的节能效果,选取前面章节中节能效果突出的舵球与舵附推力鳍组合模型,加工试验模型,开展模型试验研究。

14.1　试验相似条件

14.1.1　螺旋桨的相似定律

本章用量纲分析法即因次分析法求出螺旋桨作用力的大致规律,然后研究各项的物理意义。假设螺旋桨在敞水中运转时产生的水动力(推力和转矩)与直径 D、转速 n、进速 V_A、水的密度 ρ、水的运动黏性系数 v 及重力加速度 g 有关。用如下函数来表示推力和各因素之间的关系:

$$T = f_1(D, n, V_A, \rho, v, g) \tag{14-1}$$

为了便于分析把上式写为

$$T = kD^a n^b V_A^c \rho^d v^e g^f \tag{14-2}$$

式中　k——比例常数;

a, b, c, d, e, f——未知指数。

把式(14-2)各变量以基本量(质量 M、长度 L、时间 T)来表示,得到

$$\frac{ML}{T^2} = kL^a\left(\frac{1}{T}\right)^b\left(\frac{L}{T}\right)^c\left(\frac{M}{L^3}\right)^d\left(\frac{L^2}{T}\right)^e\left(\frac{L}{T^2}\right)^f \tag{14-3}$$

比较式(14-3)两端的基本因次,可得指数的关系为

$$\begin{aligned} 1 &= d \\ 1 &= a + c - 3d + 2e + f \\ -2 &= -b - c - e - 2f \end{aligned} \tag{14-4}$$

由式(14-4)解得

$$\begin{aligned} d &= 1 \\ a &= 4 - c - 2e - f \\ b &= 2 - c - e - 2f \end{aligned} \tag{14-5}$$

将式(14-5)代入式(14-2)整理可得

$$T = k\rho n^2 D^4\left(\frac{V_A}{nD}\right)^c\left(\frac{v}{nD^2}\right)^e\left(\frac{gD}{n^2D^4}\right)^f \tag{14-6}$$

式中，$\left(\frac{V_A}{nD}\right)^c$，$\left(\frac{v}{nD^2}\right)^e$，$\left(\frac{gD}{n^2D^4}\right)^f$ 均为无因次数，可以把(14－6)式写为

$$K_T = \frac{T}{k\rho n^2 D^4} = f_1\left(\frac{V_A}{nD}, \frac{nD^2}{v}, \frac{n^2D^4}{gD}\right) \tag{14-7}$$

式中，K_T 为推力系数。

与上述推导相类似，同样求得螺旋桨的转矩系数 K_Q 和效率 η_0 的表达式为

$$K_Q = \frac{Q}{\rho n^2 D^5} = f_2\left(\frac{V_A}{nD}, \frac{nD^2}{v}, \frac{n^2D^4}{gD}\right) \tag{14-8}$$

$$\eta_0 = \frac{K_T}{K_Q}\frac{J}{2\pi} = f_3\left(\frac{V_A}{nD}, \frac{nD^2}{v}, \frac{n^2D^4}{gD}\right) \tag{14-9}$$

函数 f 内各项的物理意义分别如下：

(1) $\frac{V_A}{nD}$为进速系数 J，两几何相似螺旋桨的$\frac{V_A}{nD}$相等，则螺旋桨及其模型在各对应点处流体质点的速度具有相同的方向，且其比值为一常数，即对应点处流体质点行迹相似。这是运动相似的基本条件。

(2) $\frac{nD^2}{v}$是雷诺数 Re，模型和实桨黏性力相似必须满足雷诺数相同。

(3) $\frac{n^2D^4}{gD}$相当于傅劳德 $F_n = \frac{\pi \cdot n \cdot D}{\sqrt{g \cdot D}}$，表示模型和实桨的重力相似条件，与螺旋桨运转的水面的兴波情况有关，可以说与螺旋桨在水面下的沉没深度有关。实践证明，当桨轴的沉没深度 $h_s > 0.625D$，兴波的影响可以忽略不计，故在水面下足够深度处进行模型试验时，傅劳德数可以不予考虑。

14.1.2　船模自航试验相似定律

对于船模阻力试验，如果能使船模和实船在相同 Fr 和 Re 条件下进行试验，则二者的总阻力系数相等。这样实船总阻力也能精确决定，但实际上同时满足 Fr 和 Re 是难以实现的。

要满足傅劳德数相等，对于实船和船模需要满足：

$$\frac{V_s^2}{gL_s} = \frac{V_m^2}{gL_m}, V_m^2 = \frac{V_s^2 L_m}{L_s} \tag{14-10}$$

要满足雷诺数相等，则有：

$$\frac{V_s L_s}{v_s} = \frac{V_m L_m}{v_m}, V_m^2 = \frac{V_s^2 L_s^2}{L_m^2}\left(\frac{v_m}{v_s}\right)^2 \tag{14-11}$$

若傅劳德数和雷诺数相等，则有：

$$v_m = v_s\left(\frac{L_m}{L_s}\right)^{\frac{3}{2}} \tag{14-12}$$

式中，下标带 m 者表示模型数值，带 s 者表示实船数值，对于船模水池试验，水的运动黏性系数相差不大，可以假定 $v_m = v$，要满足式(14－12)相似条件的话，只有 $L_s = L_m$，但这在水池试验是不现实的。

由于实船和船模不能同时满足傅劳德数和雷诺数相等，因此不能根据模型试验直接求实船阻力。实际上单一的雷诺数相等也是不能实现的，因此只能在保持傅劳德数相等的情

况下进行试验。为了求得实船阻力，傅汝德做出如下假设：

（1）假设船体总阻力分为只与雷诺数有关的摩擦阻力和与傅劳德数有关的剩余阻力；

（2）假设船体的摩擦阻力等同于同速度、同长度、同湿表面积的平板摩擦阻力。

几十年来，由于按照傅劳德假定计算结果与实际相当接近，因此被广泛应用。在船模阻力试验时，只满足了傅劳德数相同的条件，对于船模的雷诺数只要求超过临界数值，因此，

$$\frac{V_s L_s}{v_s}=\frac{V_m L_m}{v_m} \tag{14-13}$$

在螺旋桨敞水试验时，只满足进速系数相同的条件，对于螺旋桨模型的雷诺数也只要超过临界数值，因此，

$$\frac{V_{As}}{n_s D_s}=\frac{V_{Am}}{n_m D_m} \tag{14-14}$$

在模型的自航试验时，两者都要满足，根据几何相似，缩尺比为

$$\lambda=\frac{L_s}{L_m}=\frac{D_s}{D_m} \tag{14-15}$$

则满足傅劳德数相等时有

$$V_m=V_s\sqrt{\lambda} \tag{14-16}$$

满足进速系数相等时有

$$\frac{V_{As}}{n_s}=\frac{V_{Am}}{n_m}\lambda \tag{14-17}$$

由于

$$V_{As}=(1-\omega_s)V_s V_{Am}=(1-\omega_m)V_m \tag{14-18}$$

故

$$n_m=n_s\sqrt{\lambda}\left(\frac{1-\omega_m}{1-\omega_s}\right) \tag{14-19}$$

假定伴流无尺度作用，则 $\omega_s=\omega_m$，因此，可得

$$n_m=n_s\sqrt{\lambda} \tag{14-20}$$

式(14-16)及式(14-20)是船模自航试验应满足相似定律的条件，由于船后螺旋桨满足了进速系数相等的条件，因此在不考虑尺度作用的情况下，螺旋桨实桨及其模型在推力、转矩及收到马力存在下列关系：

$$\begin{aligned}T_s&=T_m\frac{\rho_s}{\rho_m}\lambda^3\\Q_s&=Q_m\frac{\rho_s}{\rho_m}\lambda^4\\P_{Ds}&=P_{Dm}\frac{\rho_s}{\rho_m}\lambda^{3.5}\end{aligned} \tag{14-21}$$

式(14-21)只对螺旋桨来说是正确的，但自航试验是把螺旋桨和船体联系起来考虑的，因此推力和阻力之间必然有

$$\begin{aligned}T_s(1-t_s)&=R_s\\T_m(1-t_m)&=R_m\end{aligned} \tag{14-22}$$

将式(14－21)及式(14－22)联系起来分析,发现二者是不一致的。从推进角度出发,模型和实桨的推力存在缩尺比三次方的关系。假定推力减额无尺度作用,即 $t_s = t_m$,则从式(14－22)看来,实船和船模的阻力之间也应与缩尺比三次方有关才能使两者一致。但在船舶阻力中可知,当船模与实船在傅劳德数相同时,两者的总阻力并不存在缩尺比三次方的关系。为了克服这一矛盾,需要在船模自航试验中做适当处理才能进行实船的换算。

实船和船模总阻力之间不存在缩尺比三次方关系,主要是由于摩擦阻力部分造成的,因此仅需要对摩擦阻力进行修正,增加一个摩擦阻力修正值 F_d。

$$F_d = R_m - \frac{\rho_m}{\rho_s}\frac{R_s}{\lambda^3} \tag{14-23}$$

这样,在自航试验中,预先对船模加一个拖曳力 F_d,这样处理后,船模自航试验系统中各种力都存在 λ^3 的关系。

14.2　模型试验数据换算到实船的转换方法

14.2.1　敞水试验

在桨模敞水试验中测量的数据为 V_A,N_M,T_M,Q_M,采用无因次系数表达。

桨模推力系数 K_{TM} 按式(14－24)计算:

$$K_{TM} = \frac{T_M}{g \cdot \rho_m \cdot N_M^2 \cdot D_M^4} \tag{14-24}$$

桨模扭矩系数 K_{QM} 按式(14－25)计算:

$$K_{QM} = \frac{Q_M}{g \cdot \rho_m \cdot N_M^2 \cdot D_M^5} \tag{14-25}$$

桨模进速系数 J_M 按式(14－26)计算:

$$J_M = \frac{V_A}{N_M \cdot D_M} \tag{14-26}$$

桨模敞水效率 η_{0M} 按式(14－27)计算:

$$\eta_{0M} = \frac{J_M \cdot K_{TM}}{2\pi \cdot K_{QM}} \tag{14-27}$$

式中　K_T——桨推力系数;

K_Q——桨扭矩系数;

J——桨进速系数;

η_0——桨敞水效率;

g——重力加速度,m/s^2;

ρ——淡水质量密度,kg/m^3;

V_A——桨模进速,m/s;

N_M——桨模转速,r/s;

D_M——桨模直径,m;

T_M——桨模推力,N;

Q_M——桨模扭矩，N·m。

根据桨模敞水试验结果进行尺度修正，修正公式如下。

$$K_{TS}=K_{TM}-\Delta K_T \tag{14-28}$$

$$K_{QS}=K_{QM}-\Delta K_Q \tag{14-29}$$

$$\Delta K_T=-C_D 0.3\frac{P}{D}\cdot\frac{C\cdot Z}{D} \tag{14-30}$$

$$\Delta K_Q=-\Delta C_D 0.25\cdot\frac{C\cdot Z}{D} \tag{14-31}$$

$$\Delta C_D=C_{DM}-C_{DS} \tag{14-32}$$

$$C_{DM}=2\left(1+2\frac{t_{0.75R}}{C}\right)\left(\frac{0.044}{R_n^{1/6}}-\frac{5}{R_n^{2/3}}\right) \tag{14-33}$$

$$C_{DS}=2\left(1+2\frac{t_{0.75R}}{C}\right)\left[1.89+1.62\times\log\left(\frac{C}{K_p}\right)\right]^{-2.5} \tag{14-34}$$

式中 ΔK_T——推力系数修正值；

ΔK_Q——扭矩系数修正值；

ΔC_D——桨叶阻力系数修正值；

C_{DM}——桨模叶片阻力系数；

ΔC_D——实桨叶片阻力系数；

Z——螺旋桨叶片数；

p——0.75R 处螺距，m；

C——0.75R 处弦长，m；

t——0.75R 处叶厚，m；

R_n——0.75R 处局部模型雷诺数；

K_p——叶片粗糙度，取 30×10^{-6}，m。

14.2.2 阻力试验

根据模型阻力试验时测得的阻力 R_m 和速度 V_m 数据后，求出 $R_m(V_m)$的函数关系式。

采用二因次 ΔC_F 法将船模阻力换算成实船阻力，换算如下。

实船阻力 R_s 按照公式(14-35)计算：

$$R_s=\frac{g}{2}\cdot\rho_s\cdot(0.514\,4V_s)^2\cdot S\cdot(C_{tm}-C_{fm}+C_{fs}+\Delta C_f) \tag{14-35}$$

摩擦阻力修正值 F_d 按照式(14-36)计算：

$$F_D=\frac{g}{2}\rho_m\cdot V_m^2\cdot\frac{S}{\lambda^2}\cdot(C_{fm}-C_{fs}+\Delta C_f) \tag{14-36}$$

实船有效功率 P_e 按照式(14-37)计算：

$$P_e=\frac{\frac{\rho S}{\rho M}(R_m-F_d)\cdot\lambda^3\cdot V_s}{1\,944} \tag{14-37}$$

模型总阻力系数 C_{tm} 按照式(14－38)计算：

$$C_{tm}=\frac{2\cdot R_m}{g\cdot\rho_m V_m^2\cdot S_m} \tag{14-38}$$

模型摩擦阻力系数 C_{fm} 按照式(14－39)计算：

$$C_{fm}=\frac{0.075}{(\log R_{e_M}-2)^2} \tag{14-39}$$

实船摩擦阻力系数 C_{FS} 按照式(14－40)计算：

$$C_{fs}=\frac{0.075}{(\log R_{e_S}-2)^2} \tag{14-40}$$

式中　R_S——实船阻力，N；

F_D——摩擦阻力修正值，N；

P_E——实船有效功率，kW；

C_{TM}——模型总阻力系数；

C_{FM}——模型摩擦阻力系数；

C_{FS}——实船摩擦阻力系数；

V_S——实船航速，kn；

S——实船浸湿面积，m^2；

Re——雷诺数；

ΔC_F——实船阻力换算补贴系数。

14.2.3　自航试验

根据自航试验测得的 $Z(N_m,V_m)$ 对应关系，按设定的换算方法和补贴值，计算出摩擦阻力修正值 F_D，与 Z 对应，从关系式 $Z(N_m,V_m)$ 求得 N_m,V_m 值，从 $T_m(N_m,V_m)$，$Q_m(N_m,V_m)$ 求得 T_m,Q_m 值，不同的 F_D 得到不同组的 $N_m(V_m)$，$T_m(V_m)$，$Q_m(V_m)$ 的函数关系。

对应实船时的船模航速按照式(14－41)计算：

$$V_m=\frac{0.5144V_S}{\sqrt{\lambda}} \tag{14-41}$$

对应实桨转速的桨模转速按照式(14－42)计算：

$$n_m\ \frac{\sqrt{\lambda}}{60}n_S \tag{14-42}$$

船模推力减额分数按照式(14－43)计算：

$$1-t_m=\frac{R_m-F_D}{2T_m} \tag{14-43}$$

桨后螺旋桨推力系数按照式(14－44)计算：

$$K_{TM}=\frac{T_M}{g\cdot\rho_m\cdot N_M^2\cdot D_M^4} \tag{14-44}$$

船后桨模扭矩系数按照式(14－45)计算：

$$K_{QM}=\frac{Q_M}{g\cdot\rho_m\cdot N_M^2\cdot D_M^5} \tag{14-45}$$

船后桨模进速系数 J_M 则根据船后 K_{TM} 查敞水曲线得到。

船后螺旋桨进速按照式(14－46)计算：

$$V_A = J_m n_m D_m \tag{14-46}$$

船模等推力伴流分数按照式(14－47)计算：

$$1-\omega_{TM} = \frac{V_A}{V_M} \tag{14-47}$$

桨模船身效率按照式(14－48)计算：

$$\eta_{HM} = \frac{1-t_m}{1-\omega_{TM}} \tag{14-48}$$

螺旋桨收到功率按照式(14－49)计算：

$$P_D = 0.002\pi \cdot n_m \cdot Q_m \frac{\rho_S}{\rho_m}\lambda^{3.5} \tag{14-49}$$

从船模试验得到的实船总推进效率按照式(14－50)计算：

$$\eta_D = \frac{P_E}{P_D} \tag{14-50}$$

14.3 试验模型及试验内容

14.3.1 试验模型

本章试验船模由复合材料制作，内部骨架采用多层胶合板加工制作而成，壳体为玻璃钢，外表面光洁，并喷涂黄色聚酯漆，在球鼻艏和 19 站位置粘贴有直径为 1 mm 的激流丝，在模型左右两侧的艏、舯、艉部刻划有水尺，具体如图 14.1 所示。螺旋桨模型由铝合金加工制作，加工制作工艺满足相关工艺标准。普通舵、舵球与舵附推力鳍组合采用玻璃钢制作，表面光洁并喷涂聚酯漆，具体外形以及在船模上的安装位置如图 14.2 和图 14.3 所示。模型缩尺比 $\lambda=29.197$。

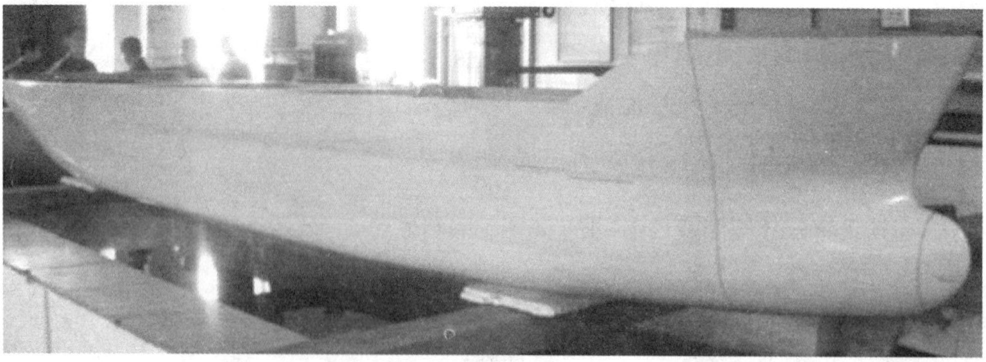

图 14.1　船体模型

图 14.2　舵球与舵附推力鳍组合模型侧视图

图 14.3　舵球与舵附推力鳍组合模型后视图

14.3.2 试验内容

为了研究舵球与舵附推力鳍的节能效果，考虑到船东在对新船验收时，主要考察新船压载吃水（压载工况）和结构吃水（超载工况）下的总体性能，总共进行了 4 种不同方案的船模自航试验，为便于试验数据的对比分析，试验方案和最终的试验结果均按载况与节能装置组合命名，试验内容分别为：

（1）普通舵（压载吃水）；

（2）舵球 + 舵附推力鳍（压载吃水）；

（3）普通舵（结构吃水）；

（4）舵球 + 舵附推力鳍（结构吃水）。

14.4 模型试验方法

14.4.1 船模静水拖曳阻力试验

水面静止的条件下，闭合夹具，由拖车带动船模至设定航速，释放夹具，并通过阻力测量仪（四自由度适航仪）测量得到该航速下的船模阻力，然后关闭夹具，减速停车，低速退回到起始位置，待水面平静后进行下一航次的试验，如此反复进行，直至完成整个航速范围内的船模阻力试验，记录试验当时水温。其中，拖点位于船模重心铅垂线上，高度则位于设计水线面，船模导向方式为首导向杆方式，夹具位于船模后部。

14.4.2 螺旋桨模型敞水性能试验

螺旋桨模型敞水性能试验采取设定桨模转速，改变桨模进速进行试验的方法。即每航次中不改变桨模转速（N_m =1 260 r/min），只改变桨模进速。所有试验与测量仪器均安放在敞水试验箱内，桨模安装在由敞水箱前端向前伸出的桨轴前端，桨轴长度大于四倍桨模直径，外面包有轴套管，桨模前端安装有导流帽，轴套与敞水箱连接处设有导流罩，桨毂与轴套之间平顺过渡。

具体的实验方法如下。水面静止的条件下，由拖车带动敞水试验箱至设定航速，同时调整螺旋桨模型至指定转速（1 260 r/min），通过螺旋桨动力仪测量得到该航速和桨模转速下的桨模推力与扭矩，然后减速停车，低速退回到起始位置，待水面平静后进行下一航次的试验，如此反复进行，直至桨模推力变为负值，停止试验；换装假毂，以桨模敞水试验对应的航速与桨模转速进行试验，测量得到轴系及桨毂的摩擦力矩和推力修正值，记录试验当时水温。

14.4.3 船模自航试验

船模自航试验采用强迫自航法。针对每个试验内容，均进行五个航速下的船模自航试验，对应的实船航速如下：压载吃水（压载工况）条件下分别为 12 kn，13 kn，14 kn，15 kn，16 kn，结构吃水（超载工况）条件下分别为 11 kn，12 kn，13 kn，14 kn，15 kn。对于每一航速，均设置五种不同桨模转速，转速间隔 20 r/min，并保证该航速下的自航点摩擦阻力修正值 FD 位于所测得的五个不同桨模转速下的拖力曲线之上。

具体试验方法如下：水面静止的条件下，闭合夹具，由拖车带动船模至设定航速，同时调整桨模转速至指定转速，释放夹具，通过阻力测量仪（四自由度适航仪）测量得到船模在该航速和桨模转速下所需拖力，通过船模自航仪测量得到该航速与桨模转速下的桨模推力和扭矩，然后关闭夹具和螺旋桨转速，减速停车，低速退回到起始位置，待水面平静后进行下一航次的试验，如此反复进行，直至完成整个航速范围内的船模自航试验，记录试验当时水温。

14.5　模型试验结果

模型试验在上海船舶运输科学研究所进行，将船模各载况下有节能装置的试验数据与无节能装置（普通舵）的试验数据进行对比分析，即可得到各参数的变化情况，进而得到舵球与舵附推力鳍的节能效果。压载工况和超载工况的试验原始记录及其他相关参数可参考《35 000DWT 散货船节能装置模型试验报告与分析》，本章只给出试验结果中船模的阻力 R_{tm}、桨模的进速系数 J_m、桨模的推力减额分数 t_m、船模的伴流分数 ω_m；以及基于模型试验数据经本章给出的试验数据转换方法换算得到的实船相关数据，包括实桨的进速系数 J_s、实桨的推力减额分数 t_s、实船的伴流分数 ω_s、相对旋转效率 η_{rs}、实船螺旋桨推进效率 η_ds、船身效率 η_h、实船螺旋桨转速 N_s、实船螺旋桨推力 T_s、实船螺旋桨转矩 Q_s、实船有效功率 P_e、实船螺旋桨收到功率 P_{ds}。

14.5.1　压载工况节能效果分析

表 14.1 至表 14.15 依次给出了压载工况时各航速下船模阻力的试验值、桨模的进速系数、桨模的推力减额分数、船模的伴流分数、实桨的进速系数、实桨的推力减额分数、实船的伴流分数、相对旋转效率、实船螺旋桨推进效率、船身效率、实船螺旋桨转速、实船螺旋桨推力、实船螺旋桨转矩、实船有效功率、实船螺旋桨收到功率。

由表 14.1 至表 14.15 可知，在设计航速 14 节时，与普通舵相比，舵球与舵附推力鳍组合可以使船模的阻力降低 0.81%，使螺旋桨的推进效率提高 0.23%，螺旋桨收到功率减少 1.39%，使实船有效功率降低 1.16%，使实船螺旋桨收到功率降低 1.39%，节能效果显著。

表 14.1　船模阻力试验值

V		船模的阻力 R_{TM}		
V_s/kn	V_m/(m/s)	普通舵/N	舵球 + 舵附推力鳍/N	舵球 + 舵附推力鳍与普通舵相比增加百分比 ε/%
12.00	1.142	17.009	16.655	-2.08
13.00	1.238	20.462	20.185	-1.35
14.00	1.333	24.191	23.994	-0.81
15.00	1.428	28.490	28.275	-0.75
16.00	1.523	33.696	33.300	-1.18

表 14.2　桨模进速系数

V		桨模进速系数 J_m		
V_s/kn	V_m/(m/s)	普通舵	舵球 + 舵附推力鳍	舵球 + 舵附推力鳍与普通舵相比增加百分比 ε/%
12.0	1.142	0.473 1	0.472 2	−0.19
13.0	1.238	0.461 4	0.457 6	−0.82
14.0	1.333	0.454 7	0.450 4	−0.95
15.0	1.428	0.447 0	0.444 1	−0.65
16.0	1.523	0.436 3	0.436 6	0.07

表 14.3　桨模的推力减额分数

V		桨模的推力减额分数 t_m		
V_s/kn	V_m/(m/s)	普通舵	舵球 + 舵附推力鳍	舵球 + 舵附推力鳍与普通舵相比增加百分比 ε/%
12.0	1.142	0.210 0	0.223 8	6.57
13.0	1.238	0.212 2	0.228 2	7.54
14.0	1.333	0.214 9	0.223 7	4.09
15.0	1.428	0.219 6	0.222 9	1.50
16.0	1.523	0.225 3	0.228 5	1.42

表 14.4　船模的伴流分数

V		船模的伴流分数 ω_m		
V_s/kn	V_m/(m/s)	普通舵	舵球 + 舵附推力鳍	舵球 + 舵附推力鳍与普通舵相比增加百分比 ε/%
12.0	1.142	0.378 8	0.385 4	1.74
13.0	1.238	0.388 3	0.396 4	2.09
14.0	1.333	0.390 1	0.399 3	2.36
15.0	1.428	0.390 7	0.398 9	2.10
16.0	1.523	0.392 3	0.395 4	0.79

表 14.5　实桨的进速系数

V		实桨的进速系数 J_s		
V_s/kn	V_m/(m/s)	普通舵	舵球＋舵附推力鳍	舵球＋舵附推力鳍与普通舵相比增加百分比 ε/%
12.0	1.142	0.492 9	0.490 7	−0.45
13.0	1.238	0.482 6	0.477 6	−1.04
14.0	1.333	0.475 5	0.471 5	−0.84
15.0	1.428	0.466 9	0.465 0	−0.41
16.0	1.523	0.455 5	0.455 9	0.09

表 14.6　实桨的推力减额分数

V		实桨的推力减额分数 t_s		
V_s/kn	V_m/(m/s)	普通舵	舵球＋舵附推力鳍	舵球＋舵附推力鳍与普通舵相比增加百分比 ε/%
12.0	1.142	0.210 0	0.223 8	6.57
13.0	1.238	0.212 2	0.228 2	7.54
14.0	1.333	0.214 9	0.223 7	4.09
15.0	1.428	0.219 6	0.222 9	1.50
16.0	1.523	0.225 3	0.228 5	1.42

表 14.7　实船的伴流分数

V		实船的伴流分数 ω_s		
V_s/kn	V_m/(m/s)	普通舵	舵球＋舵附推力鳍	舵球＋舵附推力鳍与普通舵相比增加百分比 ε/%
12.0	1.142	0.326 6	0.336 1	2.91
13.0	1.238	0.333 6	0.344 8	3.36
14.0	1.333	0.336 1	0.345 2	2.71
15.0	1.428	0.338 8	0.345 1	1.86
16.0	1.523	0.342 4	0.345 5	0.91

表 14.8　相对旋转效率

V		相对旋转效率 η_{rs}		
V_s/kn	V_m/(m/s)	普通舵	舵球 + 舵附推力鳍	舵球 + 舵附推力鳍与普通舵相比增加百分比 ε/%
12.0	1.142	1.000 5	1.015 9	1.54
13.0	1.238	1.009 7	1.017 9	0.81
14.0	1.333	1.014 4	1.020 7	0.62
15.0	1.428	1.014 6	1.020 5	0.58
16.0	1.523	1.011 0	1.016 5	0.54

表 14.9　实桨推进效率

V		实螺旋桨推进效率 η_{ds}		
V_s/kn	V_m/(m/s)	普通舵	舵球 + 舵附推力鳍	舵球 + 舵附推力鳍与普通舵相比增加百分比 ε/%
12.0	1.142	0.744 8	0.751 4	0.89
13.0	1.238	0.747 0	0.744 7	-0.31
14.0	1.333	0.742 6	0.744 3	0.23
15.0	1.428	0.731 0	0.737 0	0.82
16.0	1.523	0.714 4	0.719 2	0.67

表 14.10　船身效率

V		船身效率 η_h		
V_s/kn	V_m/(m/s)	普通舵	舵球 + 舵附推力鳍	舵球 + 舵附推力鳍与普通舵相比增加百分比 ε/%
12.0	1.142	1.173 1	1.169 1	-0.34
13.0	1.238	1.182 2	1.178 1	-0.35
14.0	1.333	1.182 7	1.185 6	0.25
15.0	1.428	1.180 2	1.186 6	0.54
16.0	1.523	1.178 1	1.178 8	0.06

表 14.11　实桨转速

V		实船螺旋桨转速 N_s		
V_s/kn	V_m/(m/s)	普通舵/(r/min)	舵球 + 舵附推力鳍/(r/min)	舵球 + 舵附推力鳍与普通舵相比增加百分比 ε/%
12.0	1.142	88.48	87.60	−0.99
13.0	1.238	96.87	96.24	−0.65
14.0	1.333	105.48	104.91	−0.54
15.0	1.428	114.64	114.00	−0.56
16.0	1.523	124.65	123.95	−0.56

表 14.12　实桨推力

V		实船螺旋桨推力 T_s		
V_s/kn	V_m/(m/s)	普通舵/kN	舵球 + 舵附推力鳍/kN	舵球 + 舵附推力鳍与普通舵相比增加百分比 ε/%
12.0	1.142	370.30	365.21	−1.37
13.0	1.238	457.38	457.66	0.06
14.0	1.333	552.87	552.65	−0.04
15.0	1.428	668.06	663.74	−0.65
16.0	1.523	814.17	804.42	−1.20

表 14.13　实桨转矩

V		实船螺旋桨转矩 Q_s		
V_s/kn	V_m/(m/s)	普通舵/(kN · m)	舵球 + 舵附推力鳍/(kN · m)	舵球 + 舵附推力鳍与普通舵相比增加百分比 ε/%
12.0	1.142	261.67	253.86	−2.98
13.0	1.238	318.02	314.77	−1.02
14.0	1.333	381.14	377.88	−0.86
15.0	1.428	458.42	452.41	−1.31
16.0	1.523	556.73	547.20	−1.71

表 14.14　实船有效功率

V		实船有效功率 P_e		
V_s/kn	V_m/(m/s)	普通舵/kW	(舵球+舵附推力鳍)/kW	舵球+舵附推力鳍与普通舵相比增加百分比 ε/%
12.0	1.142	1 805.9	1 749.9	-3.10
13.0	1.238	2 409.8	2 362.3	-1.97
14.0	1.333	3 126.3	3 089.9	-1.16
15.0	1.428	4 022.9	3 980.4	-1.06
16.0	1.523	5 191.8	5 108.3	-1.61

表 14.15　实桨收到功率

V		实船螺旋桨收到功率 P_{ds}		
V_s/kn	V_m/(m/s)	普通舵/kW	(舵球+舵附推力鳍)/kW	舵球+舵附推力鳍与普通舵相比增加百分比 ε/(%)
12.0	1.142	2 424.5	2 328.8	-3.95
13.0	1.238	3 226.1	3 172.2	-1.67
14.0	1.333	4 210.0	4 151.4	-1.39
15.0	1.428	5 503.2	5 400.7	-1.86
16.0	1.523	7 267.0	7 102.9	-2.26

14.5.2　超载工况节能效果分析

表 14.16 至表 14.30 依次给出了压载工况时各航速下船模阻力的试验值、桨模的进速系数、桨模的推力减额分数、船模的伴流分数、实桨的进速系数、实桨的推力减额分数、实船的伴流分数、相对旋转效率、实船螺旋桨推进效率、船身效率、实船螺旋桨转速、实船螺旋桨推力、实船螺旋桨转矩、实船有效功率、实船螺旋桨收到功率。

由表 14.16 至表 14.30 可知，超载工况下，在设计航速 14 节时，与普通舵相比，舵球与舵附推力鳍组合可以使船模的阻力降低 0.2%，使螺旋桨的推进效率提高 1.97%，使螺旋桨收到功率减少 1.59%，使实船有效功率降低 0.32%，使实船螺旋桨收到功率降低 2.24%，节能效果显著。

表 14.16　船模阻力试验值

V		船模的阻力 R_{tm}		
V_s/kn	V_m/(m/s)	普通舵/N	(舵球＋舵附推力鳍)/N	舵球＋舵附推力鳍与普通舵相比增加百分比 ε/%
11	1.05	18.63	18.55	−0.45
12	1.14	22.03	21.91	−0.54
13	1.24	25.74	25.63	−0.44
14	1.33	30.17	30.11	−0.20
15	1.43	35.81	35.72	−0.26

表 14.17　桨模进速系数

V		桨模进速系数 J_m		
V_s/kn	V_m/(m/s)	普通舵	舵球＋舵附推力鳍	舵球＋舵附推力鳍与普通舵相比增加百分比 ε/%
11	1.05	0.463	0.461	−0.60
12	1.14	0.466	0.461	−1.03
13	1.24	0.465	0.460	−1.10
14	1.33	0.459	0.456	−0.74
15	1.43	0.452	0.453	0.11

表 14.18　桨模的推力减额分数

V		桨模的推力减额分数 t_m		
V_s/kn	V_m/(m/s)	普通舵	舵球＋舵附推力鳍	舵球＋舵附推力鳍与普通舵相比增加百分比 ε/%
11	1.05	0.211	0.218	3.41
12	1.14	0.214	0.226	5.62
13	1.24	0.216	0.225	4.17
14	1.33	0.214	0.216	1.17
15	1.43	0.202	0.202	0.05

表 14.19 船模的伴流分数

V		船模的伴流分数 ω_m		
V_s/kn	V_m/(m/s)	普通舵	舵球+舵附推力鳍	舵球+舵附推力鳍与普通舵相比增加百分比 ε/%
11	1.05	0.339	0.345	1.74
12	1.14	0.331	0.340	2.69
13	1.24	0.332	0.342	3.08
14	1.33	0.336	0.344	2.32
15	1.43	0.337	0.337	0.03

表 14.20 实桨的进速系数

V		实桨的进速系数 J_s		
V_s/kn	V_m/(m/s)	普通舵	舵球+舵附推力鳍	舵球+舵附推力鳍与普通舵相比增加百分比 ε/%
11	1.05	0.481	0.478	-0.62
12	1.14	0.481	0.476	-1.08
13	1.24	0.479	0.474	-0.98
14	1.33	0.474	0.472	-0.51
15	1.43	0.469	0.469	0.11

表 14.21 实桨推力减额分数

V		实桨推力减额分数 t_s		
V_s/kn	V_m/(m/s)	普通舵	舵球+舵附推力鳍	舵球+舵附推力鳍与普通舵相比增加百分比 ε/%
11	1.05	0.211	0.218	3.41
12	1.14	0.214	0.226	5.62
13	1.24	0.216	0.225	4.17
14	1.33	0.214	0.216	1.17
15	1.43	0.202	0.202	0.05

表 14.22　实船的伴流分数

V		实船的伴流分数 ω_s		
V_s/kn	V_m/(m/s)	普通舵	舵球 + 舵附推力鳍	舵球 + 舵附推力鳍与普通舵相比增加百分比 ε/%
11	1.05	0.302	0.309	2.12
12	1.14	0.299	0.309	3.45
13	1.24	0.301	0.310	3.23
14	1.33	0.303	0.308	1.85
15	1.43	0.299	0.299	0.03

表 14.23　相对旋转效率

V		相对旋转效率 η_{rs}		
V_s/kn	V_m/(m/s)	普通舵	舵球 + 舵附推力鳍	舵球 + 舵附推力鳍与普通舵相比增加百分比 ε/%
11	1.05	1.011	1.024	1.35
12	1.14	1.012	1.027	1.43
13	1.24	1.014	1.031	1.72
14	1.33	1.014	1.032	1.85
15	1.43	1.012	1.029	1.70

表 14.24　实桨推进效率

V		实船螺旋桨推进效率 η_{ds}		
V_s/kn	V_m/(m/s)	普通舵	舵球 + 舵附推力鳍	舵球 + 舵附推力鳍与普通舵相比增加百分比 ε/%
11	1.05	0.714	0.720	0.90
12	1.14	0.709	0.713	0.55
13	1.24	0.708	0.716	1.22
14	1.33	0.706	0.720	1.97
15	1.43	0.705	0.717	1.79

表 14.25 船身效率

V		船身效率 η_h		
V_s/kn	V_m/(m/s)	普通舵	舵球+舵附推力鳍	舵球+舵附推力鳍与普通舵相比增加百分比 ε/%
11	1.05	1.131	1.131	0.01
12	1.14	1.121	1.121	-0.07
13	1.24	1.121	1.124	0.23
14	1.33	1.128	1.133	0.49
15	1.43	1.138	1.138	0.00

表 14.26 实桨转速

V		实船螺旋桨转速 N_s		
V_s/kn	V_m/(m/s)	普通舵/(r/min)	(舵球+舵附推力鳍)/(r/min)	舵球+舵附推力鳍与普通舵相比增加百分比 ε/%
11	1.05	86.05	85.78	-0.31
12	1.14	94.33	93.97	-0.38
13	1.24	102.43	102.01	-0.41
14	1.33	111.11	110.77	-0.31
15	1.43	121.15	121.00	-0.12

表 14.27 实桨推力

V		实船螺旋桨推力 T_s		
V_s/kn	V_m/(m/s)	普通舵/kN	(舵球+舵附推力鳍)/kN	舵球+舵附推力鳍与普通舵相比增加百分比 ε/%
11	1.05	362.3	362.9	0.18
12	1.14	435.3	438.1	0.64
13	1.24	516.4	518.6	0.44
14	1.33	615.5	615.5	0.00
15	1.43	742.7	739.8	-0.39

表 14.28　实桨转矩

V		实船螺旋桨转矩 Q_s		
V_s/kn	V_m/(m/s)	普通舵/(kN·m)	(舵球+舵附推力鳍)/(kN·m)	舵球+舵附推力鳍与普通舵相比增加百分比 ε/%
11	1.05	251.5	248.2	-1.30
12	1.14	301.7	298.5	-1.06
13	1.24	356.9	351.5	-1.50
14	1.33	424.4	416.2	-1.94
15	1.43	511.5	501.1	-2.03

表 14.29　实船有效功率

V		实船有效功率 P_e		
V_s/kn	V_m/(m/s)	普通舵/kW	(舵球+舵附推力鳍)/kW	舵球+舵附推力鳍与普通舵相比增加百分比 ε/%
11	1.05	1 617.6	1 605.7	-0.74
12	1.14	2 112.8	2 094.0	-0.89
13	1.24	2 708.5	2 689.0	-0.72
14	1.33	3 486.2	3 475.2	-0.32
15	1.43	4 572.9	4 554.5	-0.40

表 14.30　实桨收到功率

V		实船螺旋桨收到功率 P_{ds}		
V_s/kn	V_m/(m/s)	普通舵/kW	(舵球+舵附推力鳍)/kW	舵球+舵附推力鳍与普通舵相比增加百分比 ε/%
11	1.05	2 266.1	2 229.5	-1.62
12	1.14	2 980.6	2 937.9	-1.43
13	1.24	3 828.3	3 755.2	-1.91
14	1.33	4 938.0	4 827.2	-2.24
15	1.43	6 488.8	6 349.3	-2.15

参 考 文 献

[1] 李积德,陶尧森.船舶耐波性专辑[J].船舶工程,1991.

[2] 程钧谟.浅谈减摇鳍装置的作用和使用[J].中国修船,1999(4):8.

[3] 韦彬.即将来临的我国船舶减摇鳍时代[J].机电设备,2001(6):19-20.

[4] 张晓宇.基于LMI的船舶力控减摇鳍系统H-∞控制器设计[J].船舶工程,2002(2):24-27.

[5] 潘晋,喻红霞,王德禹.减摇鳍结构应力分析及新鳍型探讨[J].船舶工程,2005(2):1-4.

[6] 姚征,陈康民.CFD通用软件综述[J].上海理工大学学报,2002,24(2).

[7] 王福军.计算流体动力学分析——CFD软件原理与应用[M].北京:清华大学出版社,2004.

[8] 刘霞,葛新锋.Fluent软件及其在我国的应用[J].能源研究与利用,2003(2):36-38.

[9] 陈耀松,陈沪东.力学小议[J].力学与实践,2001,23(4):74-75.

[10] 李勇,刘志友,安亦然.介绍计算流体力学通用软件——Fluent[J].水动力学研究与进展,2001,16(2):254-258.

[11] VERSTEEG H K,MALALASEKERA W. An introduction to computational fluid dynamics:the finite volume method[M]. London:Longman Group Ltd,1995.

[12] 王献孚,熊鳌魁.高等流体力学[M].武汉:华中科技大学出版社,2003:86-93.

[13] 杨亮.黏性流场中摆动尾鳍的水动力分析[D].哈尔滨:哈尔滨工程大学,2005.

[14] 赵玉杰.喷流舵流体动力性能研究[D].哈尔滨:哈尔滨工程大学,2005.

[15] 王献孚.船用翼理论[M].北京:国防工业出版社,1995:8-14.

[16] 汤振明,赵晓东.减摇鳍水动力系数系列图谱[R].哈尔滨船大工程院船舶减摇与控制技术研究所技术报告,2004.

[17] 陶尧森.船舶耐波性[M].上海:上海交通大学出版社,1985.

[18] 陈放,许叙遥,金鸿章,等.两对鳍系统优化控制方法的研究[J].哈尔滨工程大学学报,2004,25(4).

[19] 丁勇.鳍/舭龙骨/鳍水动力计算[D].哈尔滨:哈尔滨工程大学,1987.

[20] 李积德,李嘉.减摇鳍的定常与非定常水动力计算方法[J].中国造船,1988(101):18-28.

[21] 张亮,李云波.流体力学[M].哈尔滨:哈尔滨工程大学出版社,2001:204-206.

[22] 拓双芬,朱自强,陈迎春.结构/非结构网格中的数值优化计算[J].北京航空航天大学学报,2003,29(9):797-801.

[23] 郭正,刘君,瞿章华.动网格技术在二维非结构网格中的实现[C].第十届全国计算流体力学会议论文集,1996:360-364.

[24] 韩占忠.FLUENT流体工程仿真计算实例与应用[M].北京:北京理工大学出版社,2004.

[25] SANDBERG W C,RAMAMURTI R. Unsteady flow computations for oscillating fins:a status

report [R]//Papers of 11th International symposium on UUS technology. Autonomous Undersea Systems Institute,1999:182 – 194.

[26] ANDERSON D. Computational fluid dynamics—the basics with applications[M]. 北京:清华大学出版社,2002:31 – 38.

[27] REN Anu,ZOU Jianfeng,DAI Zhiqian. Numerical study of flow past an axisymmetric body with a ring wing at various attack angles[J]. Journal of Hydrodynamics,2003(5):49 – 53.

[28] ZHANG Zhirong. Numerical calculation of viscous—surface flow about ship hull [J]. Journal of Ship Mechanics,2002,6(6):10 – 18.

[29] 张志荣,李百齐,赵峰. 螺旋桨/船体黏性流场的整体数值求解[J]. 船舶力学,2004,8(5):19 – 26.

[30] 张志荣,李百齐,赵峰. 船舶黏性流动计算中湍流模式应用的比较[J]. 水动力学研究与进展:A 辑,2004,19(5):637 – 642.

[31] 刘启民. 船尾桨前垂向整流鳍的减振机理研究及其应用[J]. 船舶工程,2007,29(6):50 – 53.

[32] 周连第. 船舶与海洋工程计算流体力学的研究进展与应用[J]. 空气动力学学报,1998,16(1):122 – 131.

[33] 黄胜. 船舶推进节能技术研究与进展[J]. 舰船科学技术,2007,29(1):27 – 32.

[34] 徐庆阳,刘卫斌,薛中川. 桨前预旋流对推进效率的影响的试验分析[J]. 船舶设计技术交流,1994(1):26 – 33.

[35] 王冬姣,欧礼坚,李洁雅. 不对称尾鳍模型试验研究[J]. 船舶工程,2006,28(2):1 – 4.

[36] 欧礼坚,李洁雅. 补偿导流管技术应用于双尾鳍船型的研究[J]. 华南理工大学学报,2000,28(6):49 – 52.

[37] 彭斌. 船舶节能技术综述[J]. 舰船科学技术,2005(2),27:3 – 6.

[38] 何德明,李远林. 船舶前置导管流态的数值计算与分析[J]. 船舶工程,2004,26(4):22 – 25.

[39] 张大有. 关于前置导管两个混参数的研究[J]. 武汉水运工程学院学报,1989,13(3):100 – 103.

[40] 杨怀蜀. 高效节能导管装置——艉球前置导管组合体简介[J]. 交通部上海船舶运输科学研究所学报,1990,13(1):90 – 91.

[41] 周占群,胡平,刘兴威,等. 2800 吨多用途船船型开发研究[J]. 交通部上海船舶运输科学研究所学报,1998,21(1):1 – 8.

[42] 胡平,周占群. 肥大型船满压载状态下尾部伴流场的分析[J]. 交通部上海船舶运输科学研究所学报,1999,22(2):71 – 81.

[43] 杨波,陈晓莹,胡平,等. 万吨级船舶两种节能装置的应用[J]. 交通节能与环保,2006(3):11 – 13.

[44] 李洁雅,余灵,羊少刚,等. 货船进流补偿导管试验研究[J]. 船舶工程,1996(3):18 – 20.

[45] 刘启民. 船尾桨前垂向整流鳍的减振机理研究及其应用[J]. 船舶工程,2007(6):50 – 53.

[46] JIL PYO O K. Power savings by wake equalizing ducts[J]. Ship Technology Research,

2005,52:34 –51.

[47] HUANG Sheng. CFD simulation of propeller and rudder performance when using additional thrust fins[J]. Journal of Marine Science and Application. 2007,6(4):27 –31.

[48] 杨佑宗. 船艉整流鳍在实船上的应用与研究[J]. 中国造船:2001,42(2):12 –18.

[49] 江礼思. 低噪声导流罩的设计[J]. 船舶工程,2008,30(1):46 –49.

[50] SIMONSEN C D. RANS Simulation of the flow around a ship appended with rudder,ice fins and rotating propeller[C]. Brest :11th Numerical Towing Tank Symposium,2008:53 –58.

[51] 张志荣,李百齐,赵峰. 螺旋桨/船体黏性流场的整体数值求解[J]. 船舶力学,2004,8(5):19 –26.

[52] UTO S. Basic study on the scale effect of the viscous flow around a marine propeller[J]. Kansai Society of Naval Architects,1994(222):33 –39.

[53] Oh,K J,Kang,et al,Numerical calculation of the viscous flow around a propeller shaft configuration [J]. International Journal for Numerical Methods in Fluids,1995,21(1):1 –13.

[54] ITO M. Calculation of viscous effects on propeller open characteristics[J]. West-Japan Society of Naval Architects,1987(73):83 –96.

[55] UTO S. Computation of incompressible viscous flow around a marine propeller[J]. Journal Society of Naval Architects of Japan,1992,172:213 –224.

[56] UTO S,KODAMA Y. Application of CFD to the flow computation around a marine propeller—grid generation and inviscid flow computation using euler equations[J]. Journal Kansai Society of Naval Archtects,1992(218):171 –180.

[57] UTO S. Computation of incompressible viscous flow around a marine propeller 2nd report: turbulent flow simulation [J]. Journal of the Society of Naval Architects of Japan, 1993,173.

[58] SAO F. Analysis of steady viscous flow around a highly skewed propeller[J]. Kansai Soc. N. A. ,1999(231):1 –6.

[59] CHEN B,STERN F. Computational fluid dynamics of four-quadrant marine-propulsor flow[J]. Journal of Ship Research. 1999,43(4):218 –228.

[60] HEINRICH S. Numerical prediction of viscous propeller flows[J]. Ship Technology Research, 1999,46:35 –42.

[61] COTONI,ROMANO F. Investigation of the near wake of a propeller using particle image velocimetry[J]. Exp. Fluids. 2000,29:227 –236.

[62] SAO F. Analysis of unsteady viscous flow around a highly skewed propeller[J]. Kansai Soc. N. A,2002(237):39 –45.

[63] TAKAYUKI W. Simulation of steady and unsteady cavitaion on a marine propeller using a rans CFD code[C]. Tokyo: Fifth International Symposium on Cavitations(CAV2003) Osaka,2003:1 –8.

[64] SIMONSEN C D,STERN F. RANS maneuvering simulation of esso osaka with rudder and a body-force propeller[J]. Journal of Ship Research,2005,49(2):98 –120.

[65] SHIN HYUNG R. Computational validation for flow arounda marine propeller using unstructured meshed based navier-stokes solver[J]. JMSE International Journal, Serious B, 2005, 48

(3):562 -570.

[66] SING H R. Propeller cavitation study using an unstructured grid based navier-stoker solver [J]. Journal of Fluids Engineering SEPTEMBER 2005,127:986 -994.

[67] SING K L. CFD simulation for propeller four-quadrant flows[R]. ABS Technical Papers, 2006:175 -189.

[68] JAN K. Analysis of screw propeller 4119 using the Fluent system[J]. Archives of Civil and Mechanical Engineering,2007:129 -137.

[69] Egerton J O, Rasul M G, Brown R J. Modeling and simulation of underwater propeller velocity profile using the CFD code FLUENT[C]. 16th Australasian Fluid Mechanics Conference,2007:777 -781.

[70] 唐登海,董世汤.船舶螺旋桨周围黏性流场数值模拟方法[J].舰船性能研究,1996,4.

[71] 蔡荣泉,陈凤明,冯学梅.使用 FLUENT 软件的螺旋桨敞水性能计算分析[J].船舶力学,2006,10(5):41 -48.

[72] 冯学梅,陈凤明,蔡荣泉.使用 FLUENT 软件的螺旋桨敞水性能计算和考察[J].船舶,2006,1:14 -19.

[73] 刘建全,刘卫斌.基于 CFD 方法的螺旋桨敞水数值实验研究[J].中国水运,2007,7(2):42 -44.

[74] 刘志华,雄鹰.基于多块混合网格的 RANS 方法预报螺旋桨敞水性能的研究[J].水动力学研究与进展:A 辑,2007,22(4):450 -456.

[75] 刘应中,张怀新,李谊乐.21 世纪的船舶性能计算和 RANS 方程[J].船舶力学,2006,5(5):66 -84.

[76] PIRRONE M, LINDENMUTH W. Comparison of wake flow measurements between 5-hole pitot probes and laser doppler velocimetry in the ship propeller plane[C]. Washington DC: Proc. 23rd ATTC Conf,1993:129 -135.

[77] TAHARA Y, HIMENO Y. Applications of isotropic and anisotropic turbulence models to ship flow computation[C]. J. Kansai Soc. N. A, 1996,225:75 -91.

[78] ROTH, G I, MASCENIK. Measurements of the flow structure and turbulence within a ship bow wave Phys[J]. Phys. Fluids,1999,11:3512 -3523.

[79] WILSON R V, STEN F, COLEMAN H, et al. Comprehensive approach to certification and validation of CFD simulations—part 2: application for RANS simulation of a cargo/container ship[J]. Journal of Fluids Engineering(ASME),2001,123(4):803 -810.

[80] STERN F, WILSON RV, COLEMAN H, et al. Comprehensive approach to certification and validation of CFD simulations—part 1: methodology and procedures[J]. Journal of Fluids Engineering(ASME),2001,123:793 -802.

[81] GUI L, LONGO J, STERN F. Towing tank PIV measurement system, data and uncertainty assessment for DTMB model 5512[J]. Experiments in Fluids,2001,31:336 -346.

[82] GUI L, LONGO L, METCALF B, et al. Forces, moment, wave pattern for surface combatant in regular head waves-part 1: measurement systems and uncertainty assessment[J]. Exp. Fluids,2001,31:674 -680.

[83] RHEE S H, FRED STERN F. Unsteady RANS method for surface ship boundary layer and

wake and wave field[J]. International Journal For Numerical Methods In Fluids,2001,37:445－478.

[84] JOSEPH J. Present state of numerical ship hydrodynamics and validation experiments[S]. Transactions of the ASME,2002,124:74－80.

[85] CHEN,P,CHENG F. An inverse hull design problem in optimizing the desired wake of a ship[J]. Journal of Ship Reserch,2002,46(2):138－146.

[86] GUI,LONGO L,METCALF L,et al. Forces,moment,and wave pattern for naval combatant in regular head waves—part 2:measurement results and discussions[J]. Exp. Fluids,2002,32:27－36.

[87] OLIVIERI,PISTANI A,F PENNA. Experimental investigation of the flow around a fast displacement ship hull model[J]. Journal of Ship Research,2003,47(13):247－261.

[88] KONSTANTINIDIS,BALABANI E,Yianneskis. Conditional averagingof PIV plane wake data using a cross-correlation approach[J]. Exp. Fluids,2005,37:38－47.

[89] LONGO J,STERN F. Uncertainty assessment for towing tank tests with example for surface combatant DTMB model 5415[J]. Journal of Ship Research,2005,49(1):55－68.

[90] LARSSON L,STERN. Benchmarking of computational fluid dynamics for ship flows:the gothenburg 2000 workshop[J]. Journal Ship Research,2003,47(1):63－81.

[91] ZHAO F,ZHANG Z R,CHANG Y. Practical application of CFD in wake simulation of hull model with various appendages[C]. 7th International Conference on Hydrodynamics,2006:641－646.

[92] KUME K,HASEGAWA J,TSUKADA Y,et al. Measurements of hydrodynamic forces,surface pressure,and wake for obliquely towed tanker model and uncertainty analysis for CFD validation[J]. Journal of Marine Science and Technology,2006,11:65－75.

[93] FRED STERN. Quantitative V&V of CFD simulations and certification of CFD codes[J]. Int. J. Numer. Meth. Fluids 2006,50:1335－1355.

[94] KIM J. Numerical computation for the comparison of sternflows around various twin skegs[J]. Journal of Ship & Ocean Technology,2006,10(2):1－10.

[95] CARRICA,WILSON P,STERN. Unsteady RANS simulation of the ship forward-speed diffraction problem[J]. Comput. Fluids,2006,35:545－570.

[96] LONGO J. Phase-averaged PIV for the nominal wake of a surface ship in regular head waves[S]. Transactions of the ASME,2007,129:524－540.

[97] DI FELICE F,PEREIRA F. Developments and application of PIV in naval hydrodynamics[N]. Particle Image Velocimetry New Developments and Recent Applications Series,2007:459－485.

[98] PAIK,B G,KIM,et al. Analysis of wake behind a rotating propeller using PIV technique in a cavitation tunnel[J]. Journal of Ocean Engineering,2007,34:594－604.

[99] 李廷秋. 三维船舶尾流场的数值计算及方型系数 Cb 和尾型 UV 度的变化对其尾流场影响的数值实验[D]. 武汉:武汉水运工程学院,1992.

[100] 高秋新,周连第. 用三维不定常 RANS 方程求解船尾绕流[J]. 水动力学研究与进展:A 辑,1994,9,(4):487－497.

[101] CAI R Q,SHEN Q X,CHEN Y G,et al. Solving incompressible three-dimensional RANS equations by using flux-difference splitting upwind differencing scheme—A computation of the flow around HSVA tanker[J]. Selected Papers of the Chinese Society of Naval Architecture and Marine Engineering,1995,10:1 – 19P.

[102] 沈奇心,蔡荣泉,陈义根,等. 通量差分分裂上风差分格式求解船舶黏性绕流[J]. 水动力学研究与进展,1996,1(4).

[103] 周连第. 船舶计算流体力学发展现状和前景[J]. 上海造船,1998,2:40 – 43.

[104] 刘应中,张怀新,李谊乐,等. 21 世纪的船舶性能计算和 RANS 方程[J]. 船舶力学,2001,5(5):66 – 84.

[105] 张怀新,刘应中. 带自由面三维船体周围黏性流场的数值模拟[J]. 上海交通大学学报,2001,35(10):1429 – 1432.

[106] GAO Qiuxin,SHU Lei. Numerical simulation of free surface flow around frigate model 5415 [J]. Journal of Ship Mechanics,2002,6(6):1 – 9.

[107] ZHANG Zhirong. Numerical calculation of viscous free surface flow about ship hull[J]. Journal of Ship Mechanics,2002,6(6):10 – 17.

[108] 张志荣,赵峰. 湍流模式在船舶黏性流场计算中的应用[J]. 船舶力学,2003,7(1):33 – 37.

[109] 张志荣,李百齐,赵峰. 船舶黏性流动计算中湍流模式应用的比较[J]. 水动力学研究与进展:A 辑,2004,19(5):637 – 642.

[110] 许辉,邹早建. 小水线面双体船黏性流数值模拟[J]. 船舶工程,2004,26(2):17 – 19.

[111] 常煜,张志荣,赵峰. 多块结构化网格在含附体水面船模黏性流场数值计算中的应用[J]. 船舶力学,2004,8(1):19 – 25.

[112] 孙小江,何炎平,谭家华. 2500 车滚装船阻力性能试验与计算[J]. 华东船舶工业学院学报(自然科学版),2003,17(6):1 – 5.

[113] STERN F,KIM H T,PATEL V C,et al. A viscous flow approach to the computation of propeller-hull interaction[J]. Joumel Ship Research,1988,32:246 – 262.

[114] HAMN Chingchen. Chimera RANS simulation of propeller-ship interactions including crash-astern conditions[C]. Hawaii :Proceedings of the Thirteenth (2003) International Offshore and Polar Engineering Conference,May,2003:334 – 343.

[115] CLAUS D S, FRED S. Flow pattern around an appended tanker hull form in simple maneuvering conditions[J]. Computers&Fluids,2005,34:169 – 198.

[116] PAIK, B G, LEE. PIV analysis of flow around a container ship model with a rotating propeller[J]. Fluids,2004,36:833 – 846.

[117] CLAUS D SIMONSEN. RANS maneuvering simulation of esso osaka with rudder and a body-force propeller[J]. Journal of Ship Research,2005,49(2):98 – 120.

[118] SING K L. The influence of propeller/hull interaction on propeller induced cavitating pressure [P]. ABS TECHNICAL PAPERS,2005:25 – 33.

[119] VAN S H ,KIM W J. Flow measurement around a model ship with propeller and rudder [J]. Experiments in Fluids,2006,40(4):533 – 545.

[120] PABLO M C,ROBERT V W,F S. Unsteady RANS simulation of the ship forward speed diffraction problem[J]. Computers&Fluids,2006,35:545 – 570.

[121] 周连第.船舶与海洋工程计算流体力学的研究进展与应用[J].空气动力学学报,1998,16(1):122-131.

[122] 姚征,陈康民.CFD通用软件综述[J].上海理工大学学报,2002.

[123] 李勇,刘志友,安亦然.介绍流体力学通用软件——FLUENT[J].水动力学研究与进展,2001:155-187.

[124] 于宪钊.微小型水下机器人水动力性能计算[D].哈尔滨:哈尔滨工程大学,2009:15-16.

[125] 姚震球,高慧,杨春蕾.基于滑移网格的带螺旋桨艇体尾流场数值分析方法[J].江苏科技大学学报,2008,22(2):15-20.

[126] GEORGI K,GORAZD M,GIANLUCA I,et al. Near wall behavior of RANS turbulence models and implications for wall functions[J]. Journal of Computational Physics,204(2005):265-291.

[127] RHEE S H,JOSHI S. Computational validation for flow around a marine propeller using unstructured meshed based navier-stokes solver[J]. JSME International Journal,B,2005,48(3):562-570.

[128] 常煜,张志荣,赵峰.多块结构化网格在含附体水面船模黏性流场数值计算中的应用[J].船舶力学,2004,8(1):19-25.

[129] 陈康,黄德波.CFD技术在三体船阻力性能研究中的应用[J].哈尔滨工程大学学报,2006,27(3):362-366.

[130] SENOCAK I,IACCARINO G. Progress towards RANS simulation of free-surface around modern ships[R]. Center for Turbulence Research Annual Research Briefs. 2005:151-156.

[131] 许辉,邹早建.基于FLUENT软件的小水线面双体船黏性流数值模拟[J].武汉理工大学学报,2004,28(1),8-10.

[132] 许辉,邹早建.小水线面双体船黏性流数值模拟[J].船舶工程,2004,26(2),17-19.

[133] ROBERT V W,PABLO M C,FRED S. Unsteady RANS method for ship motions with application to roll for a surface combatant[J]. Computers&Fluids,2006,35:501-524.

[134] 上海船舶运输研究院. Report of model tests for 8000 DWT chemical tanker[D].上海:上海船舶运输研究院,2006.

[135] 上海船舶运输研究院. Report of model tests for 700 TEU Container Vessel[D].上海:上海船舶运输研究院,2005.

[136] KIMURA K. Study on Interaction between Ship Hull and Propeller using RANS Method with VLM[C]. International conference on hydrodynamics,2006,10:655-663.

[137] ANA MARIA T. Numerical analysis of the three-dimensional viscous flow around a propelled ship[C]. Brest :11th Numerical Towing Tank Symposium,9, 2008:29-34.

[138] CLAUS D S. RANS simulation of the flow around a ship appended with rudder,ice fins and rotating propeller[C]. Brest :11th Numerical Towing Tank Symposium,9. 2008:53-58.

[139] FUJISAWA J. Local velocity field measurements around the KCS model(SRI M. S No. 631) in the SRI 400m towing tank[R]. Ship Performance Division, Ship Research Institute,2000.

[140] LARS LARSSON. Benchmarking of Computational Fluid Dynamics for Ship Flows:The Gothenburg 2000 Workshop[J]. Journal of Ship Research,2003,47(1):63-81.

[141] 盛振邦,刘应中. 船舶原理[M]. 上海:上海交通大学出版社,2004:50 - 54.

[142] 钱文豪. 船尾节能型线和水动力附加节能装置[J]. 船舶,1993(3):1 - 19.

[143] 杨波,陈晓莹,胡平,等. 万吨级船舶两种节能装置的应用[J]. 交通节能与环保,2006(3):11 - 13.

[144] 钱文豪. 补偿导管推力的试验研究[J]. 船舶,1997(2):7 - 11.

[145] 杨佑宗. 船艉整流鳍在实船上的应用与研究[J]. 中国造船,2001,42(2):12 - 18.

[146] 刘启民. 船尾桨前垂向整流鳍的减振机理研究及其应用[J]. 船舶工程,2007,29(6):50 - 53.

[147] 钱文豪,赵汉魂,蔡跃进. 一种新型的船舶节能装置——桨前扇形整流鳍[J]. 船舶,1995,(4):27 - 32.

[148] 丁举,蔡荣泉,钱文豪. 船尾整流鳍绕流的数值计算[J]. 船舶力学,1999,3(4):25 - 33.

[149] 何德明,李远林. 船舶前置导管流态的数值计算与分析[J]. 船舶工程,2004,26(4):22 - 25.

[150] HUANG Sheng. CFD simulation of propeller and rudder performance when using additional thrust fins[J]. Journal of Marine Science and Application,2007,6(4):27 - 31.

[151] TETSUJI H. Development of high-performance stator fin by using advanced panel method [J]. Mitsubishi Heavy Industries' s Technical Review,2004,41(6):1 - 4.

[152] FRIEDRICH M. A novel power-saving device for full-form vessels[C]. Trondheim y :First International Symposium on Marine Propulsors SMP'09,June 2009:1 - 6.

[153] 江礼思. 低噪声导流罩的设计[J]. 船舶工程,2008,30(1):46 - 49.

[154] 杨波,陈晓莹,胡平,等. 万吨级船舶两种节能装置的应用[J]. 交通节能与环保,2006(3):11 - 13.

[155] 苏玉民,黄胜. 船舶螺旋桨理论[M]. 哈尔滨:哈尔滨工程大学出版社,2003,10:152 - 186.

[156] HESS J T,SMITH A M. Calculation of no lifting potential flow about arbitrary three dimensional bodies[J]. Journal of Ship Research,1964,8(2):22 - 44.

[157] 胡健. 螺旋桨空泡性能及低噪声螺旋桨设计研究[D]. 哈尔滨:哈尔滨工程大学,2006:31 - 37.

[158] 杨亮. 仿金枪鱼摆动尾鳍的水动力性能与推进机理研究[D]. 哈尔滨:哈尔滨工程大学,2009:21 - 25.

[159] YANG Bo,CHEN Jianting,DONG Guoxiang. Report of propeller cavitation and excited force test for propeller PHS01[R]. Shanghai ship and shipping research,2006.

[160] 吴有生. 中国海洋工程与科技发展战略研究[R]. 北京:中船重工集团第 714 研究所,2012.

[161] TETSUJI H. Development of high-performance stator fin by using Aadvancedpanel method[J]. Mitsubishi Heavy Industries' s Technical Review,2004,41(6):1 - 4.

[162] CELIK F,GUNER M. Energy saving device of stator for marine propellers[J]. Ocean Engineering,34,2007:850 - 855.

[163] FAHRI,CELIK. A numerical study for effectiveness of a wake equalizing duct[J]. Ocean Engineering,34,2007:2138 - 2145.

[164] MEWIS F. Development of a novel power-saving device for full-form vessels[J]. HANSA

145,2008:46 - 50.

[165] ARNE H. Group discussion 3: global warming and impact on ITTC activities [C]. Proceedings of 25th ITTC,2008,3:823 - 827.

[166] FRIEDRICH M. A novel power-saving device for full-form vessels[C]. First International Symposium on Marine Propulsors,SMP'09,2009:1 - 6.

[167] 钱文豪,赵汉魂,蔡跃进. 一种新型的船舶节能装置——桨前扇形整流鳍[J]. 船舶工程,1995(4):27 - 32.

[168] 钱文豪. 船尾节能型线和水动力附加节能装置[J]. 船舶,1993(3):1 - 19.

[169] 钱文豪,莫诚,卫燕青,等. 补偿导管推力的试验研究[J]. 船舶,1997(2):7 - 11.

[170] 农翠龄,龙范宜. 螺旋桨进流补偿导管应用研究[J]. 船舶设计技术交流,1998,107(3):1 - 4.

[171] 李洁雅,王志勇,欧礼坚. 提高旧船推进效率的有效方法[J]. 中国修船,2000(4):10 - 11.

[172] EMIN K. A case study for the effect of a flow improvement device(a partial wake equalizing duct)on ship powering characteristics [J]. Ocean Engineering 33,2006:205 - 218.

[173] INUKAI Y. Energy Saving Device for Ship[J]. IHI Engineering Review,2007,40(2):59 - 63.

[174] 张银炎. 七〇八所水动力节能技术与时俱进[J]. 中国船舶报,2012 - 11 - 28(006).

[175] 李林海. 半圆形导流罩设计应用分析[J]. 船海工程,2012,41(3):27 - 29.

[176] 黄少锋,黄国富,杨奕. 伴流补偿导管节能增效的 CFD 评估方法研究[J]. 中国造船,2012,53(1):7 - 12.

[177] 曹关桐. 近几年来船舶节能技术的开发与应用[J]. 交通部上海船舶运输科学研究所学报,2003,26(2):101 - 103.

[178] 黄胜,郭春雨. 船舶推进节能技术研究与进展[J]. 舰船科学技术,2007,29(1):27 - 32.

[179] 黄少锋,杨奕,黄国富,等. 某 82 000 吨散货船节能装置研究[C]. 西安:第二十三届全国水动力学研讨会暨第十届全国水动力学学术会议文集,2011:19 - 24,2011:417 - 422.

[180] 林安平,余培文. 数种船舶节能技术性能分析[J]. 中外船舶科技,2009(1):21 - 23.

[181] 张银炎. 船舶常用水动力节能装置亟须推广[J]. 中国船舶报,2009 - 12 - 2(007).

[182] 裴为民,杨怀蜀. 舵球对螺旋桨敞水效率的影响[J]. 交通部上海船舶运输科学研究所学报,1994,17(1):6 - 14.

[183] 张大有,逄吉春,王振府. 襟翼舵舵球技术研究[J]. 武汉交通科技大学学报,1997,21(6):595 - 599.

[184] 纪德. 三项新开发的商船节能技术[J]. 船舶节能,2002(1):17 - 18.

[185] 马骋,钱正芳,张旭,等. 螺旋桨 - 舵 - 舵球推进组合体水动力性能的计算与仿真研究[J]. 船舶力学,2005,9(5):38 - 45.

[186] 杨波,陈晓莹,胡平,等. 万吨级船舶两种节能装置的应用[J]. 交通节能与环保,2006(3):11 - 13.

[187] 彭斌,船舶节能技术综述[J]. 舰船科学技术,2005,27(2):3 - 6.

[188] 杨怀蜀. 高效节能装置——舵球前置导管组合体简介[J]. 交通部上海船舶运输科学研究所学报,1990,13(1):90 - 91.

[189] 朱光远,张国雄,顾蕴德,等. 21000t 多用途船的球首设计及尾部节能装置试验[J].

交通部上海船舶运输科学研究所学报,1994,17(1):1－5.
[190] 宋德化,钱文豪. 28000t 载重吨散货船线型和导流罩推力鳍节能装置的试验研究[J]. 船舶,1993(3):1－19.
[191] 吴伟良,林宗熊,周占群,等. 24000 t 运木散货船球首及尾部节能装置试验研究[J]. 交通部上海船舶运输科学研究所学报,1996,19(2):10－18.
[192] 胡安康. 沪东型巴拿马油轮船型研究[J]. 交通部上海船舶运输科学研究所学报,2001,24(1):51－56.
[193] 胡平,杨波,李晨. 2.5 万载重吨多用途干货船船型优化及节能装置[J]. 交通部上海船舶运输科学研究所学报,2008,31(1):20－22.
[194] 何德明,李远林. 船舶前置导管流态的数值计算与分析[J]. 船舶工程,2004,26(4):22－25.
[195] 郭春雨,黄胜. 非线性涡格法预报桨后舵附推力鳍水动力性能[J]. 华中科技大学学报(自然科学版),2006,34(6):87－89.
[196] 郭春雨,黄胜. 桨后舵附推力鳍理论计算[J]. 中国造船,2007,48(1):18－23.
[197] 郭春雨,黄胜,常欣. 非定常流中桨后舵附推力鳍的数值模拟[J]. 哈尔滨工程大学学报,2007,28(3):259－262.
[198] 何苗. 一体化节能推进装置的构型设计及水动力性能预报[D]. 哈尔滨:哈尔滨工程大学,2012.
[199] 沈海龙,苏玉民. 基于 RANS 方程的船舶尾流场数值模拟方法研究[C]. 2008 年船舶水动力学学术会议暨中国船舶学术界进入 ITTC30 周年纪念会议论文集,2008:91－103.
[200] 沈海龙,苏玉民. 肥大型船伴流场数值模拟的网格划分方法研究[J]. 哈尔滨工程大学学报,2008,29(1):1190－1198.
[201] 沈海龙,苏玉民. 船体黏性非均匀伴流场中螺旋桨非定常水动力性能预报研究[J]. 水动力学研究与进展,2009,24(2):232－241.
[202] 沈海龙,郑丰勇,苏玉民. 基于滑动网格技术的船体和螺旋桨非定常干扰研究[C]. 呼和浩特:第十四届中国海洋(岸)工程学术讨论会论文集,2009:357－363.
[203] 沈海龙,苏玉民. 黏性非均匀伴流场中螺旋桨非定常水动力性能预报研究[C]. 呼和浩特:第十四届中国海洋(岸)工程学术讨论会论文集, 2009:364－369.
[204] 沈海龙. 船体与节能附体及螺旋桨的非定常干扰研究[D]. 哈尔滨:哈尔滨工程大学,2010.
[205] 沈海龙,苏玉民. 基于滑移网格技术的船桨相互干扰研究[J]. 哈尔滨工程大学学报,2010,31(1):1－7.
[206] 沈海龙,蔡昊鹏,苏玉民. 桨前节能装置节能效果的理论预报方法研究[J]. 上海交通大学学报,2010,10(44):1418－142.
[207] SHEN Hailong,GOMRI A,CHEN Qingtong,et al. The hydrodynamic performance prediction of ship hull with propeller[C]. Shenzhen :2011 International Conference on Applied Mechanics,Materials and Manufacturing,2011:598－601.
[208] SHEN Hailong,SU Yumin,CHEN Qingtong. Numerical prediction of energy savingeffect of compensating duct based on CFD technique[C]. Hohhot :1st International Conference on

Energy and Environmental Protection,2012:1181 - 1184.

[209] 沈海龙,蔡昊鹏,苏玉民.肥大型船整流附体的性能研究[J].船舶力学,2012,16(4):359 - 367.

[210] 刘业宝,苏玉民,沈海龙,等.基于面元法的舵球鳍组合节能装置理论[J].上海交通大学学报,2012,46(3):374 - 384.

[211] SU Yumin, LIU Yebao, SHEN Hailong, et al. A new method for predicting the steady performance of ducted propeller with stators[J]. Journal of Ship Mechanics,2012,16(9):999 - 1004.

[212] 沈海龙,苏玉民.某散货船导流鳍设计与节能效果预报研究[J].哈尔滨工程大学学报,2013,34(1):1 - 6.

[213] SHEN Hailong, LIU Yebao, SU Yumin. Study of optimization design and energy saving effect prediction of rudder bulb based on CFD technique[C]. Beijing:2nd International Conference on Energy and Environmental Protection,2013:986 - 989.

[214] NORDERT B, MAARTEN N. On the development of a full-scale numerical towing tank reynolds scaling effects on ducted propellers and wake fields[C]. Hamburg: Second International Symposium on Marine Propulsors smp'11,2011.

[215] HANS J H, KATRIN H R. Investigation of scale effects on ships with a wake wqualizing duct or with vortex generator fins[C]. Hamburg: Second International Symposium on Marine Propulsors smp'11,2011.

[216] INUKAI Y, KANEKO T, NAGAYA S, et al. Energy-saving principle of the IHIMU semicircular duct and its application to the flow field around full scale ships[J]. IHI Engineering Review,2011,44(1):17 - 22.

[217] 杨佑宗,王明君,孟志杨,等.船艉整流鳍在实船上的应用与研究[J].中国造船,2001,42(2):12 - 18.

[218] 钱文豪,赵汉魂,蔡跃进,等.船舶螺旋桨进流补偿导管[J].船舶工程,1989,11(3):10 - 16.

[219] 沈海龙.船体与节能附体及螺旋桨的非定常干扰研究[D].哈尔滨:哈尔滨工程大学,2010:41 - 55.